길갈

고난 끝에서 맛보는 하나님의 은혜

고난 끝에서 맛보는 하나님의 은혜
길갈

지은이 | 안종혁
초판 발행 | 2012년 5월 25일
12쇄 발행 | 2020. 5. 29
등록번호 | 제3-203호
등록된 곳 | 서울특별시 용산구 서빙고로 65길 38 두란노빌딩
발행처 | 사단법인 두란노서원
영업부 | 2078-3333   FAX 080-749-3705
출판부 | 2078-3477

책 값은 뒤표지에 있습니다.
ISBN 978-89-531-1766-2 03230

편집부에서 독자의 의견을 기다립니다.
tpress@duranno.com   http://www.Duranno.com

두란노서원은 바울 사도가 3차 전도여행 때 에베소에서 성령 받은 제자들을 따로 세워 하나님의 말씀으로 양육하던 장소입니다. 사도행전 19장 8-20절의 정신에 따라 첫째 목회자를 돕는 사역과 평신도를 훈련시키는 사역, 둘째 세계선교(TIM)와 문서선교(단행본·잡지) 사역, 셋째 예수문화 및 경배와 찬양 사역, 그리고 가정·상담 사역 등을 감당하고 있습니다. 1980년 12월 22일에 창립된 두란노서원은 주님 오실 때까지 이 사역들을 계속할 것입니다.

GILGAL 고난 끝에서 맛보는 하나님의 은혜

길갈

안종혁 지음

두란노

차 례

추천의 글
고난 받는 인생이 아름답다_홍정길 06
주께서 빚어 가시는 정금 인생_이동원 09

프롤로그
보이지 않는 길을 따라서 12

Part 1

인생은
고난으로
다듬어진다

뜬금없이 시작된 이민의 삶 22
하나님의 광야학교, 조지아텍 유학 생활 26
예수를 닮은 사람들, 아름다운 신앙의 공동체 36
실패로 시작된 첫 학기 43
금연, 그 끈질긴 싸움과 하나님의 임재 50
아, 하나님의 은혜로… 58
너를 낮추시며 69
"주님, 항복입니다" 77
내가 멤스(MEMS) 분야에서 선구자가 될 수 있었던 것은… 94
우리는 알러뷰 가족 112

Part 2

꿈은
기도하는 자의
것이다

나는 말더듬이 초등학생 126
매일 5시간씩 걸어서 다녀도 행복했던 중학 시절 137
방황하던 공업고등학교 시절 145
방직공장에서 시작한 첫 직장생활 150
꿈은 기도하는 자의 것 160
이루어진 어머니의 기도, 교수요원 대학원생 175

Part 3

믿는 자는
모험가다

"주님, 왜 저만 미국에 남아야 합니까?" 188
꿈의 직장, IBM 왓슨연구소 197
방직공장 전기공, 신시내티 대학 교수가 되다 205
"주님, 미국 대학 교수 하기 힘들어요" 213
"하나님, 저 때문에 창피당하시지 마세요" 223
아차, 너무 빨리 신청한 종신교수 승진 심사 235
세계 최고의 랩온어칩 연구실이 전부는 아니지 251
나는 바이오 벤처기업 창업가 260
잘 모르고 간 길, 이민교회 개척 270

에필로그
담장 너머로 뻗은 가지가 되어 286

추천의 글

고난 받는 인생이 아름답다

홍정길(남서울은혜교회 원로목사, 코스타 설립자)

목회자로서 참 좋으면서도 늘 서운한 것이 있습니다. 그것은 신앙생활을 바로하고 잘 자란 분들은 목사가 되든지 선교사가 되는 것입니다. 좋은 목회자와 좋은 선교사가 배출되는 것이야말로 복이 아닐 수 없지만, 한편으로는 평신도로서 믿음의 삶을 사는 것 또한 너무나 중요한 일이기에 그 부분을 아쉽게 생각합니다. 저는 지금까지 좋은 평신도로 살면서 이 땅에 빛을 남긴 분들을 여럿 만났습니다.

첫 번째는 김인수 박사입니다. 그분은 고등학교를 졸업하고 직장생활을 하다가 당시 이화여대 전임강사인 김수지 교수와 사귀게 되었습니다. 그리고 야간 대학을 졸업한 다음 풀브라이트 장학금으로 미국에 가서 MIT와 인디애나주립대학에서 공부를 마치고, 다시 MIT 박사후 과정(Post-Doc)을 했습니다. 그러면서도 사랑하는 아내를 뒷바라지하여 보스턴 대학에서 한국인 최초의 간호학 박사를 탄생시켰습니다. 그 가정을 보면 정말 말씀대로 사는 것이 바로 저런 삶이구나 하는 마음의 감격이 있습니다.

두 번째는 박수웅 장로입니다. 장로님과는 CCC 때부터 45년여 교제해 왔습니다. 그는 내성적인 사람이고 말더듬이였기 때문에 다른 사람 앞에 서는 것을 몹시 두려워하던 사람입니다. 그런데 미국에 이민 가서 좋은 병원에서 의사 생활을 하면서, 말씀을 통해 힘을 얻고 복음 증거에 불타는 확신을 갖게 되었습니다. 그래서 박수웅 장로는 그 많은 수입과 좋은 환경을 정리해 미국의 서민 생활을 표준으로 삼고, 자신의 전 시간을 복음 전하는 일에 매진하고 있습니다. 말더듬이가 어쩌면 그렇게 설득력 있고 감동적인 말씀을 전하는지 볼 때마다 놀랍습니다.

그런데 제 생각에 이 두 사람을 합한 것 같은 한 사람이 있습니다. 바로 안종혁 교수입니다. 그는 공업고등학교를 졸업하고 방직공장에서 전기공으로 사회생활을 시작했습니다. 그러다 나중에 대학 공부를 하고, 미국에 유학을 가서 박사학위를 받았습니다. 그는 말더듬이였고 박사학위 예비시험에 네 번이나 실패한 사람이었으나, 당시 아무도 관심을 갖지 않는 전공과목으로 새로운 학문에 도전했습니다. 그리고 드디어 학위를 받고 현재 미국에서 가장 뛰어난 학자 중 한 명으로 평가받고 있습니다. 영어를 잘 못해 처음엔 신시내티 대학에서 가장 강의 못하는 교수였으나, 2년 후에는 모두가 선망하는 우수교수로 평가받았습니다. 하지만 그보다 더 놀라운 일은 그가 그 고통 중에 예수 그리스도를 만나 복음의 증언자로서 학생 모임을 향한 불타는 헌신을 했다는 사실입니다.

특별히 위의 두 분과 다른 점이 있다면, 김인수 박사이나 박수웅 장로는 교회 생활에 조금 자유롭습니다. 그런데 안종혁 교수는 교회 안에 깊이 뿌리를 두고 젊은 청년들을 믿음으로 양육합니다. 이 두 사람을 합해 놓은 것 같은 안종혁 교수를 만날 때마다 얼마나 큰 감동을 받는지 모릅니다.

이분이 그의 생애를 통해 받은 복, 그중에서도 실패를 통해 배운 너무나 값진 복을 우리에게 낱낱이 고백하고 있습니다. 사실 인생의 성공은 성공 자체가 완벽하기 때문에 배울 것이 없지만, 인생의 실패는 지혜로운 사람들에게 많은 것을 일깨워 주기에 오히려 복의 기회가 됩니다. 안종혁 교수는 '실패 속에 감추어진 복'을 이 책에서 명확히 보여줍니다. 진정한 신앙인이 갖는 복이 무엇인지를 알려 주는 그의 생애가 많은 사람에게 알려지기를 원합니다.

주께서 빚어 가시는 정금 인생

이동원(지구촌교회 창립/원로목사, 국제 코스타 이사장)

욥은 주께서 자신을 단련하신 후에는 정금처럼 나올 것이라고 고백합니다. 지나간 구속사의 마당에서 우리는 이런 정금들을 흔하지는 않지만 여기저기서 발견합니다. 여기 또 하나의 정금 인생으로 주께서 빚어 만드신 걸작을 소개하는 기쁨을 만납니다.

안종혁 교수는 멤스(MEMS) 분야의 세계적인 권위자이자 신시내티 대학 정교수로 인정받은 지성인이지만 그는 이 책에서 그의 삶을 빚어 만든 영성의 여정을 고백하고 있습니다. 그의 삶은 주께서 지성과 영성의 교차로에서 가난하고 평범한 빈국의 공학도를 어떻게 이 시대의 복음의 증인으로 세우셨는지를 증언하는 우리 시대 사도행전의 한 모자이크가 되고 있습니다.

바울의 신학은 바울의 간증에서 비롯되었다는 말이 있습니다. 사도행전에서 바울은 세 차례나 자기 간증을 피력합니다. 모두 다른 상황, 다른 이웃들 앞에서였지만 거기에는 일관성 있는 틀이 등장합니다. 그리스도 이전과 그리스도와의 조우, 그리고 그리스도 이후의 변화된 삶의 증언이 그것입니다.

　안종혁 교수의 간증에서도 우리는 그런 틀을 만나게 됩니다. 그러나 이런 간증의 위험성은 언제나 그리스도보다 그리스도의 제자의 영웅화라고 할 수 있습니다. 그런데 이 책에서 우리는 그런 기우를 깨끗하게 지워 버리고 실로 우직한 진실의 무게로 다가오는 그리스도의 일하심을 실감하게 됩니다. 그것은 저자의 투명한 자기 공개와 정직한 자기 대면의 결과라고 여겨집니다. 그래서 우리는 이 책에서 따라가기 힘든 또 한 사람의 하나님 나라의 천재가 아닌 바로 우리 곁에서 나처럼 쉽게 절망하고 나처럼 쉽게 포기의 유혹을 받는 범부 속에서 일하시는 은혜의 하나님을 만나게 됩니다. 그리고 또 하나의 영적 보석을 다듬기 위해 주께서 사용하시는 작고 따뜻한 이민 공동체와 평범한 그리스도인 이웃들이 만들어 가는 눈물겨운 격려와 아가페적 사랑의 미학을 조우하게 됩니다. 그리고 그가 거쳐 간 영적이고 정신적인 고난의 언덕들은 우리도 피해 갈 수 없는 삶의 지평인 것을 공감하는 동시에 그럼에도 불구하고 어떻게 인생이 아름다울 수 있는가를 설득하는 감동을 선사합니다.

　나는 이 책을 건강한 유학을 꿈꾸는 친구들, 그리고 평신도 전문인

선교사의 삶을 탐구하는 이 시대 모든 진지한 텐트메이커들에게 특히 강추하고 싶습니다.

저자는 고난 받는 인생이 아름답다고 말합니다. 그러나 더 정확하게 말하자면 고난을 극복한 인생이 아름답다고 할 수 있습니다. 그리고 이 고난을 극복하는 과정에서 그의 인생에 개입하신 주님이 아름다우신 분입니다. 지나간 적지 않은 세월 동안 미주 KOSTA 운동을 안 교수와 함께 섬기며 그의 인생을 곁에서 지켜 본 목격자 중 한 사람으로서, 저는 그의 삶을 지금까지 이끌어 오신 주님이 정녕 아름다우신 분이라고 증언하는 일에 동참하게 된 것을 진실로 기쁘게 생각합니다. 그러나 과학자로 기업가로 교수로 신앙인으로서 그의 여정은 아직 미완성입니다. 그래서 더 큰 기대로 그의 남은 발걸음을 주목하게 됩니다. 이 자전적인 간증은 아마 그의 미래가 보여 줄 더 아름다운 인생의 예고편일지도 모릅니다.

한국 교회가 추락을 거듭하는 어느 우울한 날, 한국과 한국 교회의 미래를 반드시 비관할 필요가 없다는 미소를 선물한 저자의 간증에 감사하며, 한국 교회의 남은 과제는 바로 이런 평신도 지도자들의 등장을 격려하는 일임을 조용히 다짐해 봅니다.

프롤로그

보이지 않는 길을 따라서

　나는 어릴 때부터 가난 속에서 수많은 어려움과 실패와 고난을 겪으며 살았다. 내 인생의 앞길이 시원하게 뚫렸다고 생각해 본 적이 별로 없다. 또 내 인생의 앞길이 훤하게 멀리까지 보인다고 느껴 본 적도 별로 없다. 많은 불확실성 속에서도 나는 "나를 따르라"는 주님의 말씀을 따라 내 인생을 주님께 의지해 살아 왔다. 주님에 대한 믿음과 신뢰는 현실의 불확실함 속에서도 내게 삶의 자유와 확신을 가져다 주었다. 방직공장의 전기공이던 나를 미국 유수 대학의 석좌교수로 만드시고, 전 세계에 흩어진 한국의 청년 유학생들을 섬기는 사역자로 삼으신 분은 바로 주님이시다.

　내 인생을 통해 역사하신 주님을 증거하고자 마음은 먹었으나 막상 쓰려니 마치 내 속살을 드러내 보이는 것처럼 부끄럽고 한편으로 두렵

기도 하다. 미국에서 유학생과 교수로서 겪은 고난과 실패는 숨기고 싶다는 유혹도 받는다. 그러나 내 인생을 통해 주님을 증거하는 것이 이 책의 목적이므로 하나님과 사람들 앞에 나의 허물조차 숨기지 않으려 한다. 꿈조차 꿀 수 없는 어려운 현실을 사는 청년들과 고난을 당해 갈 바를 알지 못하는 사람들에게 이 책이 격려와 위로가 되었으면 좋겠다.

나는 첫돌이 지나 3개월 만에 아버지를 여의었다. 스물여덟 살에 남편과 사별하고 홀로 된 어머니는 두 아들을 삯바느질과 날품을 팔아 키우셨다. 어린 시절 우리는 매 끼니 먹을 것을 걱정하며 살았지만, 나는 매일 왕복 20km(50리)를 걸어야 하는 중학교에서 공부할 수 있다는 사실만으로도 너무나 행복했다. 열심히 공부해서 어떻게든 이 가난을 극복하고야 말겠다는 꿈이 있었기 때문이다. 그러나 도저히 대학 갈 형편은 되지 못해 공업고등학교를 졸업하고 방직공장의 전기공으로 일해야 했다. 당시 나는 또래 친구들이 대학에서 공부하며 미래를 꿈꿀 때 인생에 실패했다는 절망과 좌절로 몸부림쳤고, 결국 전문대학의 야간 학생으로나마 대학 생활을 시작했다. 젊은이에게 고난이란 현실에서 겪게 되는 어려움이 아니라, 가야 할 바를 몰라서 느끼는 무기력함임을 나는 그때 알았다.

  청년은 모름지기 꿈을 꾸고 도전해야 한다. 그러나 주위를 돌아보면, 꿈조차 꿀 수 없는 어려운 현실을 사는 청년이 너무 많다. 그런 그들에게 꿈을 꾸라고 재촉하는 것은 무례한 일일까? 많은 사람이 내가 미국 주립대학의 교수가 되고 나의 연구 분야에서 영향력 있는 공학자가 되겠다는 꿈을 일찍부터 꾸었느냐고 묻는다. 또 언제부터 청년 유학생 사역의 비전을 품었느냐고 묻는다. 솔직히 말하면 언제부터였는지는 나

도 잘 모르겠다. 생각해 보라. 방직공장에서 하루하루 삶을 연명하던 내가 무슨 자신이 있어서 그런 꿈을 꾸었겠는가? 당시 나는 육체적으로 힘든 방직공장의 삶을 위해 체력을 보강하는 것이 가장 급한 일이었다. 더구나 나는 당시 주님을 알지 못했다. 꿈을 꿀 수 있는 환경이 전혀 아니었던 것이다.

나는 내 앞날에 대해 어떤 확신도 가질 수 없었지만, 언젠가는 내 인생에도 꽃이 피고 열매 맺는 날이 오리라고 막연하게 믿었다. 세상 사람들은 그것을 꿈이라고 부른다. 꿈이란 불확실성 속에서도 미래를 긍정적으로 소망하는 것이다. 그러나 진정한 꿈은 인간이 스스로 품은 것이 아니다. 인간이 스스로 만들어 낸 비전은 야망이기 쉽다. 진정한 꿈과 비전은 하나님께로부터 온다. 성경에 나오는 요셉이 꾼 꿈은 그가 스스로 꾼 꿈이 아니었다. 하나님과 동행하며 살 때 참된 꿈과 비전을 발견하게 된다.

　하나님은 일관되게 고난을 사용하여 인생들을 다듬으신다. 주님께서 고난을 통해 나를 다듬으시고, 주님만 따르고자 하는 아름다운 믿음의 인생을 만들어 주신 것에 깊이 감사드린다. 당시는 고난이 너무 어려워 고통스러웠지만 돌아보면 내 인생에 가장 큰 유익이었다. 믿음의 눈으로 인생을 보면 모든 인생은 아름답다. 결국 하나님은 우리 인생을 합력하여 선을 이루어 주신다.

　애굽을 떠난 이스라엘 백성들은 광야에서 겸손히 하나님만 의지하는 낮추심의 혹독한 훈련을 받았다. 하나님께서는 이제 여호수아의 인도로 요단강을 건너서 약속의 땅 가나안에 진 친 이스라엘 백성에게 요단에서 가져온 열두 돌로 기념비를 세우라고 명하셨다. 그리고 거기서 할

례를 행하게 하시며 애굽의 종에서 벗어난 백성을 거룩하게 하시고 맺으신 언약을 기억하게 하셨다. 또 그곳의 이름을 '길갈'이라고 칭하셨다. '길갈'은 '내가 오늘 애굽의 수치를 너희에게서 굴러가게 하였다'는 뜻이다. 마찬가지로 주님은 나의 죄악 되며 수치스럽고 꿈 없던 삶에 들어오셔서, 모든 과거를 굴러가게 하시고 나를 새롭게 바꾸어 놓으셨다. 하나님께서 이스라엘 백성에게 베푸신 은혜를 기억하게 하고자 길갈에 열두 돌의 기념비를 세우도록 하신 것처럼, 나도 내 인생에 베푸신 위대한 하나님의 사랑과 은혜를 기억하고 감사하기 위하여 그곳 나의 길갈로 간다. 그곳에서 하나님의 크신 사랑과 은혜를 다시 깨달으며 더욱 신실하게 주님을 따라 살 것을 새롭게 다짐한다. 이 글을 읽는 모든 사람이 나처럼 길갈로 가기를 소원하며 이 책을 쓴다.

또한 이 책을 통해 고난 받는 모든 사람이 위로를 받았으면 좋겠다.

인생을 다루시는 하나님의 깊은 경륜과 모략을 깨닫는 시간이 되었으면 좋겠다. 주님이 써 내려가신 내 삶의 이야기를 통해 오직 예수님만이 참 소망이요 길이 되심을 증거하기를 소망한다.

이 책을 마무리하며 먼저 오늘의 내가 있도록 사랑과 기도로 붙들어 주신 어머니 임형남 권사님께 감사드린다. 또 책을 쓰도록 적극 격려하고 지도해 주신 김은애 권사님, 강준민 목사님과 박수웅 장로님께 감사드린다. 신시내티 능력교회 공동체를 함께 섬기며 나를 이끌어 주신 이성권 담임목사님과 모든 교우님께 깊이 감사드린다. 바울국제선교회(PIM), 자마(JAMA), 코스타(KOSTA), 사랑의 군대(Love Corps), 아가페 결혼교실의 동역을 통하여 나를 깨우쳐 주시고 함께 섬기도록 허락해 주신 존경하는 모든 동역자에게 깊이 감사드린다. 나와 함께 동고동락하

며 새로운 학문 분야를 개척한 제자들과 청년 유학생 사역을 함께 감당했던 신실한 그리스도의 제자요 동역자들에게 나의 따뜻한 감사를 전하고 싶다. 이 책에 수록된 인생 이야기를 함께 썼고, 또 기록된 이야기의 전개와 내용에 대한 날카로운 비평과 교정으로 거의 함께 집필하다시피 한 아내 김경선 권사의 헌신과 격려와 사랑에 감사한다. 책 출간에 수고해 주신 두란노서원의 사랑하는 지체들에게 감사드린다. 끝으로 이 책의 이야기를 만들어 내신 멋진 주님께 모든 감사와 영광을 돌린다.

2012년 5월
예수님의 사랑 안에서 안종혁

Part 1

인생은 고난으로
다듬어진다

1장

뜬금없이 시작된 이민의 삶

1986년 나는 속히 박사학위를 취득하고 돌아와 대학에서 후학들을 가르치리라 생각하고 미국 유학길에 올랐다. 그러나 내 생각과 달리 고국에 돌아오지 못하고 미국이라는 새로운 땅에서 이민의 삶을 일군 지가 벌써 26년이 되었다. 이민 생활은 미국 애틀랜타의 조지아 공대(Georgia Institute of Technology, 이하 조지아텍)에서 공학박사 학위를 취득할 때까지도 꿈에서조차 상상하지 않던 일이었다.

이제 인생의 경륜이 쌓이고 사리와 판단이 성숙하여 듣는 대로 이해하게 된다는 나이, 곧 이순(耳順)이 되어 간다. 지나온 삶을 되돌아보니 참 먼 길을 걸어왔다.

  나는 길고 곧게 뻗은 확실한 길을 걷고 싶었지만 언제나 앞에 나타난 길은 확실하지 않고 곧 꺾여 내 시야에서 사라져 버리곤 했다. 산등성이를 넘어서면 확 트인 인생길이 펼쳐지리라 기대했지만, 언제나 안개가 짙게 드리운 길이 나타났다. "사람의 걸음은 여호와로 말미암나니 사람이 어찌 자기의 길을 알 수 있으랴"(잠 20:24)는 말씀처럼 내 인생은 보일 듯 보이지 않는 미로 같았다.

  나는 성경의 여러 인물 중에서 야곱의 아들 요셉을 특별히 좋아한다. 청년 시절의 고난을 극복하고 하나님이 사용하시는 인물이 되었다는 인생 여정이 극적인 때문이기도 하지만, 요셉이 고국을 떠난 이민자의 삶에서 겪었을 수많은 애환이 공감되기 때문이다. 어찌 감히 나의 삶을 고결한 요셉의 삶과 비교할 수 있겠는가마는 그만큼 내 삶은 그와 많이 닮았다.

  하나님은 부족하고 무능한 나를 새로운 학문을 연구하는 공학자로 세우실 것을 일찍이 작정하셨다고 믿는다. 우리는 흔히 소위 일류 대학을 나온 사람들이 학문의 세계에서 선구자가 된다고 생각한다. 그러나 하나님께서 내게 하신 일은 "하나님께서 세상의 미련한 것들을 택하사 지혜 있는 자들을 부끄럽게 하려 하시고 세상의 약한 것들을 택하사 강한 것들을 부끄럽게 하려 하시며"(고전 1:27)라는 말씀과 같다. 하나님은 나의 실패와 고난과 부족함을 사용하시고 합력하여서 선을 이루어 주셨다. 내가 당한 모든 고난을 잊게 하시고, 미국 땅에서 나의 삶을 번성케 해주셨다.

나는 최근에 국제학회의 학술발표회에서 기조연설자(Keynote Speaker)로 자주 초청 받고 있다. 국제학술대회에서 기조연설자로 선다는 것은 그간의 학문적 업적을 인정받았다는 의미이기도 하다. 나는 기조연설자로 설 때마다 늘 이런 생각을 한다.

'종혁, 지금 발표하는 거 네가 연구한 거 맞아? 너는 방직공장 전기공 출신이잖아….'

마치 몸에 맞지 않은 옷을 입은 것처럼 불편하다. 그러면서 거대한 학술발표회장의 천장을 수놓은 수많은 불빛들이 내가 일했던 방직공장의 베틀기계인 직포기에 달린 형광등 불빛으로 오버랩된다.

'사실 너는 어려서부터 별 볼일 없는 존재라는 걸 너도 잘 알잖아. 그래서 지금 넌 스스로 놀라는 거야….'

이것은 겸손을 말하는 것이 아니다. 어릴 때부터 내 마음속 어느 구석에선가 숨어서 울고 있는 상처 입은 나의 자아가 하는 소리다. 이미 수십 년이 지났지만, 청년 시절 낮았던 자존감과 짓밟힌 상처가 겸손을 가장해서 하는 소리다. '그 가난과 실패와 절망을 딛고 여기 이렇게 내가 자랑스럽게 서 있잖아'라고 말하고픈 교만을 가장한 상처 입은 내 자아의 소리다.

나는 예수님의 십자가 사랑으로 변화를 입은 하나님의 아들이지만,

지금도 상처 입은 자아와의 오랜 싸움을 끈질기게 계속하고 있다.

대학의 교수요 지성인의 한 사람으로서, 하나님의 인도하심을 이 책에 써 내려갈 때 필연적으로 나타나게 될 나의 '겸손한 교만'을 지혜롭게 다룰 수 있도록 성령님이 잘 인도해 주셨으면 좋겠다.

그럼 이제부터 내 인생을 다루시는 하나님 아버지의 모략과 경륜의 다이내믹한 사랑 이야기를 시작하려 한다.

2장

하나님의 광야학교, 조지아텍 유학 생활

1986년, 나는 모교인 인하전문대학의 조교수를 하면서 서울대 공과대학 전기공학과 박사과정 중에 있었다. 논문의 연구 방향도 정해졌고, 박사과정 중에 필요한 학점 이수도 거의 마칠 무렵이었다. 지도교수님은 석사학위 때부터 나를 무척 아끼셨고 사랑으로 지도해 주셨다. 박사학위 연구 분야는 고전압 송전선에 사용되는 진공 차단기의 동작 원리를 규명하는 고전압 분야로, 가스 혹은 진공 중에 일어나는 고전압 물리 현상을 전기적으로 해석하는 퍽 재미있는 분야였다. 하지만 이미 많은 연구가 진행된 다소 오래된 학문 분야이기도 했다.

아직 이메일도 인터넷도 스마트폰도 존재하지 않던 시절인 1980년대 초, 전기전자의 연구 분야는 다가올 정보시대를 예고하며 반도체와 전자통신 중심의 연구 분야로 급속히 옮겨 가고 있었다. 앞으로 남은 수십 년을 대학에서 연구하며 가르쳐야 한다면, 다가올 시대의 변화에 부응하는 새로운 전자공학 또는 반도체를 공부해야 하지 않을까 생각했다. 이는 나의 전공을 전기공학에서 전자공학으로 바꾸어야 한다는 것을 의미했다. 그러나 당시 나는 전공 분야를 바꾸기 위해선 이에 상응하는 고통과 모험과 시련을 대가로 치러야 한다는 것을 알지 못했다. 다만 30대 초반인 지금 더 나이 들기 전에 전공 분야를 바꿔 앞으로 후회 없는 미래를 준비해야 한다고 생각했을 뿐이다.

나는 내 인생에 베푸신 하나님의 기적을 이미 맛보았지만, 여전히 자신을 의지하며 불가능은 없다고 믿는 교만한 사람이었다. 아직 영적으로 변화하지 못하고 교만한 나를 하나님은 훈련시키고 싶어 하셨다. 미국 유학이라는 하나님의 광야학교로 달콤하게 초청하신 것이다.

하나님은 하나님의 사람을 훈련시킬 때 먼저 그 환경을 바꾸신다. 새로운 환경에서 낮아지게 하셔서 겸손한 마음으로 자신을 돌아보게 하시는 것이다. 나는 아직 그 광야학교에서 겪게 될 혹독한 훈련은 상상도 하지 못한 채 그저 유학이라는 달콤한 초청에 어린아이처럼 철없이 기뻐했다.

사실 나의 미국 유학은 무리한 결정이었다. 경제적으로 도와줄 후견

인이 있는 것도 아니고 머리가 명석하거나 공부를 출중하게 잘한 것도 아니었다. 더구나 이미 세 살 된 딸과 이제 갓 돌을 지난 아들을 둔 두 아이의 아빠였다. 게다가 서른두 살을 넘겼으니 정상적인 과정을 밟았다면 유학을 갔다가 돌아올 나이였다.

아내와 먼저 상의했다. 아내는 불투명한 유학 생활과 아이들의 양육을 걱정했지만, 언제나처럼 나를 믿고 새로운 모험을 함께할 각오가 되어 있다며 두려워하는 나를 도리어 격려해 주었다. 주위의 많은 사람은 나의 늦은 유학을 염려하며 박사학위를 마치고 박사후 과정을 외국에서 하면 어떻겠냐고 걱정 어린 조언을 해주었다. 이제 곧 박사학위를 취득하면 대학의 교수직이 보장되어 있는데, 뭐 하러 그런 위험을 감수하려느냐고도 했다. 그러나 내게 새로운 세계에 도전하고자 하는 마음을 주신 하나님의 계획을 아무도 꺾지 못했다.

"하나님, 염치가 없습니다"

1985년 여름부터 본격적인 유학 준비를 시작했다. 1986년 가을학기부터 미국 대학에서 공부를 시작하려면, 1985년 겨울까지 유학에 필요한 토플(TOEFL) 및 GRE(Graduate Record Examination) 시험을 치르고 입학지원서를 보내야 했다. 또 내가 근무하는 대학에도 유학을 위한 해외연수 허가를 받아야 했다. 시간이 매우 촉박했다.

당시는 미국의 유수 대학들이 입학허가 기본 조건으로 토플 550점

이상을 요구했다. GRE는 그런 대로 점수를 받았는데, 문제는 토플 점수가 속히 오르지 않는 것이었다. 입학지원서를 보내야 하는 마감일은 다가오는데, 나의 토플 점수는 여전히 550점에서 몇 점이 부족한 상태였다. 초조했다. 이미 박사과정은 휴학을 했고, 내가 근무하는 대학에는 해외 연수를 요구해 놓은 상황이었다. 만일 토플 점수 때문에 내년 가을학기의 입학허가를 받을 수 없다면 정말 낭패였다.

나는 처음으로 하나님께 간절히 기도했다. 급하니까 하나님을 찾는 것이 염치없기는 했지만, 낯을 가릴 처지가 아니었다. 아직 하나님과의 관계도 잘 정립되어 있지 않았고 기도가 무엇인지도 잘 몰랐지만, 이렇게 기도한 것으로 기억한다.

"하나님, 염치없이 이렇게 불쑥 찾아뵙게 되어 죄송합니다. 그동안 인사도 잘 드리지 못해 죄송했습니다. 이렇게 말씀드리려니 너무 염치가 없습니다. 그러나 우리 어머니의 믿음을 보시고, 오늘 제가 드리는 부탁을 거절하지 마시기 바랍니다…."

선뜻 토플 점수가 나오게 도와달라는 말이 나오지 않아 더듬더듬 이렇게 기도했다.

"죄송합니다… 저기… 이번에 유학을 가게 되었는데요, 토플 점수가 잘 나오지 않아서요… 걱정이 태산입니다. 저기… 토플 점수가 550점이 되도록 도와주시기 바랍니다. 진짜로 이번에 도와주시면, 미국 유학 가서 잘 믿어 드리겠습니다. 꼭 부탁합니다…."

기도라기보다 협상에 가까운 기도를 하면서도 워낙 절박하다 보니 눈물이 다 나왔다. 나는 나의 연약함과 그 간사함에 부끄러웠다. 그러나 하나님은 그런 나를 긍휼히 여기셔서 입학지원서 제출 마감일을 조금 남기고 필요한 토플 점수를 허락해 주셨다. 더도 덜도 아닌 정확히 550점이었다. 입학지원서를 제출하기에는 문제가 없었지만, 이왕이면 550점 이상을 허락해 달라고 기도할걸 후회가 되었다.

이 사건을 통해 나는 내가 이미 하나님께 볼모로 붙잡힌 사람이라는 생각을 하게 되었다. 아직 믿음은 없지만, 이제 새로운 인생의 항해를 떠나면서 주님과 함께 가리라고 마음을 고쳐먹기 시작했다.

토플 점수를 완결하지 못하고 미리 지원한 거의 모든 대학이 나의 입학을 허락하지 않았다. 예상한 결과였다. 나는 신시내티 대학(University of Cincinnati)의 교수로서 여러 해 동안 대학원생들의 입학허가를 담당하면서 알게 되었는데, 요구한 토플 및 GRE 점수를 만족하지 못한 지원자는 처음부터 아예 입학사정을 하지 않는다. 나는 하나님께 다시 매달렸다. 좋은 학교 나쁜 학교 가리지 않고 단 한 학교라도 좋으니 꼭 입학허가를 받을 수 있도록 도와달라고 기도했다. 그 후 다행히도 미국 남부 애틀랜타에 소재한 조지아텍에서 1986년 겨울학기부터 전자공학과의 박사과정에서 공부하도록 입학허가를 해주었다. 조지아텍은 1년을 4학기로 나눈 쿼터 시스템(Quarter System)의 학제를 운영했는데, 1984년 조지아텍에서 가진 몇 달 동안의 교수연수가 도움이 된 듯싶었다. 나중에 알아보니 그곳에서 수학하던 Y형제의 도움이 컸다. Y형제는 입학사정위원장이던 데일 레이(Dale C. Ray) 교수님을 직접 찾아가 내가 현재 한국에서 수학 중인 박사과정을 중단하고 유학을 오게 되었다고 나의 유학 동기를 잘 설명해 준 것이다. Y형제는 내가 조지아텍에서 공부하는 동안에도 같은 교회에서 섬기며 늘 신앙의 모범을 보여 주었다. 연약한 나에게 조건 없는 사랑을 베풀어 준 귀한 믿음의 선배에게 늘 감사하는 마음을 가지고 있다.

하나님은 언제나 사람을 먼저 준비하시고, 우리에게 도움이 필요할 때 그 사람을 통해 도움의 손길을 보내 주신다. 나는 더욱 하나님의 존재를 의식하게 되었고, 시간이 지날수록 그분의 손에 내가 단단히 붙들려 있다고 느꼈다. 두렵기도 했지만 감사하기도 했다.

우리는 인생의 여러 변곡점에서 필연적으로 고민하게 된다. 그러나 하나님은 폭넓은 선택의 자유를 허락하시지는 않는 듯싶다. 모든 것을 다 아시고 주관하시는 하나님이 그러실 필요가 없기 때문일 것이다. 주님과 동행하면서 하게 되는 선택은 대체로 단순하다. 그저 "나를 따르라"고 말씀하시기 때문이다.

조지아텍으로

내가 조교수로 근무하던 인하전문대학에서는 본교 졸업생인 내가 유학을 떠나겠다는 것이 기특하기도 하고 부담스럽기도 했을 것이다. 전례가 없는 일이어서인지 함께 근무하던 여러 교수님이 격려하고 지원해 주었다. 대학 당국도 장고 끝에 나의 유학을 해외 연수로 허락해 주었다. 그때 도와주신 여러분께 지금도 감사한 마음을 간직하고 있다.

나는 가장 짧은 시간 안에 박사학위를 취득하고 돌아올 계획이었다. 다만 당장 장학금을 받을 수 없으니 학비며 생활비가 걱정이었다. 하지만 조지아텍에서 박사과정 예비시험을 통과하고 지도교수를 정하게 되면, 장학금을 받을 수 있다는 소식을 들은 터라 크게 걱정하지 않았다. 내심 1년 안에 예비시험에 통과해서 장학금을 받아 생활비를 해결하고, 극도로 절약하여 저축까지 하겠다고 나름대로 계획을 세웠다. 그러면 3~4년 안에 박사학위를 마치고 고국에 돌아올 때쯤에는 자그마한 아파트라도 마련할 수 있겠다 싶었다. 말 그대로 꿩 먹고 알 먹는 멋진 계획이었다. 그러나 하나님의 생각과 계획은 우리와 다르며 훨씬 크다는 것을 깨닫기까지는 수년이 걸렸다.

"너희는 여호와를 만날 만한 때에 찾으라 가까이 계실 때에 그를 부르라 악인은 그의 길을, 불의한 자는 그의 생각을 버리고 여호와께로 돌아오라 그리하면 그가 긍휼히 여기시리라 우리 하나님께로 돌아오라 그가 너그럽게 용서하시리라 이는 내 생각이 너희의 생각과 다르며 내 길은 너희의 길과 다름이니라 여호와의 말씀이니라 이는 하늘이 땅보다 높음같이 내 길은 너희의 길보다 높으며 내 생각은 너희의 생각보다 높음이니라"(사 55:6-9).

일단 우리 부부는 두 아이를 어머니와 형님 부부에게 맡기기로 했다. 내가 장학금을 받게 되면 미국으로 데려올 생각이었다. 공부를 위해 두 아이를 어머니와 형님 부부의 손에 맡겼으나, 정말 어렵고 가슴 아픈 결정이었다. 둘째 아이는 이제 막 돌을 지나 말을 배우느라 온갖 재롱을 부리 던 때였다. 아내는 남겨 둘 어린 것들을 생각만 하면 폭포수처럼 눈물을 흘렸다. 주님의 보호하심을 믿으라고 격려하시는 어머니와 친자식처럼 키우겠으니 염려 말라는 형수님의 위로를 믿을 따름이었다. 그리고 아직 옅은 믿음이었지만 우리 가정의 앞길을 인도해 달라고 하나님께 기도하는 수밖에 달리 방도가 없었다.

아내가 수고하여 재정적으로 뒷받침을 해주지 않으면 어려운 상황이어서 그랬다지만, 지금 생각해도 우리는 참 매정한 부모였다. 어떻게 그렇게 할 수 있었을까? 이제 두 아이는 성년이 되었지만 지금도 우리 부부는 그때 일을 생각하면 가슴이 아프다.

1980년대는 미국 유학의 문이 매우 좁았다. 해외여행도 자유롭지 못했다. 그래서인지 많은 친지, 친구 및 직장 동료들이 김포공항까지 나와 유학 떠나는 우리 부부를 환송해 주었다. 공항 검색대를 빠져나가는 우리 부부를 향해 손을 흔드는 수많은 손길과 눈길을 지금도 잊을 수가 없다. 하지만 유학 생활 내내 우리가 원하는 성공이라는 욕망을 주님 앞에 내려놓는 데 가장 걸림돌이 된 '공포의 손'이요, '야망의 눈동자'였다. 비행기가 이륙하는 내내 흐느끼는 아내의 손을 꼭 잡고 함께 기도했다.

"하나님, 교회를 오래 다녔지만 하나님을 잘 모르고 살아왔습니다. 모르고 잘못한 것이 많을 것입니다. 하여튼 다 용서하여 주시기 바랍니다. 이번 유학을 준비하면서 하나님이 살아 계시다는 것을 조금 알았습니다. 어린 것들을 이곳에 남겨 두고 유학 떠나는 저희들을 용서하여 주십시오. 두 어린 것들을 하나님께 부탁합니다. 특히 우리 어머니의 기도를 잘 들어주십시오. 이제 저희 부부는 미국에서 유학하는 동안 하나님을 더 알고 잘 섬기고 싶습니다. 아무것도 모르고 또 어디로 가야 할지도 모르는 저희를 안내하여 주십시오. 그리고…."

우리는 두서없이 눈물의 기도를 드렸다. 그리고 아내와 나는 미국에 가면 정말 하나님을 잘 믿어 보자고 마음을 모았고, 하나님께 우리의 결심을 입술로 고백했다.

누구에게든 하나님 앞에서 결단의 시간이 있게 마련이다. 인격적으로 하는 결단의 결과는 우리가 책임질 일이 아니다. 오직 하나님께서 그 결단을 들으시고 인정하시며 인도하신다. 우리는 그 눈물의 결단을 들으신 하나님의 인도를 눈으로 확인하며 살고 있다. 하나님은 선하시고 신실하신 분이다.

애틀랜타 공항에는 Y형제가 마중을 나와서 우리 부부를 반갑게 맞아 주었다. 이미 입주 계약을 마치고 열쇠를 받아 둔 임대 아파트로 향했다. 아파트는 조지아텍 캠퍼스에서 가까운 곳에 있었다. 미국의 임대 아파트에는 가구도 침대도 없었다. 스탠드 하나 없이 어두운 집 바닥에 카펫 한 장만 깔려 있을 뿐이었다. Y형제가 빌려 준 슬리핑 백을 카펫 바닥에 펴고 미국에서의 첫날 밤을 보냈다. 식탁이 없어서 식품가게에서 주워 온 라면 박스 위에 상을 차리고 밥을 먹었다.

아내는 어린것들 생각에 잠을 이루지 못하는 듯했다. 내 꿈을 이루기 위한 유학만은 아니라고 생각했지만, 정말 아내와 아이들에게 미안했다. 남자들은 "내가 이렇게 밤낮 없이 소처럼 일하는 것이 나만 잘살려고 하는 일이야?"라고 말하지만 가족에게 정작 필요한 것은 함께 시간을 보내 주는 것이었다. 나는 미국에 가서야 가족이 함께 지내는 것이 바로 행복이라는 생각을 처음으로 하게 되었다.

가족과 떨어져 낯선 곳에 와서 마음을 추스를 겨를도 없이 나는 겨울 학기를 등록하고 바쁜 유학 생활을 시작했다. 집에 홀로 남아 있는 아내가 문제였다. 홀로 집에 남아서 아이들 생각에 골몰하니 불면증에 식욕도 찾지 못했다. 아내는 허전한 마음을 달래고 위로 받기 위해 그동안 한 번도 읽어 본 적 없는 성경을 읽기 시작했다. 하나님의 말씀은 정말 운동력이 있어서 외로운 아내를 위로하셨고, 차츰 하나님의 크신 사랑을 깨닫는 변화로 아내를 인도하셨다. 이렇듯 외로움과 고난은 하나님이 우리를 부르시는 방편이요, 우리의 얼굴을 하나님께 돌리는 계기가 된다.

3장

예수를 닮은 사람들,
아름다운 신앙의 공동체

　　　　　　유학 생활은 도착한 공항에 누가 마중 나왔느냐에 따라 인생이 바뀐다는 우스갯소리가 있다. 실제로 근거 있는 말이다. 언어도 문화도 다른 낯선 외국 땅에 처음 도착하면 대개 두렵고 외롭다. 평소 제법 잘한다고 생각한 영어는 미국 공항에 내리는 순간 어디론가 사라지고 입에서는 신음만 나온다.

　이때 공항에 자동차를 가지고 누군가가 마중 나와 준다면 얼마나 고맙겠는가? 여기에 한국 음식으로 준비된 저녁식사라도 대접받는다면 그 고마움은 이루 다 표현할 수 없다. 언어만 문제 되는 것은 아니다. 확연히 다른 문화로 인한 충격은 금방 바보가 된 듯한 절망감을 몰고 온다. 이런 때 은행을 개설해 주고, 아파트를 얻어 주고, 자동차를 사는 데 동행해 주는 이가 있다면 눈물이 나게 고맙다. 혹시 도와준 분이 출석하는 교회에 나오라고 권하면 아무리 종교에 관심이 없는 사람이라도 거절할 수가 없다. 그러니 미국 생활의 첫출발을 누구의 차에 동승해서 했느냐는 매우 중요한 문제일 수밖에 없다. 예수님을 믿지 않는 사람이 예수꾼을 만나면 대개 예수꾼이 되고, 술꾼을 만나면 대개 술꾼이 된다. 그러므로 좋은 만남을 위해 기도해야 하는 것이다.

아름다운 교회, 새서울침례교회

우리 부부를 여러 모로 도와준 Y형제는 미국 남침례회(Southern Baptist Convention) 소속의 새서울침례교회(현재 슈가로프침례교회로 바뀜)를 다니고 있었다. 그곳은 유학생들이 많이 모이는 교회였다. Y형제는 그의 말과 행동에 크리스천의 겸손함과 신실함이 자연스럽게 우러나오는 사람이었다. 우리 부부는 어머니가 권사로 섬기는 장로교회에서 세례를 받았으니 장로교인이었으나, Y형제가 다니는 교회에 다니다 보면 우리 부부도 Y형제처럼 신실한 크리스천이 될 것 같았다. 더구나 새서울침례교회는 몇 년 전 조지아텍에서 방문교수로 연수할 무렵, 교회 건물을 새로 구입해 헌당 예배를 드릴 때 참석한 적이 있는 교회였다.

그런데 장로교인인 내가 침례교회에 출석하는 것이 마음에 걸렸다.

아직 믿음이 견고하지 못하거니와 타 교단에 대한 이해도 전혀 없을 때였다. 장로교회 권사님으로 섬기는 어머니가 어떻게 생각하실지도 염려되었다.

Y형제는 청년 유학생부의 회장을 맡고 있는 K집사를 소개해 줬다. 그런데 K집사는 내가 전부터 알고 있던 사람이었다. K집사는 사귀기가 참 힘들다고 생각하던 사람이었는데, 몇 년 못 본 사이에 신실해져서 교회의 집사가 되고 청년 유학생부의 회장까지 되었다니 놀라웠다. Y형제가 전하는 말을 듣고 추측하건대 그에게 어떤 극적인 변화가 있었던 모양이다.

아내와 나는 Y형제에게는 참 미안한 일이지만 우선 장로교단의 교회에서 예배를 드려 보기로 했다. 그런데 그날 저녁 우리 집으로 K집사가 찾아왔다.

"실은 저희 청년 유학생 공동체가 오랫동안 안 교수님 부부를 위해 기도해 왔답니다. 가능하면 저희 공동체로 초청하고 싶습니다."

K집사의 온화하고 부드러운 말을 들으며 예전의 교만한 그분이 아니라는 생각이 들었다. 우리는 함께 기도했다. 내 마음속에서 여러 의문이 하나 둘 풀리면서 저런 사람을 변화시킨 공동체라면 믿을 만하다는 확신이 생겼다. 동시에 나 역시 K집사처럼 변화될 수 있겠다는 기대감이 생겼다. 우리 부부는 하나님이 우리를 위해 예비하신 공동체로 인도하고 있다는 확신을 갖게 되었다.

다음 주일날 아침이 되었다. 페인트칠이 거의 벗겨진 오래된 중고차가 여러 대 우리 아파트로 몰려왔다. 새서울침례교회의 대학원부 리더들이 아직 운전이 서툰 나를 교회까지 앞뒤로 호위하기 위해 찾아온 것이다. 애틀랜타의 남북을 관통하는 I-75의 고속도로에서 여러 대의 자동차들이 비상등을 켜고 내 자동차를 앞뒤에서 에스코트하자, 지나는 차들이 무슨 큰일이 난 줄 알고 길을 비켜 주었다. 마치 대통령이라도 모시는 사람들처럼 한 영혼을 인도하기 위해 최선을 다하는 그들의 섬김과 사랑에 우리 부부는 무척 감동을 받았다. 그들은 우리를 자신의 집에 초청해 저녁을 대접했고 어린 자녀가 아직 한국에 있다는 것을 알고는 우리 가정을 위해 함께 기도해 주었다. 그때만 해도 특별한 관계가 아니면 인사치레나 하고 지내던 우리 부부는 무엇이 이들을 이토록 사랑 많은 사람으로 변화시켰을까 궁금하고 고맙고 부러웠다.

바쁜 일주일 중 다소 한가한 금요일 오후에 Y형제가 찾아왔다. 주중에는 학교 수업을 따라가느라 숨이 가쁠 지경이었다.

"선배님, 심심하실 텐데 저녁식사 모임에나 가시지요…."

"무슨 모임인데요?"

"아니 뭐, 각자 음식을 한 접시씩 해 가지고 와서 함께 나누어 먹는 겁니다. 포틀락 파티입니다. 식사 후에 함께 찬양도 하고, 성경 공부도 하고 헤어지는 겁니다."

"한번 가보죠…."

사랑의 공동체, 대학원부 금요성경공부

아내가 조그만 음식 한 접시를 만들어 모임이 있다는 조지아텍의 기혼자 아파트로 향했다. 우리는 이 첫걸음이 우리 인생을 바꿔 놓을 줄은 꿈에도 몰랐다.

조그만 원 베드 룸 아파트에는 대략 20명의 형제 자매들이 빼곡히 모여 있었다. 대개 결혼을 하고 유학 온 커플이 많았다. 갓난아기부터 초등학생까지 10여 명의 아이들도 있었다. 이미 지난 가을학기에 유학을 와서 첫 쿼터를 마치고 정착한 가정도 여럿 있었다. 모두 3개월 늦게 겨울학기에 나타난 우리 부부를 열렬히 환영해 주었다.

식사 후에 부르는 찬양은 은혜로웠다. 이제 막 시작하는 유학 생활이 힘들기도 하거니와 한국에 두고 온 아이들 때문에 늘 마음이 아프고 허전했는데 주님이 도와주신다는 찬양을 부르니 마음에 위로가 되었다.

너 근심 걱정 말아라 주 너를 지키리
주 날개 밑에 거하라 주 너를 지키리
주 너를 지키리 아무 때나 어디서나
주 너를 지키리 늘 지켜 주시리

찬송가 382장을 부르는데 눈물이 앞을 가리고 목이 메어 따라 부를 수가 없었다. 정말 낙심과 고난 중에 있는 가난한 마음에 주님이 임하신다는 말이 맞았다. 유학 초기 마음이 가난해진 우리 부부를 주님께서 찾아오신 것이다.

성경공부에도 참여했다. 오랫동안 교회를 다녔어도 함께 성경을 읽고, 묵상하고, 나누는 성경공부는 난생처음이었다. 교재는 한국대학생선교회에서 만든 《CCC 10단계 성경교재》였는데 퍽 재미있었다. 성경공부를 하려니 자연히 성경을 매일 조금씩이라도 읽어야 했다. 성경공부를 인도하는 리더들의 믿음과 성경 지식은 나와 비교할 수 없을 만큼 수준이 높았다. 이곳 교회에서 회심한 형제 자매들도 있지만, 이미 모태신앙으로 어려서부터 잘 훈련된 리더가 여럿 있었다. 모두가 우리 부부에게는 믿음의 선배요 따르고 배워야 할 신앙의 롤모델들이었다.

새서울침례교회는 말씀이 흥왕하고 성령이 충만한 교회였다. 만나면 기도하고 주 안에서 서로 격려했다. 당시 새서울침례교회 문경렬 담임목사님의 설교는 마치 나 한 사람을 위한 설교인 듯 내 마음을 흔들었고 큰 은혜를 주었다. 나는 매주 예배를 드리며 예수 그리스도의 복음을 깨달아 갔고 늘 주일이 기다려졌다.

1980년대 말만 해도 미국에서 유학 생활을 하거나 이민 생활을 하는 한국인이 적었다. 그런 만큼 외롭고 살기가 힘이 들었다. 조지아텍은 거의 모든 학과가 미국 내 대학 랭킹에서 상위 10위권에 드는 세계적인 명성을 얻은 대학이었다. 세계 각처에서 명석한 학생들이 청운의 꿈을 안고 입학하지만, 매 학기 박사 예비시험 및 자격시험에 실패하여 울며 떠나는 학생이 많았다. 어느 누구도 자신의 출신 학교를 자랑하거나, 실력을 과신하거나, 박사학위 취득을 자신하지 못했다. 고국에서 명석하다는 말을 듣던 사람이라도 곧 자신의 능력의 한계에 부딪혔고 그럴 때마다 겸손해질 수밖에 없었다. 새서울침례교회의 대학원부는 이런 어려운 환경에서 하나님을 믿고 의지하며 따르기로 작정한 사람들이 모인 성령 충만한 모임이었다. 작은 예수들이 모인 사랑의 공동체였다. 누구든지 발을 들여놓는 순간 이 사랑의 공동체에 감염되어 변화가 일어났다.

나는 이 공동체에 특히 고마운 사람이 많다. 자신도 어려운 환경임에도 나같이 연약한 지체들을 자기 몸처럼 사랑으로 돌보던 P집사, K집사, Y집사는 25년이 지났어도 내가 닮고자 하는 주님 제자의 롤모델로 내 마음속에 살아 있다. 나는 이들을 통해 오직 그리스도의 사랑만이 영혼을 감화시키고 변화시킬 수 있다는 사실을 배웠고 경험했다. 우리 부부의 연약함을 아시고 예수를 지극히 사랑하는 공동체로 보내 주신 하나님께 감사드린다. 우리 부부는 이 공동체에서 주님을 만났고, 훈련 받았으며, 또 그런 공동체를 세우고자 하는 주님을 따라 지금까지 걸어왔다. 아! 하나님은 얼마나 이 땅에 그런 공동체 교회를 세우시기 원하는지 모른다. 그런 사랑의 공동체는 여전히 완벽하지는 않지만 하나님이 이 땅에서 세우시고자 하는 하나님 나라의 대안이다.

4장

실패로 시작된 첫 학기

　　　　　　대학원 강좌는 한 강좌가 두 학기에 걸쳐서 진행되는 연속 강의가 많았다. 나의 경우 겨울학기부터 강의를 들었기 때문에 가을학기에 강의한 첫 강의 내용을 알지 못했다. 더구나 전기공학에서 전자공학으로 과목을 바꾸어서 박사과정을 공부하는 까닭에 기초 과목 외에 응용 과목은 거의 새롭게 배워야 했다.

　첫 학기에 먼저 세 과목의 전공 관련 강의와 한 과목의 수학 강의로 12학점을 선택했다. 매 학기 최소한 12학점을 들어야 유학생 신분을 유지할 수 있었다. 조지아텍의 모든 박사과정 학생은 자신의 전공과목에서 평균 B학점 이상 취득하기를 요구했다. 아울러 수학과의 대학원 개설 과목 중에서 15학점(대개 5강좌)을 매 과목당 B학점 이상의 학점을 유지하고, 부전공으로 이수해야 했다. 나는 수학에는 자신이 있어서 처음부터 수학 학점을 이수하면 좋겠다고 생각했다.

그런데 영어가 문제였다. 첫 강의부터 미국 남부 출신의 교수가 강의하는 전공과목을 도무지 알아들을 수가 없었다. 입을 벌리지 않고 혀만 굴리며 말하는 전형적인 남부 악센트의 영어 사투리는 정말 알아듣기 힘들었다. 하기는 뉴욕의 표준 영어로 강의한 교수의 말도 알아듣기 어렵기는 마찬가지였다. 대체로 대학원 강의는 특별한 교과서가 있는 것이 아니었다. 주로 교수 자신이 개발한 강의 노트를 중심으로 강의를 진행했다. 교수의 강의 노트는 교내 서점에서 판매했다. 상세히 기술한 교과서와 달리 강의 노트는 요점만 정리해 놓은 경우가 많았다. 따라서 강의 시간에 교수의 강의 요점을 놓칠 경우 나중에 공부하면서 애를 먹었다.

미국 대학은 모든 대학원 강의를 학부 강의처럼 철저하게 진행한다. 대학원 강의이지만 거의 매주 숙제를 내주었다. 격주로 강의 시작 전 10분 동안 아주 짧은 시험인 퀴즈를 보는 교수도 있었다. 모든 과목은 대개 두 번의 한 시간짜리 중간시험과 한 번의 두 시간짜리 기말시험을 치른다. 전공 응용에 좀 더 중점을 두는 강좌인 경우는, 기말시험을 특별 연구주제에 대한 발표와 보고서로 대체하기도 했다. 미국의 박사과정은 폭넓은 강의를 통해 먼저 기초를 철저히 다진다. 튼튼한 기초를 먼저 다지고, 위로 이동하면서 좁아지는 피라미드처럼 자신의 주요 전공의 연구 토픽을 좁혀 가며 집중하여 연구하게 된다.

강의를 들으며, 매주 네 과목의 숙제를 제출하는 일은 여간 고단한 일이 아니었다. 부지런한 교수님들은 제출한 숙제를 다음 강의 시간 전에 평가해서 돌려주었다. 미국 학생들은 숙제의 문제와 원론적인 해법에 대해서는 서로 상의할 수 있지만, 상세히 푸는 방법을 나누거나 또는 숙제의 답을 베끼는 것은 부정행위로 간주해서 엄벌에 처한다. 그래서 한국 학생을 포함한 유학생들이 숙제를 베껴 내던 관행을 좇다가 부정행위자로 곤욕을 치르거나, 강제로 퇴교되기도 했다. 숙제의 답을 보여 달라고 해서도 안 되고, 보여 주어서도 안 되는 것이다.

한국에 있을 때 시험 기간에 날을 꼬박 새워서 공부한 적은 있지만 숙제하기 위해 매주 2~3일을 날을 새운 적은 없었다. 나는 시간이 지날수록 밤을 꼬박 새우는 일이 잦아졌고, 그러면 강의 시간에 자꾸 졸아서 강의 내용을 이해하지 못해 또다시 숙제하기 위해 밤을 새우는 악순환을 거듭했다. 정말 악화(惡貨)가 양화(良貨)를 구축(驅逐)하는 경우가 바로 이런 경우일 것이다. 학기가 시작되고 한 달이 지나자 나는 내가 학업을 제대로 따라가지 못한다는 사실을 인정해야 했다. 내 실력과 체력이 학업을 감당하지 못하고 있었다. 그래서 먼저 전공과목 중에서 중간고사를 망친 한 과목의 수강을 취소했다. 마음이 아팠고 자존심이 상했지만 어쩔 수 없었다.

　수학 과목은 기초논리학으로 변증하는 수학 이론이었다. 지금까지 응용수학만 공부한 터라 논리학적 수학 이론은 생소하기만 했다. 이탈리아계 수학 교수의 강의를 따라가기가 너무나 벅찼다. 더구나 수학과 대학원생들과 직접 경쟁하는 시험에서 나는 언제나 평균 이하의 점수를 받았다. 이러다간 수학 과목에서 낙제할 것 같았다. 나는 수학 교수를 몇 번이나 찾아갔다. 강의에 대한 질문도 할 겸, 최소한 낙제는 면해야겠다는 속셈이었다.

　"교수님, 강의를 따라가기가 너무 벅찹니다. 도와주십시오."
　"내 강의를 따라올 수 없으면 수강을 취소하세요."

　자칫 잘못하여 한 과목이라도 낙제하면 평점이 B학점 이하로 떨어져서 학사경고를 받게 된다. 두 학기 연속으로 학사경고(Academic probation)를 받으면 자동으로 학교를 떠나야 했다. 아내는 아이들 생각으로 매일 눈물로 지새우지만, 나는 아이들 생각할 겨를도 없이 낙제를 바라보는 내 성적 때문에 눈물을 흘려야 할 형편이었다.

"예수님한테 다 맡겨 부러야"

　미국에 오기 전까지는 다소 어려운 강의라도 열심히 노력하면 따라갈 수 있다고 자신했다. 하지만 조지아텍에서 첫 학기를 지내는 동안 나는 내 능력의 한계를 확인할 따름이었다. 처음으로 늦은 나이에 유학

온 것을 후회했다. 도서관 지하에서 아내가 점심으로 싸 준 김밥을 먹으며 한국에서 그냥 저냥 지냈다면 이런 일도 없었을 텐데 괜한 욕심을 내서 가족 모두를 괴롭힌다 생각하니 참담했다. 그러나 이미 엎질러진 물, 이제 와서 돌아갈 수는 없었다.

나는 내 인생에 큰 위험이 다가오고 있다는 위기감을 느꼈다. 처음으로 최선을 다해도 되지 않는 일이 있다는 것을 깨달았고, 내 처지가 마치 이솝 이야기에 나오는 솜을 지고 물에 들어간 당나귀 같았다. 짧은 시간에 갑자기 무거워진 짐이 너무 벅찼다. 하기야 인생의 무거운 짐이 어디 예고하고 지워지던가?

걱정한 대로 학기말에 전공 두 과목은 겨우 B학점을 받았지만, 논리수학은 D학점을 받았다. 그리고 그토록 피하고 싶었던 학사경고를 받고 말았다. 이때의 아픈 기억 때문에 나는 지금도 영국의 'BBC' 방송은 괜히 기분이 나쁘다. 이대로 다음 학기에도 학사경고를 받으면 그대로 짐을 싸서 고국으로 돌아가야 했다. 정말이지 평탄했던 내 인생이 불과 몇 달 만에 벼랑 끝에 선 기분이었다. 어떻게 이처럼 갑자기 초라해질 수 있단 말인가? 어떻게 해야 다음 학기에 학사경고를 받지 않을 수 있는가?

나의 가족과 친구들, 선배와 스승들이 생각났다. 내게 수많은 사랑과 도움과 가르침을 준 그들이 없었다면 오늘의 나는 존재하지도 않았을 것이다. 그들과 그토록 많은 밤을 지새우며 인생을 논하고 지혜를 배웠는데 나는 지금 어떻게 살 것인가 하는 원론적인 문제 앞에서 길을 잃고 있었다. 지금 이토록 절박한 순간에 그들을 만나도 아무 소용이 없다는 것, 그들에게서 들었던 수많은 조언도 현재 상황에 별 도움이 되지 못한다는 것이 뼈에 사무치게 자각되었다. 불현듯 내 인생은 나 혼자라는 생각이 들면서 고독감이 물 밀 듯이 밀려왔다.

나는 처음으로 내 인생이 바른 토대 위에 세워지지 못했다는 생각이 들었다. 그리고 비로소 스물여덟에 홀로 돼 주님만 의지하며 살아온 어머니의 삶과 신앙이 궁금해졌다. 여전히 가난하고 여전히 힘든 삶에도 불구하고, 무엇이 어머니의 마음에 그런 평화와 자유를 가져다주었을까? 어머니는 내게 예수님을 소개할 때마다 으레 이렇게 말씀하셨다.

"종혁아, 주님을 믿응께, 마음이 참 편해야."
"예수님한테 다 맡겨 부러야. 예수님 믿으면 천국 간당께!"

투박한 사투리에 논리도 없지만 어머니의 말씀에는 힘이 있었고 설득력이 있었다. 예수님은 과연 문 밖에서 내가 초청해 주길 사랑으로 기다리셨을까? 지금 어떻게 그토록 거부하던 예수님께 창피하게 무조건 나아간단 말인가? 마지막까지 항거하고 싶은 자존심을 어떻게 내려놓는단 말인가? 혹시 체면이라도 세워 줄 말씀이 있을까 싶어 나는 성경책을 뒤졌다. 나는 이렇게 마지막까지 위선을 떨던 사람이었다. 그러던 어느 날 마태복음 11장 28~30절 말씀이 내 마음에 꽂혔다.

"수고하고 무거운 짐 진 자들아 다 내게로 오라 내가 너희를 쉬게 하리라 나는 마음이 온유하고 겸손하니 나의 멍에를 메고 내게 배우라 그리하면 너희 마음이 쉼을 얻으리니 이는 내 멍에는 쉽고 내 짐은 가벼움이라 하시니라"(마 11:28-30).

당시 나는 예수님이 내게 영원한 생명을 주실 분이라고 확신하지도 못했고, 그것을 얻는 것이 얼마나 고귀한 복인지도 알지 못했다. 십자가의 의미도 몰랐고 부활의 소망이 무엇인지도 몰랐다. 단지 나는 내가 진 짐이 너무 무거웠고, 이 말씀이 아무런 조건도 내세우지 않아서 좋았다. 짐의 종류도 상관없고 누구든 상관없이 받아 주신다는 것이 좋았다. 무엇보다 마음이 쉼을 얻는다는 것이 좋았다. 멍에를 멘다는 것이 마음에 좀 걸리긴 했지만 그 멍에가 쉽고 가볍다니 다행이다 싶었다.

정말 말씀이 역사하는 능력이라는 것은 이런 경우를 두고 하는 말일 것이다. 이 말씀을 읽을수록 눈물이 났고 내 무거운 인생의 짐을 예수님께 맡기고 싶어졌다. 아니 이분이 내 짐을 맡아서 지고 가실 수 있는 그런 사랑과 능력이 있는 분이었으면 참 좋겠다고 생각했다. 그리고 서서히 짐을 내려놓은 자의 평안이 나를 감싸기 시작했다. 여전히 현실의 짐은 무거웠고, 아니 오히려 더 무거워졌다. 그러나 나의 짐은 물론이고 멍에까지 메고 앞장서시는 예수님 앞에서 나는 서서히 무너지고 있었다.

5장

금연, 그 끈질긴 싸움과
하나님의 임재

다음 학기에도 학업은 여전히 힘들었다. 다행히 학사경고는 겨우 면했다. 하지만 일련의 시련과 연단을 통해 나는 조금씩 예수 그리스도를 아는 데로 나아가고 있었다. 믿음의 선배들의 사랑과 헌신에 비하면 나의 믿음은 빠르게 자라지 않았다. 오래된 나의 구습들을 떨쳐 버리기가 너무나 어려웠던 것이다. 10여 년간 즐기던 담배는 미국에 와서 오랫동안 선망하던 양담배를 피우면서 더 탐닉했다. 나는 담배만큼은 끊을 수 없다고 스스로 포기한 상태였다.

사실은 첫딸을 낳고서 일찍이 세상을 떠난 아버지를 떠올리며 한때 담배를 끊으려 한 적이 있었다. 이제 자녀를 양육할 책임이 있는 아빠로서 스스로 건강을 지켜야 할 의무가 있다고 생각해서였다. 하지만 담배는 마약과 같아서 금연을 시작한 처음 한 주간은 실로 고통스럽기 짝이 없었다. 니코틴 부족에서 오는 금단 현상으로 손이 떨리고, 어떤 일에도 집중할 수가 없었다. 어느 누구와 대화를 나눠도 초점이 없고 오직 담배 생각뿐이었다. 나는 독하게 결심하고서 10여 년을 피우던 담배를 끊었다. 내가 금단 현상을 이겨 내고 담배를 깨끗하게 끊었다는 것이 스스로 대견했다.

그러나 죽순을 잘라 낸다고 깊이 뿌리 내린 대나무가 죽는 것이 아닌 것처럼 나의 금연은 성공적이었지만 담배를 피우는 맛과 즐거움마저 잊어버린 것은 아니었다. 틈만 나면 맛있는 담배 맛을 기억해냈다. 최소한 1년은 참아야 한다고 달래던 것이 문제였다. 처음부터 나의 의지를 1년만 시험해 보자는 작정을 나도 모르게 하고 있었고, 어느 순간 1년이 되는 기념일을 카운트다운 하고 있었다.

흡연은 마치 죄의 끈질긴 끄나풀 같았다. 사실 나는 처음부터 담배를 다시 피울 구실을 마련해 놓았던 것이다. 양심은 내게 진실을 말하고 있었지만, 나는 이것만큼은 눈감아 줄 것을 미리 타협해 놓고, 그 출구까지 마련해 놓은 지혜로운 위선자였다. 물론 1년 뒤 나는 기쁨으로 담배를 다시 피우기 시작했다. 그런 중에도 교회에 다녔고, 어느 날은 하필 담임목사님 앞에서 앞주머니에 있던 담배가 쏟아져서 곤혹을 치른 적도 있었다. 이후 교회 가기 전에는 늘 몇 개비의 담배를 양말 춤에 끼워 넣고 갔다. 실수로 쏟아질 염려가 전혀 없기 때문이다. 교회의 십자가가 보이기 전에 한 대 피우고, 예배가 끝나기가 무섭게 교회를 빠져나오며 또 한 대를 피웠다.

애틀랜타에 온 후 믿음의 공동체에서 사랑을 받으면서 나는 내 모습이 변화되기를 바랐고, 믿음의 선배들의 신뢰를 저버리고 내 방법대로 사는 것에 조금씩 부담을 느끼기 시작했다. 그리고 주님을 알아 갈수록 내 안에 있는 죄의 뿌리가 깊다는 것을 깨달았다. 이것은 단순히 담배를 피우고 끊는 문제가 아니라 좀 더 본질적인 문제이며, 그것과 끈질기게 싸울 필요를 느꼈다.

조지아텍이 있는 남부 애틀랜타의 봄은 유난히 따뜻하고 아름답다. 나는 담배를 한 대 피워 물고서 조지아텍의 교정을 천천히 걸으며 따스한 봄을 만끽했다. 모든 고민을 흡연으로 날려 버릴 듯이 담배를 깊이 빨아들였다. 봄날의 햇빛 속에서도 담뱃불이 빨갛게 달아오르는 것이 보였다. 이런 경우 담뱃불의 온도는 섭씨 500℃ 이상이라고 한다. 아뿔싸, 저 멀리서 대학원부의 골수 예수쟁이인 P집사가 반갑게 손을 흔들며 다가오고 있었다. 나는 얼른 벌겋게 달아오른 담뱃불을 오른손으로 부여잡았다. 내 손이 타는지 '지지지' 소리가 났지만, 담배를 잡은 손을 오른쪽 호주머니에 얼른 집어넣었다. P집사는 내 코에서 솔솔 나오는 연기를 보았을 테지만 짐짓 모른 체했다.

나중에 내가 담배를 완전히 끊고서 알게 된 것이지만, 아무리 양치질을 하고 향수를 뿌려도 담배 냄새는 멀리서도 날 만큼 쉽게 지워지지 않았다. 믿음의 선배들은 줄곧 나의 담배 냄새를 모른 체해 주었다. 주일마다 함께 찬양을 부르던 성가대의 형제 자매들이 내게서 나는 담배 냄새로 얼마나 힘들었을까, 한편으로 부끄럽고 한편으로 그들이 너무 고맙다.

그런 일이 반복될수록 나는 나의 그런 모습이 싫었고, 최소한 나쁜 습관을 버려야 한다는 부담감을 갖게 되었다. 특히 고린도전서 6장 19~20절 말씀을 읽은 뒤에는 그 부담감이 더 커졌다.

"너희 몸은 너희가 하나님께로부터 받은 바 너희 가운데 계신 성령의 전인 줄을 알지 못하느냐 너희는 너희 자신의 것이 아니라 값으로 산 것이 되었으니 그런즉 너희 몸으로 하나님께 영광을 돌리라."

"주님, 도와주세요"

힘겨운 첫 학기를 마치고 봄학기가 시작되었을 무렵 교회에서 부흥회가 열렸다. 나는 그때까지도 부흥회가 무엇인지도 몰랐고, 학업에 쫓기다 보니 애초부터 부흥회에 참석할 마음도 없었다. 반면 아내는 매일 밤 부흥회에 참석해서 부흥회 중에 들은 말씀과 받은 은혜를 나에게 전해 주었다.

아마 부흥회가 진행되던 금요일 밤 10시쯤으로 기억된다. 그날은 부흥회가 있는 관계로 금요 성경공부 모임이 없었다. 나는 집에서 공부하다가 갑자기 부흥회에 참석하지 못했다는 죄책감이 들어 주님께 무릎을 꿇고 기도드렸다. 아내의 말을 빌리면, 그때는 부흥회에서 말씀이 끝나고 기도를 드릴 때였다고 했다.

"예수님, 부흥회를 한다는데 참석 못해서 죄송합니다. 아시는 것처럼 공부가 너무 밀려서 제 마음이 부흥회에 갈 여유가 없습니다. 이번에는 죄송하게 됐습니다. 다음에 기회가 있다면 한번 가 보도록 노력하겠습니다."

별로 더 할 말이 없었다. 그때 갑자기 머릿속에서 담배를 끊지 못하는 안타까운 내 모습이 떠올랐다. 예수님이 모든 짐을 다 가지고 오라고 하신 말씀도 생각났다. 그러자 내가 하지 못하는 이 금연도 예수님께 가지고 나가야겠다는 마음이 생겼다. 물론 무슨 믿음의 확신이 있었던 것은 아니었다.

"예수님, 제가 여러 번 P집사 앞에서 창피를 당했습니다. 저도 담배를 완전히 끊어 버리고 싶습니다. 다시 피우고 싶지 않습니다. 금연을 결심하긴 하는데 매번 실패하는 저 자신이 부끄럽습니다. 사실 제 의지로는 이제 금연할 자신이 없습니다. 하지만 오늘 다시 금연을 결단합니다. 예수님, 제 금연의 짐을 져 주십시오. 꼭 한 번 도와주십시오."

나의 심정을 솔직하게 말씀드리고 정말 예수님이 도와주시면 좋겠다는 간절한 마음으로 나의 인격적인 결심을 고백했다. 하지만 기도 중에 어떤 감흥이 크게 일어난 것도, 기도 후에 특별한 확신이 든 것도 아니었다.

며칠이 지난 화요일 아침이었다. 부지런히 학교로 향하는데 어느 백인 학생이 교정 벤치에 앉아 담배를 피우고 있었다. 갑자기 내 마음속에 고린도전서 6장 19절 말씀이 생각나면서 저 사람이 하나님이 사는 성령의 전을 담배로 그슬리고 있다는 생각이 들었다. 그 순간 나는 깜짝 놀랐다. 지난 며칠 동안 담배 피우는 것을 깜빡 잊고 있었던 것이다. 한 시간만 담배를 피우지 않아도 안달하는 내가 며칠째 피우지 않았을뿐더러 생각조차 나지 않았던 것이다. 이것은 어떤 합리적인 말로도 설명하기 힘든 사건이었다. 하나님의 기적이 내게 임했다고밖에 설명할 길이 없었다. 어리둥절하긴 했지만 내 기도를 듣고 담배를 끊게 해주신 하나님께 너무 감사했다. 그러자 담배 생각만 했는데도 속이 메스꺼웠다.

"하나님 아버지, 담배를 끊게 해주셔서 너무 감사합니다. 하나님은 바다를 가르고, 산을 옮기는 능력이 있으신 분이라고 알고 있습니다. 그런데 저처럼 하찮은 사람의 우스운 기도도 들어주시니 그저 놀라울 뿐입니다. 이제 하나님은 멀리 계신 분이 아니요, 제 가까이에서 저의 작은 신음소리에도 친절히 간섭해 주시는 하나님 아버지이심을 더욱 믿게 되었습니다. 앞으로도 더 많은 짐을 가지고 가겠습니다. 감사합니다."

나는 그날 이후로 담배를 완전히 끊었다. 더구나 담배의 맛을 그리워하는 미련조차 남지 않았다. 하나님의 역사는 모든 죄악과 문제의 근원을 치료하신다는 것과 멀리서 말씀만 하시는 하나님이 아니요, 내 모든 삶에 자상하게 개입하시는 하나님임을 알게 되었다.

주님을 만나면 담배를 끊는 일조차 해결된다. 그러므로 누구든지 담배 먼저 끊고 하나님께 나아가겠다고 망설일 필요가 없다. 또 여전히 담배를 끊지 못하는 초신자에게 담배부터 끊으라고 부담스럽게 몰아치는 것은 율법적인 태도일 뿐이다. 결코 하나님께서 적극 권장하실 전도의 방법이 아닐 거라는 생각이 든다. 복음의 본질을 이해하지 못하고, 하나님의 기다리시는 사랑의 성품을 이해하지 못한 모습이다.

하나님은 나의 내적인 문제는 물론 잘못된 습관 같은 외적인 문제까지 고치기를 원하셨다. 폭음을 하거나 술을 자주 마시는 편은 아니지만, 에베소서 5장 17~18절 말씀이 오랫동안 술을 마셔 온 내게 부담이 되었다.

"그러므로 어리석은 자가 되지 말고 오직 주의 뜻이 무엇인가 이해하라 술 취하지 말라 이는 방탕한 것이니 오직 성령으로 충만함을 받으라."

나는 곧바로 술도 끊어 버리기로 결심했다. 물론 내 양심이나 신앙에서 포도주 한두 잔을 마시는 것이 하나님께 죄가 된다고 생각하지는 않는다. 그러나 내 경험으로 볼 때 술은 술을 부르고 그러면 필연적으로 도덕적, 윤리적, 신앙적인 기준이 흐트러지게 된다. 아무리 술을 많이 마셔도 절대 흐트러지지 않는다고 장담할 사람은 아무도 없다. 더구나 우리 사회는 크리스천이 술 마시는 것을 용납하지 못한다. 교회 지도자가 신앙의 양심에 아무런 거리낌이 없다고 여러 사람 앞에서 포도주 한두 잔을 받아 마실 경우 이를 너그럽게 보아 줄 사람이 많지 않다. 그래서 나는 믿음이 약한 사람을 혼란에 빠뜨리지 않기 위해, 불필요한 논쟁을 일으키지 않기 위해 크리스천은 소신도 중요하지만 처신을 잘해야 한다고 생각한다.

혹 이 글을 읽는 초신자들이여, 담배와 술 끊는 일에 처음부터 너무 부담을 갖지 마시라. 담배와 술 때문에 교회에 못 나가겠다고 부담 가질 필요가 없다. 예수님을 만나면 저절로 해결된다. 최소한 하나님은 그것보다 충분히 크신 분이기 때문이다.

6장

아, 하나님의 은혜로…

　　　　　유학 생활 중에 첫 여름방학을 맞았다. 방학 중에도 준비할 일이 많았는데, 무엇보다 가을학기가 시작되자마자 치르는 박사학위 예비시험을 통과해야 했다. 조지아텍의 전자공학과는 박사학위 취득까지 4개의 관문을 통과해야 했다. 박사학위 예비시험(Preliminary Examination), 박사학위 자격시험(Qualifying Examination), 프로포절(Proposal)과 최종 심사(Defense)가 그것이다. 특히 학부의 상급반 전공 응용과목을 중심으로 갖는 필기시험인 박사학위 예비시험은 까다롭기로 소문이 나 있었다. 박사학위 과정을 시작하고 2년 내에 시험에 합격해야 하는데 많은 학생이 이 관문을 넘지 못하고 학교를 떠나기도 했다.

  나의 성적은 학교에서 쫓겨나지 않는 것만도 감지덕지한 상태였지만 방학이 되자 어쨌든 한숨을 돌리게 됐다. 나는 무엇보다 방학 중에 성경 말씀을 읽어야겠다고 결심했다. 그동안 금요 성경공부에 빠지지 않고 참석했으나 여전히 성경 말씀은 의문투성이였고 질서정연하게 한 줄로 잘 꿰어지지 않았다. 어떻게 이 우주와 세상을 일주일 만에 창조할 수 있으며, 지금까지 신념처럼 굳어 버린 진화론을 버리고 창조론을 믿을 수 있단 말인가?

  나는 성경을 읽으면서 하나님께서는 많은 성경의 인물들을 꿈을 통해 인도하셨다는 것을 발견했다. 나도 1987년 6월에 특이한 꿈을 하나 꾸었다. 지는 해가 바다를 붉게 물들인 아름답고 평화로운 포구가 배경이었다. 먼 항해를 마친 배들이 돛을 접고 항구에 정박해 있었다. 먼 길을 다녀온 배들이 휴식을 취하기에 정말 좋은 곳이었다. 그런데 교회 벽에 걸린 그림에서 본 머리를 길게 늘어뜨린 예수님과 비슷한 사람이 거기에 서서 나를 향해 손짓했다. 나는 너무나 자애로운 모습에 끌려 달려갔고 그러다 잠에서 깼다. 너무나 선명한 그 꿈은 '예수님이 나를 저렇게 부르시는구나'라고 생각하게 했다.

역사 속의 예수님

먼저 신약의 사복음서인 마태, 마가, 누가, 요한복음부터 읽기로 했다. 나의 일차적인 관심은 여전히 예수 그리스도가 실제로 2000여 년 전에 이 땅에 오신 역사적인 인물인가라는 점이었다. 당시 나는 과학자요 공학박사가 되려고 꿈꾸는 사람이었다. 눈만 뜨면 내 눈으로 보고 발견하고 실험한 것을 가치 있는 사실이라고 증명하는 것이 내가 하는 일이었다. 전공이 무엇이든 간에, 박사학위 과정에서 요구되는 것은 연구 논제에 대한 가설을 세우고, 일어나는 현상 또는 수집한 정보를 분석 관찰하며, 얻어진 결과를 해석하는 사고와 논리의 전문가가 되라는 것이었다. 날마다 이런 훈련을 받는 나 같은 사람이 시골 아낙네들이 밭을 매며 "몰라도 무조건 믿으면 된당게"라는 식으로 전하는 예수 그리스도를 믿기에는 어려움이 따를 수밖에 없었다.

그러나 어느 순간 3년을 함께 보낸 예수님의 제자들이 예수님에 대하여 기록한 사복음서가 나의 견고한 진을 무너뜨리기 시작했다. 사건을 기록한 방법이나 순서에 조금씩 차이가 있긴 하지만 사복음서는 예수님이 이 땅에 오셔서 말씀하시고 행하신 일들의 본질을 일관되게 견지하고 있었다. 왜 하나님이 이 땅에 인간의 몸을 입고 오셔야만 했는지가 이해되기 시작했다. 그리고 예수님은 이 땅에 오신 그날부터 십자가를 향해 맹렬하게 달려가셨다는 것이 이해됐다. 특히 마태복음 20장 28절 말씀이 내 마음에 깊이 와 닿았다.

"인자가 온 것은 섬김을 받으려 함이 아니라 도리어 섬기려 하고 자기 목숨을 많은 사람의 대속물로 주려 함이니라."

이제 복음서에 나타난 예수를 받아들일 것인가? 그럼에도 아직 확신이 서지 않았다. 그렇다면 예수를 역사적인 인물이 아니라고 부정할 것인가? 나는 이것만큼은 부정할 수 없었다. 역사를 영어로 쓰면 'History'인데, 그 어원은 'His story'라고 한다. '그의 이야기'가 바로 '역사'가 되었다는 말이다. 성경에서 말하는 '그의 이야기'뿐만 아니라, 세상에 드러난 '그의 이야기'는 정말 세계의 역사를 말해 주고 있었다. 나는 역사적으로 이 땅에 온 예수를 부정한다는 것은 정말 어리석고 위험천만하다는 결론에 이르렀다.

나는 수백 년 전에 일본으로부터 조선을 구한 이순신 장군을 직접 만난 적은 없지만 그를 실존 인물로 존경하며 믿는다. 왜냐하면 역사가 그의 업적을 기록하고 있고, 그가 직접 쓴 난중일기가 있기 때문이다. 앞으로 천 년 후 한국 사람들은 이순신 장군을 실존 인물로 믿을 것인가? 그렇다. 기록이 있기 때문이다. 그렇다면 2000년 후에는 어떨까? 마찬가지로 그를 실존 인물로 믿을 것이다.

그렇다면 이순신 장군보다 훨씬 더 많은 증거와 자료를 가지고 있는 예수를 어떻게 부정할 수 있는가? 내가 예수를 2000년 전에 이 땅에 살던 역사적 인물로 간주한다면, 나는 이제 정말 큰 결정을 해야 했다. 요한복음 14장 6절 말씀이 내 마음에 깊은 감동으로 다가왔다.

"예수께서 이르시되 내가 곧 길이요 진리요 생명이니 나로 말미암지 않고는 아버지께로 올 자가 없느니라."

나는 아직 진정한 길을 몰랐다. 오래 찾았으나 아직 진리가 무엇인지도 몰랐다. 생명은 더더욱 몰랐다. 나는 이제 선택을 해야 했다. 예수님이 나를 위해 이 땅에 오셨고, 내 죄를 사해 주기 위해 십자가에서 피를 흘리며 고통스럽게 죽으셨다는 것을 믿기로 결단해야 하는 것이다. 그리고 나는 이것 말고는 다른 선택을 할 수 없음을 인정하지 않을 수 없었다. 그러나 무엇보다 나의 이 같은 결단은 창세전부터 나를 기억하고 예비하신 하나님의 은혜로 된 것이었다.

나 속죄함을 받은 후

1987년 8월 28일로 기억한다. 나는 그날 밤 요한복음 3장 16절을 읽다가 무릎을 꿇고서 인격적으로 예수 그리스도를 나의 구주로 영접했다.

"하나님이 세상을 이처럼 사랑하사 독생자를 주셨으니 이는 그를 믿는 자마다 멸망하지 않고 영생을 얻게 하려 하심이라."

내가 영원한 생명을 얻은 날이다. 내 이름이 하늘나라 하나님 아버지의 생명책에 확실하게 기록된 날이다. 마치 먼 항해를 마치고 포구에 닻을 내린 뒤 휴식을 취하는 배처럼, 오랜 나의 방황을 끝내고 예수님께 닻을 내리고 평화와 안식을 찾은 날이다. 하나님 아버지는 이 죄 많고 교만한 인간을 사랑으로 인내하시며 얼마나 기다리고 기다리셨을까? 고등학교 2학년 때 잠깐 교회에 출석한 후 15년 만이었다. 구원의 감격과 기쁨의 눈물이 폭포수처럼 흘러내렸다. 나는 그날 밤을 꼬박 새우며 목이 쉬도록 기도하며 찬송가 283장을 부르고 또 불렀다.

나 속죄함을 받은 후 한없는 기쁨을
다 헤아릴 수 없어서 늘 찬송합니다
나 속죄 받은 후 나 속죄 받은 후
주를 찬미하겠네
나 속죄 받은 후 주의 이름 찬미하겠네

예수님이 믿어지니 성경의 모든 말씀이 믿어지기 시작했다. 창세기에서 씨름하던 창조에 관한 모든 의문이 사라졌다. 레위기에서 이스라엘 백성의 속죄를 위해 속죄제로 드려지던 흠 없는 어린 양이 곧 십자가에 달리신 속죄양 예수 그리스도임을 알게 되었다. 레위기의 말씀이 이해가 되고 깨달아지니까 성경 읽기가 재미있고 은혜로웠다. 나는 무엇보다 말씀을 깨닫고 예수 그리스도를 알아 갈 수 있는 지혜와 믿음을 달라고 열심히 기도하며 말씀을 천천히 읽어 나갔다.

성경 말씀이 꿀보다 더 달다는 말은 사실이었다. 시간을 아껴 준비해야 할 박사학위 예비시험은 뒷전이고 거의 매일 아침부터 저녁까지 하루 8시간 이상을 성경을 묵상하며 읽어 나갔다. 주님과 조용히 기도하는 밤이 기다려졌다. 하나님의 크신 사랑을 깨닫고, 예수님의 고난을 묵상하면서 읽는 성경의 장마다 눈물로 얼룩이 졌다. 먼저 내가 죄인이었는데, 그것을 모르고 살아온 지난날이 부끄럽고 후회되어서 눈물이 났다. 그런 나를 긍휼히 여기고 기다려 주신 사랑의 하나님이 십자가에서 당하신 고난을 생각하니 또 눈물이 났다. 그리고 이제 영원한 생명을 얻게 되었다는 구원과 부활의 소망이 너무 기뻐서 눈물이 났다. 배에서 생수의 강이 넘쳐 난다더니 맞는 말씀이었다. 큰 기쁨이 배에서부터 올라왔다.

시도 때도 없이 흐르는 눈물을 주체할 수가 없었다. 성가대에 서서도 매번 눈물을 흘리니 교우들에게 민망하고 미안했지만, 어쩔 도리가 없었다. 운전을 하면서도 찬양을 부르면 눈물이 났다. 아내 보기도 민망했다. 너무 눈물을 흘려서 나중에는 눈 주위가 짓무를 지경이었다. 아내가 보다 못해 눈물이 잘 흡수되는 면 셔츠를 잘라 손수건을 만들어 주었다. 아마 구원의 은혜를 받은 후 거의 2년 반을 그렇게 눈물을 흘리고 다닌 것 같다. 생각해 보면, 불우한 어린 시절을 이기기 위해 얼마나 강한 자아를 만들었겠는가, 얼마나 많은 죄를 지으며 살았겠는가, 얼마나 많은 상처를 쌓아 뒀겠는가? 하나님은 먼저 나의 강한 자아와 죄, 상처를 치료해야 했을 것이고, 그러느라 나는 하염없이 눈물을 흘려야 했을 것이다. 나는 지금도 주님의 사랑을 생각하면 감사의 눈물을 주체할 수가 없다. 아내가 면 셔츠를 잘라서 만들어 준 손수건을 여전히 두 개씩 가지고 다닌다.

내 영혼에 햇빛 비치니

예전에 나는 몇 시간 기도했다고 생각하고 시계를 보면 10분도 채 못 채웠는데, 구원의 감격을 알게 된 뒤 기도가 달라졌다. 겨우 몇 분 기도한 것 같은데 일어나 보면 몇 시간이 훌쩍 지나 있었고, 밤을 지새울 때도 많았다. 밤마다 성령님의 인도로 홀로 부흥회를 열었다.

어느 날 기도하다 잠이 들어 꿈을 꾸었다. 하늘에서 해처럼 밝고 뜨거운 큰 불 덩어리가 내 머리를 향해 달려오는데 저 불을 맞으면 죽겠다 싶었다. 불덩어리가 달려올 때 내는 바람 소리가 굉장히 컸다. 나는 필사적으로 불을 피해 달아났다. 그러나 불덩어리는 내 이마를 때리고 내 몸 속으로 파고들었다. 마치 전기에 감전된 듯 너무 뜨겁고 견딜 수 없어서 소리를 지르다 꿈에서 깨어났다. 하지만 꿈에서 깨어난 뒤에도 내 몸은 감전되어서 힘을 쓸 수가 없었다. 도무지 이성적으로는 설명이 안 되는 일이었다. 처음 경험하는 일이라서 좀 두렵기도 했다.

나는 이 경험을 조심스럽게 섬기는 교회의 담임목사님께 여쭈어 보았다. 목사님은 사도행전에 나오는 마가 다락방의 성령의 역사를 설명하시며, 성령의 역사인 것 같으니 무서워 말라고 하셨다. 말씀도 잘 모르고, 믿음도 부족하고, 철이 없을 때였다. 나는 이런 일이 정말 성령께서 행하신 일이라면, 인격적으로 다시 한 번 내게 그 증거를 보여 달라고 하나님께 기도했다. 그리고 그날 밤 지난밤에 본 불덩어리와 똑같은 불덩어리가 내게 달려오는 꿈을 다시 꾸었다. 뜨거운 불덩어리가 몸을 타고 들어오니 감전이 되어서 다시 깨어나게 되었다. 두 번의 경험은 시간만 달랐지 동일한 것이었다. 담임목사님과 여러 믿음의 동료들은 내가 성령의 불 세례를 받았다고 했다.

나의 개인적인 경험이니 이를 일반화하여 해석하고 적용하는 것은 타당하지 않다고 본다. 혹 이 글을 읽는 분들은 오해가 없기 바란다. 다만 한 가지 분명한 것은, 내가 담배를 끊게 된 것, 주님을 감격적으로 영접하게 된 것, 그리고 소위 성령의 불 세례를 경험한 것을 통해 나는 복음서와 사도행전에 씌어진 초자연적인 성령의 역사를 믿게 되었다는 것이다. 뿐만 아니라 내 안에 막연히 존재하던 많은 두려움이 사라졌다. 주님의 말씀과 그 전능하심을 믿는 굳건한 믿음이 내 안에 자리 잡기 시작한 것이다.

무엇보다도 믿지 않는 사람들에게 예수 그리스도를 전하고 싶어서 견딜 수가 없었다. 나의 관심사는 이 사람이 예수 그리스도를 구주로 영접하여 영생을 얻었는가에 집중되었다. 내 앞가림도 제대로 하지 못하는 주제였지만, 나는 조지아텍에서 학생들을 만나면 예수 그리스도를 전하기 위해 힘썼다. 그들은 어쩌면 내가 공부가 너무 힘드니 예수에 빠져서 정신이 좀 이상해졌다고 생각했을지도 모른다. 그러나 주님이 함께하시니 예수님을 증거하는 일이 내게는 제일 기쁜 일이었고, 그들이 나를 어떻게 생각하든 상관하지 않게 되었다. 하나님은 당신의 형상으로 지음 받은 내게 주신 지성과 인격을 통해 당신의 말씀을 이해하도록 나를 인도하셨다. 더불어 성경에 씌어진 하나님의 초자연적인 영성의 세계를 보고 경험할 수 있도록 인도하기를 원하셨다.

드디어 3개월의 방학이 끝나 갈 즈음, 나는 내 생애 처음으로 성경을 통독하게 되었다. 성령님의 인도는 섬세하고, 다정하고, 지혜로웠다. 내가 신구약을 다 읽고 나서 내린 결론은 '하나님은 사랑이시다'였다. 나는 요한계시록의 제일 마지막 절에다 '하나님은 사랑이시다'라고 써 놓았다.

이제 나는 옛날의 무력한 사람이 아니었다. 나는 내 영혼에 햇빛을 비추신 하나님의 영광을 기쁨으로 찬양하며 나아가는 새로운 피조물로서 복음의 기쁨과 그 능력을 날마다 더 깨달아 가는 삶으로 나아가고 있었다. 날마다 기쁨으로 찬송가 428장을 불렀다.

내 영혼에 햇빛 비치니 주 영광 찬란해

이 세상 어떤 빛보다 이 빛 더 빛나네

주의 영광 빛난 광채 내게 비춰 주시옵소서

그 밝은 얼굴 뵈올 때 나의 영혼 기쁘다

7장

너를 낮추시며

　　　　　나는 구원의 큰 감격과 기쁨을 누리게 되자 베드로가 하나님의 신비한 영적인 세계를 보고 예수님께 그곳에 초막을 짓자고 제안한 마음을 이해할 것 같았다. 하나님과의 첫사랑은 말로 다 표현할 수 없을 만큼 달콤했다. 그러나 누구든 그 변화산의 정상에서 초막을 짓고 살 수는 없는 법, 산 아래에는 실제로 감당해야 할 일상의 많은 일이 기다리고 있었다.

　변화산에서 지내던 여름방학이 끝나고 가을학기가 시작되자 바로 박사학위 예비시험이 기다리고 있었다. 동기생들은 이미 여름방학 내내

스터디 그룹을 만들어 열심히 예비시험을 준비했지만, 나는 하나님의 은혜에 취해 사느라 시험 준비를 제대로 못했고, 결국 보기 좋게 낙방하고 말았다. 당연한 결과였다.

시험에 합격해 지도교수를 결정하고, 장학금을 받아야 한국에 남겨둔 두 아이를 데려올 수 있는데, 더구나 한국에서 가져온 돈도 바닥을 보이고 있는데, 시시각각 낙심할 일들만 생겼다. 여기저기서 시간제 아르바이트로 애쓰는 아내에게도 정말 미안했다. 그나마 하나님이 반드시 도와주실 것이라는 믿음이 위로가 되긴 했지만, 닥친 현실은 갑갑하기만 했다. 물론 아직 여러 번 예비시험을 볼 기회가 남아 있긴 했다. 나는 내가 깨달은 성서적 진리를 실제의 내 삶에 어떻게 적용해야 하는지를 아직 잘 알지 못했다. 신앙적으로 이제 갓 태어난 어린아이에 불과했던 것이다.

실패의 원인이 무엇인지를 곰곰이 따져 보았다. 전공을 바꾼 탓에 전자공학 전반에 대한 나의 기초가 부족한데다, 박사학위 예비시험이 내가 한 번도 수강한 적이 없는 학부 3, 4학년의 주요 전공과목에서 주로 출제되었다. 그래서 나는 박사과정의 필수 과목들을 수강하는 동시에 학부의 주요 전자공학 과목들을 청강하기로 했다. 기초 지식이 턱없이 부족한 전자공학 학부과정을 이렇게 해서라도 마치겠다는 속셈이었다. 어차피 전공을 바꾸었으니 기초부터 다시 공부하는 것도 의미 있겠다 싶었다.

자격 없는 대학원부 회장

나는 교회 대학원부에서 나이가 많은 편에 속했다. 나이가 많은 탓에 다음해 대학원부 회장에 선임되었다. 헌신적으로 섬기는 믿음의 선배들에 비하면 나는 다른 지체를 섬길 만큼 신앙심이 깊지 못했고, 더구나 박사학위 예비시험에 통과해야 하는 부담도 컸다. 하지만 아직 준비되지 않은 일꾼이지만 주님께서 허락하신 일이라면 기꺼이 감당해야 한다는 생각으로 주님께 감당할 믿음과 지혜를 달라고 기도했다.

나는 구원의 감격을 맛본 뒤 줄곧 아직 주님을 알지 못하는 새신자들에게 관심이 많았다. 아직 예수님을 모르지만 예배에 참석하는 그들이 기특하기도 하고 너무나 사랑스러워 보였다. 때로 예수님을 모르기 때문에 무례한 사람들도 있었지만, 그들조차 긍휼한 마음으로 바라볼 수 있었다. 이런 마음은 물론 주님이 주신 마음이겠지만 오랫동안 교회 주변을 서성거리던 나의 신앙 여정 때문이기도 했다. 어쨌든 나의 이런 마음을 귀히 여기셨는지 하나님께서는 교회에 처음 출석하는 교우들을 섬기는 새교우부를 내게 맡기셨다.

교회의 유학생들 중에는 국비 장학생이거나 학교에서 장학금을 받거나 혹은 회사의 보조를 받아서 경제적으로 어려움이 없는 유학생도 있지만, 스스로 학비와 생활비를 부담해야 하는 유학생도 있었다. 그래서 불법이기는 하지만, 밤에 애틀랜타의 빌딩을 청소하며 공부하는 유학생도 있었다. 애틀랜타 다운타운의 밤은 무척 위험하다. 이런 위험한 곳에서 밤에 큰 빌딩의 사무실을 홀로 청소하는 형제를 생각하면 마음이 너무 아팠다. 더구나 그는 자동차도 없었다. 우리는 생각 끝에 라이드 조를 편성하여 자정 무렵에 그를 다운타운에 내려 주고, 새벽에 다시 실어 오곤 했다. 늦은 밤 권총을 소지한 도심의 폭력배들에게 여러 번 위협을 당했지만, 우리는 오직 주님께 모든 것을 맡기고 그가 장학금을 받을 때까지 함께 수고해 주었다.

대학원부는 모이면 말씀을 나누고 기도했다. 재정적으로 어렵고 박사학위를 받을 때까지 불확실한 생활 때문에 대학원부는 모두가 주님을 의지하고 서로를 위해 기도할 수밖에 없는 상황이었다. 나도 그랬지만 대학원부의 지체들은 박사학위 예비시험과 자격시험, 학위 프로포절과 논문, 그리고 취업에 이르기까지 어느 한 순간도 주님을 의지하지 않고는 헤쳐 나갈 수 없는 광야를 걷고 있었다.

대학원부에 속한 학생들 대부분이 조지아텍 기혼자 아파트에서 살았다. 교회는 이곳에서 30분가량 차로 이동해야 했다. 우리 믿음의 대장이요 기도의 용사인 P집사의 기도 호출은 주로 늦은 밤에 있었다. 이번에는 박사 자격고시를 실패하고 다른 미국 대학으로 옮겨 가는 K형제 부부를 위해 중보기도를 드리자는 긴급 호출이었다. K형제는 조지아텍에 유학 온 뒤 우리 공동체에서 주님을 영접한 형제였다. 자격고시에 실패하고 부득이 다른 학교로 떠나는 그의 일이 남의 일 같지 않았다. 우리는 그리스도 안에서 하나가 되어 지체들의 긴급한 필요를 채워 주시고, 아픔을 치료해 주실 것을 하나님께 눈물로 중보했다. 언제나 우리가 간구한 대로 응답된 것은 아니지만, 공동체는 하나 됨 속에서 하나님의 사랑과 은혜를 경험했다. 초신자는 예수를 구주로 영접했고, 우리는 더 담대한 믿음으로 주님을 의지하며 나아갔다.

나는 회장직을 맡고부터 더 바빠졌으나 하나님의 임재 속에서 첫사랑의 기쁨을 마음껏 누렸다. 무엇 하나 부족하지 않은 것이 없었지만 지체를 섬기는 일은 기뻤다. 전도의 열매가 풍성하게 맺히지는 않았지만 나는 예수가 그리스도요 하나님의 아들이라고 증거하는 일에 제일 큰 기쁨을 느꼈다. 예수는 내게 길이 되었고, 진리가 되었고, 생명이 되었기에 세상 사람들에게 내가 만난 예수를 소개하고 싶어서 견딜 수가 없었다.

네가 먼저 죽어야 열매를 맺는다

예비시험 준비하랴, 강의 수강하랴, 연구하랴, 대학원부 회장으로서 섬기랴, 몸이 열 개라도 모자랄 만큼 바빠지면서 나는 늘 시간에 쫓겨 살았다. 한정된 시간에 이 모든 일을 하려니 내가 해야 할 공부나 연구가 뒷전이 될 때가 많았다. 나는 마태복음 6장 33절 말씀을 꼭 붙들었다.

"그런즉 너희는 먼저 그의 나라와 그의 의를 구하라 그리하면 이 모든 것을 너희에게 더하시리라."

나는 봄에 치른 두 번째 예비시험에서 다시 실패했다. 믿음과 삶의 열매로 본을 보여야 할 대학원부 회장이 자꾸 시험에 실패하니, 창피하기도 하고 마음에 큰 부담이 되었다. 유학생들의 전도에도 걸림돌이 된다고 생각하니 마음이 더 아팠다. 대학원부 모임 때마다, 교회의 예배 모임 때마다 나의 예비시험 합격이 중보기도의 단골 메뉴가 되자, 그것도 부담이 되었다. 시험에 실패했으나, 나는 태연한 척하려고 무척 애를 썼다.

아이들은 어머니와 형수님의 극진한 사랑 속에서 잘 자라고 있었지만, 금방 돌아온다던 엄마 아빠가 너무 오랫동안 돌아오지 않자 애를 태우는 모양이었다. 그나마 두 살 터울의 사촌 형과 언니와 함께 어울려 지내니 다행이었다. 무능한 아빠요 남편이 된 것 같아 가슴이 아팠다.

그즈음 기도하다 잠이 들었는데 꿈을 꾸었다. 우리 대학원부의 집사님들과 함께 큰 농장에 놀러 간 꿈이었다. 농장 주인이 나타나서 오늘 수고한 일꾼들에게 상을 주겠다며 다 모이라고 했다. 대학원부의 집사님들이 쭉 줄을 서서 상을 기다렸다. 농장 주인은 차례차례 수고한 일꾼들의 이름을 불렀다.

"박 집사, 참 수고했다."

빨간 사과가 탐스럽게 달린 사과나무를 심은 화분이었다.

"김 집사, 참 수고했다."

노란 오렌지가 탐스럽게 달린 오렌지나무를 심은 화분이었다.

"윤 집사, 참 수고했다."

포도가 탐스럽게 열린 포도나무를 심은 화분이었다.

꿈속에서도 저들이 저런 상을 받기에 합당하다고 생각하며 나는 과연 무슨 상을 받을까 무척 궁금했다. 제일 마지막에 내 이름을 불렀다.

"안 집사…."

내게는 수고했다는 말씀이 없었다. 그리고 이미 하얗게 말라 버린 썩은 고목나무를 심은 화분을 내게 내밀었다. 썩어서 가운데가 텅 빈 나무는 정말 볼품없었다. 나는 화분을 받으면서 농장 주인이 너무 한다고 생각했다. 매우 실망하면서 고목이 된 분재를 받아 들었는데, 겉보기와 달리 썩어서 텅 빈 고목나무 한가운데서 통통한 대나무 죽순 같은 파란 새순이 힘차게 올라오고 있었다. 그 순간 잠에서 깼다.

그때는 왜 나만 고목나무의 분재를 선물로 받아야 했는지를 깨닫지 못했다. 더구나 고목나무의 썩은 둥치에서 올라온 새싹이 무엇을 의미하는지도 몰랐다. 갈라디아서 2장 20절의 말씀을 깨닫기까지 나는 수년 동안 하나님의 훈련을 더 받아야 했다.

"내가 그리스도와 함께 십자가에 못 박혔나니 그런즉 이제는 내가 사는 것이 아니요 오직 내 안에 그리스도께서 사시는 것이라 이제 내가 육체 가운데 사는 것은 나를 사랑하사 나를 위하여 자기 자신을 버리신 하나님의 아들을 믿는 믿음 안에서 사는 것이라."

나는 믿음은 있었으나 아직 나를 그리스도의 십자가에 온전히 못 박지 못했다. 나의 강한 자아와 성공이라는 야망을 내려놓지 못하고 있었다. 나의 옛 사람이 그 고목나무가 죽듯이 죽고, 예수 안에서 새 생명의 싹이 자라야 열매를 맺는다는 것을 깨닫기까지는 몇 년이 더 걸렸다. 하나님이 유학 생활 중에 나를 낮추셔서 당신이 쓰기에 합당한 그릇으로 변화시키기로 작정하셨다면, 이렇게 나를 낮추시는 일은 이제 시작에 불과하다는 것을 깨닫는 데도 오랜 시간이 걸렸다. 하나님은 먼저 나를 낮추시고 말씀하기 원하셨다. 신명기 8장 2~3절 말씀을 내게 적용하실 참이었다.

"네 하나님 여호와께서 이 사십 년 동안에 네게 광야 길을 걷게 하신 것을 기억하라 이는 너를 낮추시며 너를 시험하사 네 마음이 어떠한지 그 명령을 지키는지 지키지 않는지 알려 하심이라 너를 낮추시며 너를 주리게 하시며 또 너도 알지 못하며 네 조상들도 알지 못하던 만나를 네게 먹이신 것은 사람이 떡으로만 사는 것이 아니요 여호와의 입에서 나오는 모든 말씀으로 사는 줄을 네가 알게 하려 하심이니라."

"주님, 항복입니다"

나는 구약의 말씀을 읽으며 안식일을 안식하며 지키는 것이 얼마나 중요한 것인지 깨달았다.

"엿새 동안은 일할 것이요 일곱째 날은 쉴 안식일이니 성회의 날이라 너희는 아무 일도 하지 말라 이는 너희가 거주하는 각처에서 지킬 여호와의 안식일이니라"(레 23:3).

"네 하나님 여호와가 네게 명령한 대로 안식일을 지켜 거룩하게 하

라 엿새 동안은 힘써 네 모든 일을 행할 것이나 일곱째 날은 네 하나
님 여호와의 안식일인즉 너나 네 아들이나 네 딸이나 네 남종이나 네
여종이나 네 소나 네 나귀나 네 모든 가축이나 네 문 안에 유하는 객
이라도 아무 일도 하지 못하게 하고 네 남종이나 네 여종에게 너같이
안식하게 할지니라"(신 5:12-14).

아직 안식일의 깊은 의미를 다 깨닫지는 못했지만, 분명한 것은 안식
일은 휴식을 취해야 하고, 내가 기뻐하는 대로 행하지 않아야 하며, 하
나님께 예배하기를 즐거워해야 한다는 사실이었다.

유학생에게 일이란 공부하고 연구하는 것이다. 나는 이 말씀을 읽고
나서 주일에는 공부하지도 연구하지도 않기로 결심했다. 하지만 다음
날인 월요일에 시험이 있거나 지도교수와 면담이 있으면 주일에 아무
것도 하지 않기가 여간 힘든 게 아니었다. 그러나 내가 하나님을 의지
하고 그분의 인도를 따라 살기로 했다면, 당연히 그분의 명령에 순종해
야 한다고 생각했고, 그래서 월요일에 있을 시험이나 미팅을 미리 미리
준비하는 수밖에 없었다. 아니면 주일 저녁은 일찍감치 잠자리에 든 뒤
월요일 꼭두새벽에 일어나기도 했다. 마르바 던은 그의 책《안식》에서
안식일을 이렇게 정의했다.

"더욱이 안식일은 어느 곳에 살든지 상관없이 일을 그치는 날이다.
하나님은 자신의 백성들에게 그들의 사회적인 위치와 상관없이 아무

일도 하지 말라고 명하셨다…. 우리는 안식일을 지키기에 있어 어떤 종류의 율법주의도 피해야 한다. 예수님 자신이 안식일에 병자를 고치셨지만, 복음서는 그분이 안식일을 충실히 지키셨다고 강하게 또 빈번하게 단언한다."

사실 안식일은 하나님이 우리의 휴식과 안식을 위해 마련하신 선물이다. 만일 안식일도 없이 계속 일을 해야 한다면 삶이 얼마나 피곤하고 지치겠는가? 나는 주일이면 예배드리고 가족과 함께 안식을 취하며 다가오는 새로운 한 주를 준비한다. 나의 연구실에는 많은 대학원 학생이 있는데, 모든 학생에게 주일에는 휴식을 취할 것을 권면한다. 물론 신앙이 다른 학생들도 있으니 강요할 수는 없더라도, 휴식은 새 출발을 위해 꼭 필요한 것이라고 설명해 준다. 긴급히 환자를 치료해야 하는 의사나 장애우를 섬기는 분들이나 공공 교통수단을 운행하시는 분들처럼 부득이 안식일을 지키기 어려운 직업이 있음을 안다. 그러나 어떤 경우든지 주일을 거룩한 날로 여기고, 예배를 드리며, 안식해야 한다는 성경적인 가르침의 원리를 기억하고 따르면, 매 주일은 정말 행복한 날이요 기다려지는 날이다.

하나님은 불이시라

자연과학에 의해서 설명되거나 논증할 수 없는 것은 믿지 않는다는 것이 과학자나 공학자의 기본 입장이다. 이미 나는 하나님의 초자연적인 역사로 금연을 경험하게 되었지만, 마가의 다락방에서 기도하던 120명의 문도들에게 나타난 성령의 역사를 어떻게 설명하고 믿을 것인지, 그리스도인을 잡으러 다메섹으로 가는 사울에게 나타나신 예수님의 역사와 사울의 회심을 합리주의를 신봉하는 과학자나 인문사회학자의 눈으로 어떻게 설명할 것인지는 내게도 고민이었다.

주님은 나의 이런 고민을 아셨던 것일까? 이미 세 번의 예비시험에 실패하고 낙심해 있던 1988년 봄, 주일의 이른 새벽이었다. 비몽사몽간에 나는 잠에서 깨어났다. 벼락같은 전기가 쏟아져 들어오듯이 내 몸에 불이 들어오고 있었다. 나는 내가 성령의 임재하심과 역사하심 속에 있다는 것을 즉각 깨달았다. 내 몸으로 파고드는 불길을 나는 내 눈으로 직접 보았다. 너무 뜨거워서 소리 지를 엄두도 못 냈다. 오직 외마디 소리를 지를 뿐이었다.

"주님, 그만요…."

내 몸에 떨어지던 불이 멈추더니 눈앞에 긴 불 막대가 나타나서 이동했다. 나는 두려워 떨며 물었다,

"주님, 어디로 가시는 겁니까?"

그때 아주 세미한 음성이 내게 들려왔다.

"나를 따르라."

지금까지 한 번도 들어 본 적 없는 이상한 소리로 내가 기도하고 있었다. 내 혀가 어떤 다른 힘에 의해 움직였다. 내 심령의 깊은 곳에서

주를 찬양하며 앙망함이 내 기도를 통해 표현되고 있었다. 이성으로는 쉽게 설명할 수 없는 성령님의 초자연적인 역사하심이 내게 나타난 것이다.

나는 이런 예기치 않은 역사에 놀라면서도 한편으로 여전히 의심을 거두지 않았다. 성령님의 역사에 대한 나의 모든 의심을 잠재우기 위한 것이었을까? 아니면 나의 모든 죄악을 불태우고, 성령 충만함으로 인도하려는 주님의 섭리였을까? 그 후에도 주님은 여러 번 주일 새벽에 나를 그렇게 깨우셨다. 그때마다 나는 두 눈을 부릅뜨고 성령의 뜨거운 불이 내 몸으로 파고드는 것을 보았다. 그 뜨거움에 나는 완전히 녹초가 되어서 "주님, 차라리 저를 죽여 주세요" 하고 외쳤다. 세상 모든 두려움은 사라지고, 오직 하나님의 거룩하심과 엄위하심만이 내 주위를 고요하게 감쌌다.

이후 나의 신앙생활에 놀라운 변화가 일어나기 시작했다. 나는 말씀을 읽고 하나님의 뜻과 그분의 성품을 알기 위해 더욱 노력했다. 그리고 말씀을 보는 눈이 서서히 열렸고 성경에 씌어진 초자연적인 역사들이 모두 믿어지기 시작했다. 성경 말씀이 입에 꿀처럼 달았지만, 배에서는 쓰다는 말씀이 무슨 뜻인지 깨달아졌다. 말씀을 깨닫는 것은 기쁨이지만, 말씀에 따라 살기는 너무 어렵다는 것도 알게 되었다. 성령님의 인도와 도우심이 없으면, 하나님의 말씀을 이해하기도 말씀에 따라 살기도 불가능하다는 것을 깨달았다. 나는 이미 새로운 사람이었다. 성령의 권능이 무엇을 의미하는지 분명하게 설명하기는 힘들어도, 나는 그 권능을 조금씩 경험하기 시작했다.

내게는 믿음이 은사였다. 현실은 어려움과 실패와 낙심되는 일이 많았지만, 나는 이런 모든 시련이 결국 나의 믿음을 자라게 해주고 또 주님께 더 가까이 나아가는 길이라고 믿고 견뎠다. 시련은 있었지만 낙심하지 않았다.

마지막 실패

벌써 세 번이나 낙방한 박사학위 예비시험은 이제 마지막 기회를 남겨 두고 있었다. 네 번째 도전하는 예비시험. 생각만 해도 진절머리가 나는 시험이었다. 이번 시험에 실패하면 학교를 떠나야 하는 절박한 시험이었다. 내 처지가 시편에 나타난 다윗의 처지와 같았다. 구구절절 내 심정을 대신하고 있었다.

> "여호와여 내가 주께 피하오니 나를 영원히 부끄럽게 하지 마시고 주의 공의로 나를 건지소서 내게 귀를 기울여 속히 건지시고 내게 견고한 바위와 구원하는 산성이 되소서 주는 나의 반석과 산성이시니 그러므로 주의 이름을 생각하셔서 나를 인도하시고 지도하소서"(시 31:1-3).

1988년 여름방학 동안 그룹으로 예비시험을 준비했다. 예비시험은 언제나 월요일에 치르는데 나는 전날 주일에도 기쁨으로 예배드리며 안식했다. 하나님께서 나를 구원해 주셨으니 내 삶의 모든 영역을 책임지시리라 믿어 의심치 않았다. 나를 불쌍히 여기시므로 이번만큼은 통과시키리라 굳게 믿었다. 나는 기도하며 최선을 다하여 시험을 준비하였고 또 최선을 다하여 마지막 시험을 치렀다.

'오, 주님 이 일을 어찌한단 말입니까?'

발표된 시험 결과는 또 낙방이었다.

'오, 주님 저는 이제 어디로 가야 한단 말입니까?'

이번 실패는 이전과는 비교할 수 없게 낙심되었다. 마치 벼랑에서 내던져진 기분이었다. 주위 사람들의 위로도 귀에 들리지 않았고 아무도 만나고 싶지 않았다. 마음속 깊은 곳에서부터 눈물의 탄식이 터져 나왔다. 허탈도 아니고 허전도 아니다. 그저 멍할 뿐이었다. 이제 다시 짐을 꾸려 고국으로 돌아가든지 패잔병이 되어 다른 학교로 옮기든지 해야 했다. 하지만 내게는 유학 생활을 더할 수 있는 용기도 기력도 재정도 남아 있지 않았다.

무엇보다 나로 인해 수고한 아내와 아이들에게 미안했다. 나는 우선 아내를 서울로 보냈다. 이왕에 고국으로 돌아가야 한다면 아이들을 데려와 잠시 미국에서 지낸 뒤 돌아가자는 심산이었다.

아내가 서울로 돌아가자 나는 식음을 전폐하고 드러누웠다. 매일 매

순간 눈물이 앞을 가렸다.

로뎀나무 밑에서 죽기를 자청하던 엘리야가 떠올랐다. 갈멜 산에서 아합 왕의 이방 선지자들과 벌인 대결은 얼마나 멋졌던가. 빗속을 뚫고 아합 왕의 수레를 앞질러 달리던 엘리야는 얼마나 당당했던가. 그가 믿고 경험한 하나님은 얼마나 전능하고 위대하셨던가. 그러나 이 모든 영적인 체험도, 기도의 응답도, 자신의 목숨을 노린다는 이세벨의 말 한마디에 허무하게 무너져 내렸다. 목숨을 걸고 당당히 도전하던 갈멜 산의 믿음은 어디론가 사라져 버리고, 엘리야는 목숨을 부지하기 위해 두려워 떨며 달아났다. 그리고 로뎀나무 밑에서 차라리 죽는 것이 낫다고 탄식했다.

"그가 이 형편을 보고 일어나 자기의 생명을 위해 도망하여 유다에 속한 브엘세바에 이르러 자기의 사환을 그곳에 머물게 하고 자기 자신은 광야로 들어가 하룻길쯤 가서 한 로뎀 나무 아래에 앉아서 자기가 죽기를 원하여 이르되 여호와여 넉넉하오니 지금 내 생명을 거두시옵소서 나는 내 조상들보다 낫지 못하니이다 하고"(왕상 19:3-4).

무엇이 엘리야를 이토록 절망하게 했을까? 엘리야는 바알 선지자들을 제거하면 이스라엘 땅에 하나님의 나라가 회복될 것으로 기대했다. 그러나 현실은 그렇지 않았다. 여전히 이세벨의 기세는 등등했고 하나님 나라는 오지 않았다. 엘리야가 자기 혼자 남았다고 불평하자 하나님은 바알에 무릎 꿇지 않은 하나님의 사람 7,000명이 있다고 말씀하셨다.

모든 영적 전쟁과 경험의 주체는 하나님이시다. 엘리야는 하나님이 선택하여 사용하신 도구일 뿐인 것이다. 이 사실을 잊어버리는 순간 인간은 절망의 늪으로 추락하기 시작한다.

식음을 전폐하고 드러누운 내 모습이 로뎀나무 밑에서 죽기를 갈망하던 엘리야와 다르지 않았다. 그토록 당당하던 믿음과 빛나는 영적 체험도 현실의 실패 앞에서 아무런 도움도 되지 못한 채 무너져 내린 것이다.

마지막 청원서

담임목사이신 문경렬 목사님이 심방을 오셔서 말씀으로 용기를 주시고 기도해 주셨다. 그리고 나를 위해 간절히 기도하다 꿈을 꾸었는데, 내가 권투선수로 링 위에 나가 네 번째까지는 번번이 실패하다가 다섯 번째에 당당히 상대를 눕히고 승리하더라는 것이었다. 말하자면 4전5기로 승리할 것이니 포기하지 말고 도전하라는 간곡한 부탁이었다. 결국 네 번의 시험까지는 낙방하였지만 다섯 번째 도전에서는 합격할 것이니 포기하지 말고 다시 도전해 보라는 말씀이다. 얼마나 간절히 기도했으면 그런 꿈까지 꾸나 싶어 감사했다. 그런데 어떻게 시험을 다시 치를 기회를 얻는단 말인가? 남이 감내해 내는 7전8기는 미덕으로 쉽게 칭송하지만, 자신이 당하는 4전5기를 즐거워할 사람이 어디 있겠는가?

조지아텍 기혼자 아파트에서 위아래 층으로 함께 살던 P집사가 죽을 쑤어서 왔다. 며칠째 식음을 전폐하고 두문불출하는 나를 위로하기 위해 찾아온 것이다. 그도 마지막 예비시험까지 실패했으나 한 번 더 볼 수 있게 해달라고 학교에 청원서를 내서 끝내 시험에 합격했다는 얘기를 해주며 포기하지 말라고 눈물로 기도하며 위로해 주었다. 그날 P집사는 내게 '상처 입은 치유자'였고 그의 위로와 격려는 큰 힘이 되었다.

요셉과 다윗이 그랬던 것처럼 현재로서는 이해할 수 없는 시련이지만 하나님께서 이 시련을 통해 이루고자 하는 뜻이 있을 거라는 데 생각이 미쳤다. 그리고 "우리가 알거니와 하나님을 사랑하는 자 곧 그의 뜻대로 부르심을 입은 자들에게는 모든 것이 합력하여 선을 이루느니라"(롬 8:28)는 말씀을 묵상하다가 큰 힘을 얻었다. 내가 지금까지 겪었고 또 겪어야 할 모든 일들이 언젠가 하나님의 영광을 위해 큰 쓰임이 되리라는 믿음의 확신이 생긴 것이다. 그리고 여기서 주저앉는 것은 결코 하나님이 원하시는 길이 아니라는 생각이 들었다.

나는 예비시험 실행위원회에 시험 볼 기회를 한 번 더 달라는 내용의 청원서를 내기로 결정했다. 청원위원회 위원장이신 데일 레이 교수를 만나 나의 사정을 설명드리고, 마지막 기회를 주시면 꼭 좋은 결과로 보답하겠다고 간청했다. 인정이 많으신 레이 교수는 위원회가 긍정적인 결정을 내리도록 도와주겠다고 약속해 주셨다. P집사를 비롯한 몇몇 형제들이 레이 박사를 찾아가 나를 옹호하는 말로 도움을 주었다. 내 일을 자기 일처럼 염려해 주고 도와준 감사한 주의 형제들이었다.

청원위원회의 결정을 기다리는 몇 주가 마치 몇 년이나 되는 듯이 길게 느껴졌다. 나는 모든 것을 주님께 맡기고 오로지 기도했다. 드디어 나의 청원이 받아들여졌다는 공식 편지를 위원회로부터 받았다. 편지에는 이번이 마지막 기회이며 다시 청원할 수 없다고 명시되어 있었다.

실패하더라고 결코 포기하지 않는 자에게 기회는 다시 오는 법이다. 무슨 일이든지 시도한 일을 중도에 포기하는 것은 주님께서 원하시는 바가 아니다. "하늘은 스스로 돕는 자를 돕는다"는 격언은 하나님의 성품을 잘 드러낸 세상의 격언이다.

또 다른 시험, 마음의 시험

이제 마지막 주어진 기회를 놓치지 않기 위해 숨을 고르며 최선을 다해야 했다. 주님을 더욱 의지해야 했다. 그런데 문제는 내 믿음에 균열이 생기기 시작한 것이다. 그렇게 간구했어도 도와주시지 않는 주님을 의지하기보다 차라리 내가 최선을 다하는 것이 낫겠다는 생각이 고개를 들었다. 그렇게 재미있던 금요 성경공부 모임도 부담스러워졌다. 말씀을 읽으면 계속 반항하는 마음이 솟구쳤다. 주님께서 잡히시던 마지막 밤, 겟세마네 동산에서 기도를 드리시며 제자들에게 시험에 들지 않도록 깨어서 기도하라고 하셨지만, 나는 제자들처럼 기도할 힘이 없었다.

내가 시험에 들었음을 성령님이 일깨워 주셨지만, 주님을 전적으로 의지하는 마음에서 조금씩 멀어지고 있었다. 큰일이었다. 그동안 예비시험에 통과하도록 도와주지 않은 주님께 섭섭한 마음을 반항으로 표출하고 있었던 것이다. 나는 예비시험에 도움을 주시지 않은 하나님께 나의 최선이 무엇인지를 보여 드리겠다는 오만한 독기도 품었다.

정말 악한 마귀의 시험에 자유로울 자가 없었다. 영적으로 깨어 있지 않으면, 과거에 받은 은혜와 영적인 체험은 무용지물이 되고 만다. 하나님의 은혜를 그렇게 깊이 체험했어도 삶의 문제 앞에서 쉽게 무너지는 내 모습을 보며 내가 얼마나 연약한 존재인지, 죄인인지 알게 되었다. 내가 얻은 구원은 진정 하나님의 은혜라는 것과 내가 주님을 택한 것이 아니요 주님이 나를 택하셨음을 깨달았다.

"너희가 나를 택한 것이 아니요 내가 너희를 택하여 세웠나니 이는 너희로 가서 열매를 맺게 하고 또 너희 열매가 항상 있게 하여 내 이름으로 아버지께 무엇을 구하든지 다 받게 하려 함이라"(요 15:16).

예비시험을 일주일 남겨 둔 토요일, 밤 12시를 알리는 괘종 소리가 들렸다. 주일이 시작되는 밤 12시면 나는 언제나 일손을 멈추고 주일의 안식을 준비했다. 그러나 그날 갑자기 공부를 더 해야겠다는 반항하는 마음이 불쑥 올라왔다. 어차피 응답 없는 주님께 의지하기보다는 내 힘으로 합격하기로 결정하지 않았던가? 그날 나는 일부러 주일 새벽까지 공부하고 늦게 잠자리에 들었다. 주님을 인격적으로 만난 이후 의도적인 첫 반항이었다.

주일 아침 일찌감치 눈을 떴다. 그런데 어찌하랴 허리가 너무 아파서 일어날 수가 없었다. 그리고 처음으로 든 생각이 이렇게 허리가 아프면 마지막 예비시험의 총정리도 할 수 없겠다, 시험조차 치르지 못하겠다는 것이었다. 그러자 갑자기 두려움이 엄습했다. 아무래도 주님께 회개하지 않으면 큰일이 날 듯싶었다. 구원의 은혜를 허락하시고 영원한 생명을 주신 '주님 한 분'만으로 만족하지 못한 것이 나의 죄였다. 박사학위 취득이라는 세상의 욕망을 끝내 십자가 밑에 내려놓지 못한 것이 나의 죄였다. 나는 지난 몇 달 동안 주님께 불순종한 마음을 가진 것을 낱낱이 고하며 눈물로 회개했다.

간신히 주일예배를 드리고 월요일 아침을 맞았지만 허리통증은 더 심해져서 자리에 누워 있을 수밖에 없었다. 누군가의 부축을 받지 않고는 한 발자국도 뗄 수가 없었다. 갑자기 식물인간처럼 꼼짝도 못하고 누워서 나는 이런 생각들을 하게 됐다.

첫째, 이런 몸으로는 시험을 치를 수 없다. 그렇다면 이제 모든 일은 끝난 셈이다. 내가 붙잡고자 그렇게 애쓰던 운명의 화살은 이미 내 손을 떠난 것이라고 생각되었다.

둘째, 하나님이 살아 계시다면, 나처럼 불순종한 인간은 반드시 다스려야 마땅하다. 내가 당하는 이 고통이 당연하다고 여겨졌다.

셋째, 주님이 나를 무척 사랑하신다는 생각이 들었다. 나를 사랑하시기에 불순종하며 자기 욕망대로 나아가는 나를 그대로 놓아두시지 않은 것이다.

넷째, 이제 나의 세상적인 욕망을 주님 앞에 모두 내려놓아야 할 때가 되었다. 박사학위를 위해 유학 와서 이 고생을 하는데, 어떻게 박사학위를 내려놓는단 말인가? 그러나 박사학위가 주님보다 더 소중하고 내 목숨보다 더 소중할 수는 없었다. 나는 "그런즉 너희는 먼저 그의 나라와 그의 의를 구하라 그리하면 이 모든 것을 너희에게 더하시리라"(마 6:33)는 말씀을 좋아하는데, 사실 하나님의 의가 아니라 '더해지는 모든 것' 때문에 좋아하지 않았나 하는 반성을 하게 됐다. 하나님은 중심을 보시는 분이니 나의 속내를 이미 알고 계셨을 것이다.

나는 3일간 금식하며 주님께 나아가기로 결단했다. 시험 준비는 어차피 할 수 없는 지경이 되었으니, 이제 죽으면 죽으리라고 하나님께 회개하며 나아갔다. 3일 금식하는 동안 나는 평안했고 기쁨으로 충만했다. 주님 앞에 나아와 자신의 가장 귀한 향유 옥합을 열고 주님의 발에 부었던 여인의 마음이 이해되었다. 주님은 늘 내게 물으셨다.

"종혁아, 네게 가장 귀한 향유 옥합은 무엇이냐?"

"주님, 죄송하지만 그것만은 묻지 않으셨으면 합니다."

열지 못하고 깨뜨리지 못하는 나의 향유 옥합은 바로 박사학위였다.

주님께서 물으실 때 박사학위라고 말씀드리면, 그것을 가져오라고 하실 것 같아 나는 늘 두려웠다. 주님의 사랑을 받고 구원의 은혜도 입었지만, 나는 주님을 따르는 제자로서 삶을 헌신하지 못했던 것이다.

주님이 내게 향유 옥합을 물으신 것은, 나의 우선순위를 주님께 맞추기를 바라셨기 때문이었을 것이다. 나는 너무 어리석었다. 박사학위를 주님께 드린들 그 박사학위가 주님 것이 되겠는가? 주님께서 무슨 박사학위가 필요하겠는가? 주님보다 귀히 생각하는 모든 향유 옥합을 주님 앞에 열고 주님의 발에 부어 드릴 때, 주님께서 내 삶에서 제일 소중한 첫 번째 향유 옥합이 되겠다는 말씀을 하시려고 내게 묻고 또 물으신 것이 아닌가.

"주님, 이제 항복입니다. 평생 주님의 제자로 살겠습니다. 박사학위도 주님 발 아래에 기꺼이 내려놓습니다. 주님만 따르겠습니다."

항복의 결단은 거침없이 나의 모든 옥합을 주님 발아래 내려놓을 수 있도록 해주었다. 이제 예비시험을 볼 수 있거나, 합격하거나 못하거나, 모든 결정과 염려를 다 주님께 맡겨 버렸다. 이제 나는 오직 주님만 바라보고 살기로 주님께 항복했다. 항복은 내게 참 평화를 가져다 주었다. 참 자유와 순종의 진정한 기쁨을 누리게 해주었다.

감사하게도 금식 3일째 되는 수요일 저녁, 주님은 꿈속에서 이번 예비시험에 합격할 것이라고 말씀해 주셨다. 늦은 나이에 법대를 졸업하고 미국 변호사 시험을 어렵게 준비하는 같은 교회에 다니는 사십 초반의 L집사님이 내게 기도를 여러 번 부탁했는데, L집사님도 이번 변호사 시험에 합격한다고 말씀해 주셨다. 주님이 꿈속에서라도 이렇게 직접 예비시험의 합격에 대하여 말씀해 주시기는 이번이 처음이었다.

그리고 목요일 아침, 잠에서 깨어나자 몸이 완전히 회복되었다. 마음도 회복되었다. 조지아텍의 교정을 천천히 걷는데 모든 것이 새롭게 변해 있었다. 모든 나무가 가지를 하늘로 쳐들고 손뼉을 치며 하나님을 찬양하고 있었다. 작은 꽃들도 함께 주님을 찬양했다. 보라, 모든 것이 새롭게 되었도다!

나는 회복된 건강한 몸으로 마지막 예비시험을 편안한 마음으로 치렀다. 주님의 말씀대로 나는 4전5기라는 기록을 세우며 박사 예비시험에 합격했다. 얼마나 오랫동안 기다리던 응답이던가? 짧고도 긴 하나님의 인생 훈련 드라마였다. 끝내 믿음으로 포기하지 않은 나를 긍휼히 여겨 주신 하나님의 은혜였다. 미국 변호사 시험을 준비한 L집사님도 같은 해에 변호사 시험에 합격했다.

나를 지도학생으로 받아 주신 헌트(Bill Hunt) 교수님은 내가 예비시험에 실패하는 2년 동안 기다려 주고 응원해 주셨다. 하지만 예비시험에 합격해서 이제 본격적인 연구를 해야 할 때 헌트 교수는 내게 다른 연구실을 찾아보라고 했다. 연구비가 부족해서 나를 더 이상 지원하기 어렵다는 것이 이유였지만, 사실 내가 헌트 교수님이라도 그 이상의 인내심을 발휘할 수 없었을 것이다. 몇 번의 예비시험 실패를 통해 드러난 나의 수학 능력이 문제라고 보았던 것이다. 결국 나는 헌트 교수의 연구실에서 쫓겨났다. 그러나 조금도 섭섭한 마음이 들지 않았다. 도리어 오랫동안 기다려 준 교수님께 죄송했다. 그리고 장래의 진로도 전혀 걱정되지 않았다. 이미 박사학위와 내 인생은 내 것이 아니었다. 주님께서 새로운 길을 준비하고 열어 주시리라 굳게 믿었다.

"주님, 지도교수에게 쫓겨났지만 감사드리고 싶습니다. 새로운 길을 예비하신 줄로 믿습니다. 기대가 됩니다."

지도교수에게 쫓겨나면서 즐거워서 춤을 추고 싶은 기분은 물론 아니었지만, 교정의 언덕을 천천히 걸어 내려오며 주님께 감사의 기도를 드렸다. 이제 어디든지 주님이 인도하시는 길이 내가 가야 할 최선의 길임을 나는 잘 알고 있었다. 다만 지도교수에게 쫓겨나는 이번 시련이 유학 생활 중에 내가 겪어야 할 마지막 시련이 되었으면 좋겠다고 바랐다.

9장

내가 멤스(MEMS) 분야에서
선구자가 될 수 있었던 것은…

　　　　　　　　　이제 새로운 지도교수를 찾아야 했다. 기도하면서 몇 주 동안 주님의 인도하심을 기다렸다. 하루는 학교에서 걸어서 집으로 돌아오는데, 같은 학과 박사과정에 있는 중국인 유학생 첸과 마주쳤다.

그와는 알고 지내는 정도의 친분이었는데 나를 보자마자 대뜸 물었다.
"Chong, 너 지금 지도교수를 찾는다며?"

내 이름 '안종혁'을 영어로 쓰면 'Chong Hyuk Ahn'이다. 그런데 아무도 'Chong Hyuk'을 발음하지 못해서 'Chong H. Ahn'으로 표기했고, 사람들은 나를 'Chong'이라고 불렀다. 한국식 발음으론 '총'이 되어서 무시무시한 이름이 된다.

"MIT에서 최근에 새로운 교수가 왔는데, 학생을 찾고 있대."

"어떤 분야를 전공하시는데?"

"멤스라고 하던데…. 마크 알렌(Mark Allen) 교수라고 나도 잘 모르는 분야야. 아무튼 한번 만나 보는 게 좋지 않을까?"

처음으로 들어 보는 생소한 연구 분야였다. 멤스(MEMS, Micro-Electro-Mechanical Systems, 미세전자기계 시스템*)는 머리카락처럼 가늘고 작은 기계를 실리콘 반도체 칩 위에 만든다고 했다. 까마득히 잊고 있었는데, 거의 1년여 전쯤 P집사가 미국 전기전자공학회(IEEE) 전문 저널에서 멤스 분야 특집을 다룬 내용을 들고 온 기억이 났다.

"안 형제님, 내가 보는 연구저널에 멤스라는 새로운 분야의 특집이 실렸는데, 형제님에게 도움이 될 것 같은데요."

---

* **MEMS(Micro-Electro-Mechanical Systems)**: 반도체 칩 위에 초소형 모터나 구동기계를 반도체 식각 기술을 이용해 만들고, 칩 위에 전자회로를 함께 집적할 수 있는 분야다. 과학기술의 오랜 숙원이던 극소형 집적기계를 대량생산할 수 있는 혁신 분야인 것이다. 지금은 거의 모든 자동차의 가속도계(Accelerometer)를 멤스 기술을 활용해 만들고 있으며, 휴대폰을 회전하면 화면이 자동 회전하는 것도 이 멤스 기술을 활용한 것이다. 최근에 스마트폰에 호흡의 바람의 속도를 측정하는 집적 유속계와 손의 접촉의 힘을 측정하는 건반을 부착하여, 여러 관악기의 소리를 낼 수 있도록 한 것도 멤스 기술로 인한 것이다. 스마트폰에 장착된 관현악기를 사용하여 세계 도처에 흩어진 수십만 명이 함께 연주하는 인터넷 관현악단이 가능해진 것이다. 한편 교통사고로 척추의 신경조직이 단절돼 전신이 마비된 환자들의 신경신호를 초소형 신경신호칩이 감지 전달함으로써 전신마비 환자가 활동하도록 도와주기도 한다. 현재는 항공우주선, 자동차, 디스플레이, 생화학 분석기 및 의료진단기 등에 폭넓게 사용되고 있다.

당시 나는 예비시험 준비로 새로운 연구 분야에 관심을 쏟을 형편이 못 되었지만 나중에 보려고 어딘가에 보관해 두었다. 부리나케 집으로 돌아와 P집사가 준 특집을 살펴보았다. 논문 내용이 어려워서 잘 이해할 수는 없었지만 흥미로운 분야라는 생각이 들었다. 특별히 알렌 교수가 수학한 MIT의 스테판 센투리아(Stephen Senturia) 교수가 이끄는 연구실은 멤스 분야의 산실로서 캘리포니아 버클리 대학의 리처드 뮬러(Richard Muller) 교수의 연구실과 함께 세계의 멤스 분야를 선도했다.

당시 나는 좋고 나쁜 분야를 따질 처지가 아니었다. 재정이 바닥 난 지 이미 오래되었고 아내의 시간제 아르바이트를 통한 수입에 의지해 하루하루를 살아가고 있었다. 고국에서 도와줄 사람도 없기에 꼭 연구 장학금을 받아서 생활비를 보충해야 했다. 나는 알렌 교수가 내게 연구 장학금을 지급할 수 있다면 하나님께서 허락하신 지도교수로 삼겠다고 기도하며 이력서를 준비했다.

운명적 만남

알렌 교수는 키가 거의 2m나 되는 거구인데다 구레나룻을 길렀다. MIT에서 박사학위를 취득하고 부임한 풋내기 조교수였다. 그는 내게 멤스 연구 분야를 상세히 설명해 주며, 지금 새로운 박사과정 학생을 찾고 있다고 했다. 그러면서 내게 자신의 연구실에서 박사과정을 수학

할 의향이 있냐고 물었다. 감사한 일이었다. 나는 대뜸 알렌 교수에게 물었다.

"알렌 교수님, 저에게 연구장학금을 지급해 주실 수 있습니까?"

"내 연구실에서 연구를 시작하면 연구장학금을 바로 지원해 줄 수 있습니다."

"네, 잘 알겠습니다. 감사합니다."

영어로 말하면 'It's done!'(이제 됐어!), 알렌 교수와의 운명적 만남은 그렇게 시작되었다. 그 다음 주 월요일부터 알렌 교수의 연구실에서 연구장학금을 받으며 연구를 시작했다. 나는 알렌 교수의 첫 번째 박사 지도 학생이 된 것이다.

사람은 누구나 자신의 미래를 미리 알고 싶어 한다. 크리스천들도 예외가 아니어서 예언의 은사를 받은 사람들을 찾아 다니곤 한다. 물론 필요한 경우 성령님은 우리의 미래를 예시하시기도 한다. 때론 세미한 음성으로, 환상으로, 꿈으로 알려주시기도 하신다. 말씀을 묵상하는 중에, 기도 중에, 예배를 드리는 중에 교회의 영적 지도자들의 조언이나 성도의 교제 중에 하나님의 뜻과 인도하심을 깨닫게 하신다. 무엇보다도 중요한 것은 이 모든 인도하심이 성경 말씀에 근거하며 하나님의 성품에 합당한 것인지가 하나님의 바른 인도이신지를 분별하는 영적인 척도가 된다고 볼 수 있다. 그러나 성경에 나타난 여러 사례를 비추어 보면, 하나님은 개인의 미래를 확실히 예시하기를 즐겨하시지 않는다. 우리가 미래를 확실히 예시받으면 하나님을 의지하기보다 진행되는 일 자체를 의지하는 교만에 빠지기 쉽기 때문일 것이다. 하나님의 말씀과 하나님의 성품에 비추어 볼 때, 하나님이 기뻐하시고 특별히 반대하실 이유가 없는 일이라면, 우리는 믿음으로 하나님의 인도하심을 살피며 미래를 일궈 나가야 한다. 하나님은 우리와 함께 미래를 일구시며 자신을 계시하기를 더욱 즐겨하시기 때문이다.

"하나님의 응답을 받지 않고는 한 발짝도 앞으로 움직여서는 안 됩니다"라고 말하는 사람은 영적으로 아주 신실해 보일지 모르지만, 나는 영혼을 족쇄에 가두는 비성경적인 태도라고 생각한다. 주님의 신실하심을 믿고, 기도하며 앞으로 한 발짝씩 나아가면 주님이 다음 발을 디딜 징검다리를 보여 주신다. 주차되어 있는 자동차는 아무리 살펴도 어디로 갈지 알 수가 없다. 시동을 걸고 움직여야 어디로 가는지 알 수 있다. 영적인 방향 감각도 이와 같다. 기도하고, 행동하며, 주님의 뜻에 맞도록 계속 조정하며 나아가야 한다. 앞으로 나아가는 동기만 바르다면, 운전 중에 실수를 하거나 잠시 다른 길로 접어들어도 주님은 크게 문제 삼지 않으신다. 많은 기독교인이 매사에 자기가 가야 할 방향과 목적지를 알려 달라고 기도하는데, 출발 전에 그 목적지와 방향이 명쾌하게 드러나는 일은 매우 드물다.

이 시대는 신령한 체하는 거짓 선지자와 예언자들이 난무하고 있다. 매사에 예언으로 응답 받아야 바른 길을 가는 거라고 믿는 크리스천 지도자들의 비성경적인 신앙관 탓도 크다고 본다. 물론 무슨 일이든지 시행하고 출발하기 전에 주님께 먼저 여쭈어 보고 주님의 뜻을 헤아리는 것은 당연히 필요한 것이다. 그러나 시험 문제의 답을 쓰듯이 모든 문제에 주님의 확실한 응답을 받고서 움직이는 것은 아니다. 주님의 약속의 말씀을 의지하고, 믿음으로 출발하여, 주님의 인도하심에 따라 한 걸음씩 조정하며 나아가는 것이다.

주님께서 알렌 교수가 내 지도교수가 되리라고 그의 구레나룻을 꿈속에서나 환상에서나 보여 주신 적은 없지만, 나는 그를 하나님이 내게 허락해 주신 지도교수로 믿었다.

세계 최초의 자기장 마이크로모터

1989년은 멤스 기술이 소개된 지 얼마 안 돼 아직 멤스 기술에 대한 기초과학 및 기술의 이해가 부족한 때였다. 1980년대 중반부터 멤스 기술을 최초로 실현하여 만든 극소형 기계는 대부분이 전기장 구동 극소형 구동기(Electrostatic Micro Actuator)였다. 전기장 구동원리(Electrostatic Driving Principle)가 극소형 기계에 많은 장점을 가졌기 때문이다. 이에 비해 일반적인 소형 전기기계에서 사용되던 전자장 구동원리(Magnetic Driving Principle)는 전자장을 발생시키는 코일이 필요하기 때문에 극소형 기계에서는 장점이 되지 못한다는 논문들이 속속 발표되었다. 이에 더해 전자장을 만드는 3차원 구조의 극소형 코일을 반도체 칩 위에 집적하여 만드는 기술이 아직 개발되지 않은 상태였다.

조지아텍에 교수로 부임한 알렌 교수는 세계 최초로 전자장 구동원리를 이용한 전자장 마이크로모터(Magneric Micromotor)를 제작할 꿈을 가지고 있었다. 거의 모든 멤스 연구 학자들이 전자장 마이크로모터의 실현이 불가능하다고 예견했고, 아직 누구도 이의 실현에 관한 논문을 발표하지 못했다. 알렌 교수는 자신이 직접 디자인한 최초의 전자장 마이크로모터의 구조를 내게 설명하면서 함께 만들어 보자고 했다. 전자장 마이크로모터 실현의 관건은 어떻게 3차원의 코일을 2차원의 반도체 칩 위에 실현할 것인가였다.

알렌 교수가 디자인한 구조는 마그네틱 코어(Magnetic Core)에 코일을 감는 일반적인 구조를 가지고 있었다. 나는 몇 달 동안 3차원 코일을 반도체 칩 위에 제작하기 위해 노력했으나 현존하는 기술 및 장비로는 알렌 교수가 제안한 3차원 코일을 제작할 수 없음을 발견했다. 나는 알렌 교수에게 3차원 코일을 제작할 수 없는 이유를 상세히 설명했다. 알렌 교수도 나의 설명을 충분히 납득하고는 다른 혁신적인 방법이 없겠느냐고 물었다.

주님을 만난 후 나는 남이 하지 않은 일 그리고 새롭게 개척해야 할 일을 보면 도전하고 싶은 열망이 생겼다. 창조주이신 하나님의 성품을 닮은 우리가 새로운 일과 도전에 큰 기쁨을 느끼는 것은 당연하다. 특히 하나님 아버지와 화해한 자녀가 아버지의 성품을 닮은 것은 더할 수 없는 기쁨이다. 이미 내 마음은 모두가 불가능하다고 말하는 전자장 마이크로모터를 만들고 싶은 열망으로 가득 차 있었다. 길을 가면서도, 밥을 먹으면서도 새로운 전자장 마이크로모터를 발명할 생각에 골몰했다. 나는 일반 전자장 모터에 관한 많은 논문들을 읽으면서, 주님께 새로운 마이크로모터에 대한 지혜를 주실 것을 기도했다. 천지를 창조하신 주님이 새로운 마이크로모터를 만드는 지혜의 근원임을 믿어 의심치 않았기 때문이다.

어느 날 새벽기도 중에 주님께 모터의 새로운 구조와 관련해 아이디어를 달라고 간절히 기도하는데, 갑자기 모터 제작과 관련된 복잡한 생각들이 정리되면서 새로운 아이디어가 떠올랐다. 지금까지 전자장을 발생시키는 거의 모든 전기코일은 전자장을 집중하는 마그네틱 코어(Magnetic Core)에 코일을 감는 형태인데, 그 반대로 마크네틱 코어를 전기코일에 감아도 결국 물리적인 현상은 마찬가지라는 생각이 퍼뜩 떠오른 것이다.

이럴 때는 눈을 뜨고 기도해야 한다. 나는 기도 중에도 종이와 필기구를 늘 준비해 둔다. 기도는 일방적으로 하나님을 부르짖고 나의 기도제목을 간구하는 것이 아니다. 간구할 뿐만 아니라 우리의 생각을 통해 말씀하시는 하나님의 세미한 음성에 귀 기울여야 하는 것이다. 많은 사람이 열심히 부르짖기는 하는데 하나님이 말씀하실 기회를 드리지 않는다. 자기 할 말만 쏟아놓고 하나님께서 말씀하시기 전에 일어서서 나가 버리는 것이다. 그래서는 기도의 응답이 어떻게 오며, 구체적으로 하나님께서 어떻게 말씀하시고 또 역사하시는지를 경험적으로 이해하기 어렵다. 무엇보다 기도 중에 떠오르는 생각이나 감동을 하나님이 말씀하신 것인지 아닌지, 하나님의 말씀과 성품에 비추어서 면밀히 검토해 보아야 한다. 좀 이상하게 들릴지 모르지만, 하나님은 자신의 능력을 우리에게 부어 주셨는데, 그것은 바로 사고하는 능력이다.

달라스 윌라드(Dallas Willard)는 그의 저서 《하나님의 음성》(Hearing God)에서 하나님은 우리의 생각을 통해 말씀하신다고 말했다. 수많은 크리스천은 사람의 생각은 무조건 악하기 때문에 믿을 것이 못 된다는 선입관을 가지고 있는데, 그것은 바른 신앙인의 태도가 아니라고 생각한다. 성령님은 우리의 마음을 감찰하시지만, 우리의 생각을 통해 하나님의 말씀과 영감을 주신다. 물론 떠오르는 생각 중에는 마귀가 넣어 주는 것도 있고, 죄악 된 자신의 정욕일 때도 있다. 그래서 자신의 생각을 말씀에 비춰 성령님의 인도에 따라 잘 분별해야 한다.

나는 눈을 뜨고 새롭게 떠오르는 구조를 종이에 그려 보았다. 놀랍게도 그간 고민하던 문제가 단번에 풀렸다. 반도체 칩 위에 실현할 수 있는 새로운 마그네틱 코일이 탄생하는 순간이었다. 반도체 칩 위에 반도체 제작 기술로 제작이 가능한 구조였다. 이 새로운 마그네틱 코일은 바로 전자장 마이크로모터를 만들기에 적합한 구조였다. 세계 최초의 전자장 구동 마이크로모터에 대한 설계 및 제작의 모든 개념이 그날 새벽기도 시간에 구체화된 것이다. 그날은 하나님이 '지혜와 학문'의 진정한 주인이심을 체험한 날이었고, 영성이야말로 지성과 지혜라는 진리를 부분적으로 깨달은 날이었다.

"너희 중에 누구든지 지혜가 부족하거든 모든 사람에게 후히 주시고 꾸짖지 아니하시는 하나님께 구하라 그리하면 주시리라"(약 1:5).

알렌 교수도 내가 제안한 새로운 구조의 전자장 구동기와 마이크로모터를 보더니 매우 기뻐하며 바로 제작해 보라고 했다. 나는 디자인한 전자장 마이크로모터를 제작하기 위하여 반도체 제작용 마스크를 만들고, 반도체 칩 제작 청정실에서 실리콘 웨이퍼에 디자인한 마이크로모터를 제작하기 시작했다. 하는 일이 재미있으면 지치지도 않을뿐더러, 잠을 적게 자도 피곤하지 않은 법이다. 조지아텍의 반도체 청정실과 연구실에서 몇 날을 새워 가며 마이크로모터 제작 연구에 몰두했다. 여러 번의 시행착오를 거치는 동안 몇 개월이 흘렀지만 마침내 전자장 마이크로모터가 제작되었다. 이제 시험 구동을 통해 작동 여부를 확인하는 일만 남았다.

돌지 않는 마이크로모터

학문의 세계에서는 누가 가장 먼저 생각하고, 실현했는가가 매우 중요하다. 노벨상 수상자를 결정하는 것도 누가 최초로 창의적인 개념이나 사상을 생각하고 실제로 논증하였으며, 관련 국제학회에 공식적으로 보고하여 전문가의 검증과 인준을 받았는가가 중요한 기준이 된다. 사실 어떤 분야에 결정적인 기여를 한 연구자가 노벨상 수상에서 제외되는 것을 보면 안타까운 마음이 드는데, 노벨상 수상의 기준이 기여도보다는 최초의 발상과 실현에 방점을 두기 때문에 어쩔 수가 없다.

나는 이 새로운 전자장 구동 마이크로모터가 그동안 새로운 마이크로 구동의 개발에 목말라 온 멤스 학계에 새로운 이정표가 될 것임을 알았다. 실용성이 있는가, 없는가를 떠나서 답보 상태에 머물러 있는 상황에서 새로운 가능성을 제시했다는 점에서 큰 돌파구가 될 것이었다.

마이크로모터는 머리카락을 자른 단면의 크기이기 때문에 육안으로 그 구조를 보거나 보통의 실험 방법으로는 구동할 수가 없다. 나는 조심스럽게 현미경을 사용하여 마이크로모터에 전기를 공급했다. 모든 동작은 현미경에 부착된 전자카메라를 통해 관찰하면서 구동 실험을 하고, 복잡한 전자기기 분석 장치를 통해 그 특징을 분석할 작정이었다. 나는 심호흡을 하고 전원 스위치를 켰다. 그러나 잔뜩 기대했던 마이크로모터는 돌지 않았다. 돌듯 말듯 계속 전후로 진동할 뿐이었다. 구동할 수 있는 힘이 발생한 것만은 분명한데, 모터가 돌지 않는 이유를 알 수가 없었다. 너무 작아서 아주 미세한 먼지가 껴도 문제가 발생할 수 있지만, 만질 수도 잘 보이지도 않는 극소 기계라 그 원인을 알

수가 없었다.

　나는 주님께서 주신 지혜로 만든 이 전자장 마이크로모터가 동작하리라는 것에는 한 치의 의심도 하지 않았다. 내가 할 일은 모터가 구동하지 못하는 원인을 찾는 것이었다. 꼬박 한 달을 가능한 여러 원인을 분석했지만 모터는 여전히 돌지 않고 진동할 뿐이었다

　국제 멤스학회의 연례 연구 논문 컨퍼런스에 발표할 논문초록 마감일이 얼마 남지 않았다. 만일 이번에 내가 연구한 결과를 발표할 수 없다면, 다른 누군가가 우리보다 앞서 발표할지도 몰랐다. 마이크로모터를 새롭게 제작해 볼 수도 있겠지만 논문초록 제출까지는 시간이 충분하지 않았다.

　알렌 교수와 상의하니, 일단은 새로운 마이크로모터의 기본 개념과 디자인에 관한 논문초록을 다가오는 멤스학회 컨퍼런스에 제출해 보자고 했다. 멤스 국제학회는 새롭게 각광 받는 분야여서 논문초록이 채택되기도 어렵거니와 심포지엄에서 직접 발표하는 논문(Oral Presentation)의 채택률은 10% 미만일 만큼 경쟁이 치열했다. 그런데 감사하게도 나의 논문이 심포지엄 발표로 채택되었고, 또 가장 먼저 발표하는 것으로 프로그램이 확정되었다. 이것은 제출된 논문초록 중에서 최고의 혁신이라고 평가되는 논문으로 뽑혔다는 의미였다. 무엇보다 기뻤지만 한편으로 아직 마이크로모터를 돌리지 못한 상태라서 심적인 부담이 컸다. 오직 날마다 기도하며 주님의 도움을 구하고, 최종 발

표까지 최선을 다해 마이크로모터를 회전시키는 데 집중하기로 했다.

누가 그날 밤 마이크로모터를 돌렸을까?

멤스 국제학회의 컨퍼런스는 다음해 1월 초에 예정되어 있었다. 12월 중순을 넘어 성탄절이 다가오도록 나의 연구는 진전을 보지 못했다. 성탄절 전에 마이크로모터의 동작 특성 실험을 완료하고 싶어서 거의 일주일을 잠도 자지 못하고 실험에만 매달렸으나 여전히 모터는 돌지 않았다.

나는 그해 성탄절 며칠 전에, 조지아 주립대학(University of Georgia)이 소재한 애선스(Athens)에 있는 유학생 교회에서 나의 간증과 함께 말씀을 나누기로 오래전에 약속한 상태였다. 그러나 연구에 너무 몰두해서 말씀을 나눌 마음도 시간의 여유도 생기지 않았다. 더구나 너무 오랫동안 잠을 제대로 자지 못해서 애틀랜타에서 애선스까지 운전하고 갈 자신이 없었다. 하는 수 없이 아내가 운전을 하고 나는 잠을 청했다. 그날 밤 학업에 지친 유학생들은 기록적인 실패를 딛고 일어선 유학생 동료의 간증이 궁금했던지 많이 모였다. 또 오랫동안 기도로 준비했다고 했다. 그 말을 들으니 더 죄송했다. 준비를 못한 것은 물론이고 몸조차 제대로 가누지 못하는 형편이니 오직 주님의 인도와 도우심만 바랄 뿐이었다. 간증과 말씀을 전하면서도 내 말이 앞뒤가 맞지 않다고 느꼈다. 집회가 끝난 후에 의례적인 말인지 모르나 학생들은 나의 간증을 듣고 위로와 도전을 받았다고 했다. 감사한 일이었다.

간증집회가 끝난 뒤 밤길을 운전해 다시 애틀랜타로 돌아왔다. 시간은 이미 새벽 2시를 지나고 있었다. 오늘 밤은 푹 자고 내일부터 다시 시작하라는 아내의 만류를 뿌리치고, 마이크로모터를 다시 구동해 보기 위해 조지아텍의 반도체 청정 연구실로 향했다.

이른 새벽의 조지아텍 반도체 청정 연구실에는 아무도 없었다. 나는 찬 바닥에 무릎을 꿇고 주님께 도움을 요청하는 간절한 기도를 드렸다. 이제 더 이상 부르짖을 힘도 남아 있지 않았다. 그저 급한 나의 형편과 낙심된 솔직한 마음을 주님께 말씀드렸다. 무슨 번개가 내리듯 주님의 응답과 확신이 마음에 온 것도 아니었다. 하지만 내가 기도를 드리면서도 정말 내 기도가 하나님의 성품과 말씀의 약속에 합당한 기도이며, 주님께서 이 기도를 꼭 들어주실 수밖에 없겠다는 생각이 들었다. 이후로 기도 중에 하나님이 들어주실 수밖에 없다고 확신되는 기도는 하나님의 시간에 응답되는 것을 여러 번 경험했다. 반면에 기도 응답에 대한 확신이 서지 않는 기도는 주님의 뜻에 합당한 기도로 나아갈 때까지 더 많은 분량의 기도를 요구하시며 나를 다듬어 가셨다.

나는 마이크로모터의 특성을 실험하기 위한 회로들을 천천히 다시 점검했다. 모든 동작 회로의 연결 상태가 이전과 동일했다. 마이크로모터 회전 동작을 녹화하기 위해 먼저 현미경에 부착된 전자카메라를 켰다. 그러고 나서 조심스럽게 마이크로모터에 전원을 공급하는 스위치를 켰다. 그런데 이게 웬일인가? 모터의 회전자(Rotor)가 빠른 속도로 회전하는 것이 아닌가. 나는 내 눈을 의심했다. 내가 너무 피곤해서 지금 헛것을 보고 있는 것은 아닌지 내 볼을 꼬집어 보고, 눈을 비비고 다시 보았다. 분명 모터는 빠르게 돌고 있었다. 나는 흥분하여 소리를 질렀다

"예, 예, 주님, 빨리 빨리 더 돌리세요!"

"예, 예, 주님, 감사합니다."

누가 보았다면 영락없이 미친 사람인 줄 알았을 것이다. 손뼉 치고, 깡충깡충 뛰고, 두 손 모아 기도하며 눈물을 흘리고… 나는 그날 새벽 너무 기뻐서 제정신이 아니었다. 조지아텍의 청정연구실에서 성령님이 인도하시는 1인 부흥회였다. 나는 몇 분 동안 부지런히 돌아가는 모터의 동작을 비디오로 녹화했다. 내가 발명한 전자장 구동 마이크로모터가 실제로 작동되어 실현되었다는 것을 확실히 증명해 보여야 했기 때문이다.

나는 몇 달 동안 애를 태우던 마이크로모터가 그날 밤 왜 돌기 시작했는지 그 이유를 알지 못했다. 다만 주님이 당신이 설계하신 모터를 나를 위해 돌려 주고 계시다는 것만큼은 분명하게 확신했다.

다음해 1월 초에 열린 멤스 국제학회에서 나의 전자장 구동 마이크로모터가 발표되자 회의장은 환호와 희망으로 술렁거렸다. 나는 그날의 감격을 지금도 잊을 수가 없다. 조지아텍의 멤스 연구실은 이 논문

발표로 세계적인 연구실로 이름을 떨치게 되었다. 그리고 나는 전자장 모터 연구 분야의 선구자로 인정받게 되었다. 나중에 알게 되었지만, 주님께서 허락하신 전자장 마이크로모터의 발명은, 나중에 전자컴퓨터 분야에서 세계 최고로 알려진 IBM 왓슨연구소(IBM T.J. Watson Research Center)에서 박사후 과정을 하게 된 결정적인 역할을 하였을 뿐만 아니라, 신시내티 대학에서 미소유량장치(Microfluidic Devices)와 의료 진단 랩온어칩(Clinical Lab-on-a-Chip) 분야를 새로운 연구 분야로 선도하는 데 중요한 기폭제가 되었다.

전자장 마이크로모터의 발명과 실험을 통해 나는 다음과 같은 소중한 경험과 깨달음을 얻게 되었다. 그리고 이 깨달음과 경험은 나중에 대학교수요 공학자로서 내가 새로운 도전과 모험에 직면할 때마다 나를 인도해 주던 귀한 믿음과 행동의 지표가 되었으며, 그 열매는 늘 풍성했다.

첫째, 과학과 공학을 논하는 논제의 가설과 그 증명의 방법들은 여전히 존중되어야 하지만, 모든 과학과 지식의 근원은 하나님의 창조와 그분의 질서 속에서 운행된다는 것이다. 결국 가치 있고 영향력 있는 연구는 하나님의 창조 질서를 다시 찾고 발견하는 것이다. 영어로 Research(연구)라는 말의 어원이 'Re-Search'(다시 찾다)인 것을 생각해 보면 우리가 다시 찾을 것은 하나님의 창조 질서임을 알 수 있다. 인간의 죄악과 타락으로 인해 파괴된 하나님의 창조 질서를 원래 상태로 복원시키는 방법과 원리를 연구해야 하는 것이다.

둘째, 하나님은 창조주로서 우리 영성의 주인이실 뿐만 아니라, 지식과 지성의 주인이심을 굳게 믿게 되었다. 오늘날 크리스천들은 영성과 지성을 분리시키는 심각한 오류를 범하고 있다. 더구나 사회에 영향력 있는 교수와 학자, 예술인들이 합리적인 인본주의에 입각해서 모든 것을 판단하고 가르친다. 그러나 나는 그날 이후 지성과 영성이 통합되어 있다는 것을 믿게 되었고, 이후 일상에서 영성과 지성의 통합을 집요하게 실험하고 검증하는 크리스천으로 살게 되었다.

셋째, 주님이 허락하신 약속의 말씀을 믿으며 앞으로 나아갈 때 비로소 주님의 바른 인도하심을 받을 수 있음을 알게 되었다. 기도로 부단히 주님의 인도를 구해야겠지만, 한편으로 이미 하나님께서 우리에게 허락하신 지성을 이용하여 행동하고 실행할 때 하나님의 인도하심을 바르게 인식할 수 있다.

넷째, 이미 주님의 뜻 가운데서 실행하는 일이라면 최선을 다하고, 끝까지 포기하지 말고 인내하며 나아가야 한다는 것이다. 학업이나 연구나 연주나 최선을 다하여 노력하는 자가 좋은 결과를 얻게 마련이다. 열심히 기도하며 주님의 이름은 신령하게 잘 부르는데, 주어진 일에는 최선을 다하지 않는 크리스천이 많다. 이런 사람을 두고 맹신자 또는 광신자라고 부른다. 기도한 만큼 열심히 도서관에서 공부하고 연구실에서 연구해야 한다. 뿐만 아니라 반드시 얻어야 할 결과가 더디 오더라도 주님을 신뢰하며, 인내하며 기다려야 한다. 신앙의 성숙은 믿음과 인내의 분량에서 온다고 말할 수 있다. 하나님은 하나님의 뜻 가운데서 최선을 다하는 자를 도우신다.

우리는 알러뷰 가족

하나님은 우리 부부에게 첫 딸 에스더를 주셨고, 두 살 아래로 아들 다니엘을 주셨다. 이미 청년으로 잘 자라 준 두 아이들을 볼 때면 나는 우리 가정에 베풀어 주신 하나님의 크신 사랑과 은혜에 깊이 감사할 따름이다.

나는 자마(JAMA)와 코스타(KOSTA)에서 청년들과 상담하고 대화를 나누면서, 기독교 가정의 자녀들이 부모님의 이중적인 신앙 인격 때문에 고통 받는 것을 많이 보았다. 그때의 나는, 나야말로 청년들이 말하는 '못된 아빠'의 표본이라고 깊이 깨달았다. 나는 교회에서는 칭찬받는 리더였지만, 집에서는 칭찬에 인색하고 질책만 하는 아빠였다. 성마른 아빠, 독재적인 아빠, 늘 바쁜 아빠, 아이들과 놀아 주지 않는 아빠, 권위적인 남편이 바로 나라는 것을 알게 되었다. 나는 좋은 아빠요 좋은 남편이 되자고 결심하고 나의 생각들을 바꾸기 시작했다.

생각이 변하면 행동이 변하고, 행동이 변하면 습관이 변한다고 하던가? 나는 매일 출퇴근 시간이면 두 아이를 꼭 껴안아 주며 "에스더, 사랑해", "다니엘, 사랑해" 하고 말해 주었다. 잠자기 전후와 틈나는 대로 꼭 껴안아 주며 "알러뷰, 사랑해" 하며 기도해 주었다. 아내도 꼭 껴안아 주며 "허니, 알러뷰"(Honey, I love you) 했다. 아이들이 커서 고등학생이 되어서도 아빠가 집에 돌아올 때면 온 가족이 줄을 서서 나를 기쁨으로 맞이했다. 아빠와 '사랑해'라는 고백을 주고받으며 허그하고 싶기 때문이다. 이제는 아빠보다 훨씬 키가 큰 청년들이 되었지만, 여전히 아빠를 껴안고 "아빠, 최고야", "아빠, 멋져", "아빠, 존경해"를 남발해 준다. 매번 듣는 뻔한 말이지만, 나는 매번 이 말을 들을 때면 참 행복하다. 그래서 하나님도 내가 매일 올려 드리는 "감사해요"와 "사랑해요"를 지치지 않고 좋아하신다는 것을 나는 잘 안다.

"하나님 아버지, 알러뷰!"

에스더, 하나님의 천사

신시내티 은행에서 몇 년째 근무하고 있는 딸 에스더는 겉으로는 구별이 잘 안 되지만 아주 미미한 지적 장애가 있어서 전문적인 일을 감당하기에는 벅차 한다. 그럼에도 현재 미국의 주요 은행에서 일하고 있고, 매년 최우수 직원 평가를 받고 있으며, 신시내티 지역의 조기 직업 훈련생들에게 자신의 경험 및 직장생활을 소개하는 현장교사로 바쁘게 지내고 있다. 에스더는 고등학교를 졸업하고 2년제 직업학교를 마친 뒤 은행에 취직했다. 에스더가 지적장애를 온전히 극복하지 못했음에도 불구하고, 자신에게 주어진 지적 능력을 잘 개발하여 좋은 직장을 얻게 된 것은 기적 같은 일이다. 오직 하나님의 인도하심과 도우심의 은혜라고 믿는다.

에스더가 다른 아이들보다 언어 표현이 늦고 지적 발육이 더디다는 것을 발견한 것은 첫돌 전후라고 기억된다. 우리 부부는 예쁜 딸이 지적 발육이 더디다는 사실을 인정하고 싶지 않았다. 좀 늦되는 것뿐이라고 스스로 위로했다. 나의 유학으로 잠시 떨어져 지내는 동안에도 우리 부부는 에스더의 발육 상태를 늘 점검했다. 그러나 들려오는 소식은 별로 희망적이지 않았다.

그리고 미국으로 아이들을 데려온 뒤 에스더의 상태를 인정했다. 사실 인정했다기보다 절망했다는 표현이 더 적절할 것이다. 우리 부부는 수많은 날을 울면서 하나님께 기도했다. "하나님, 왜 우리 아이죠?"라고 묻고 또 물었다. 그러나 하나님은 이런 질문에는 좀처럼 대답해 주시지 않는다. 묻고 또 묻다가 지쳐서 생명의 주인이신 하나님께 모든 무거운 짐을 맡기기까지 기다리실 뿐이다. 장애를 가진 부모의 마음을 누가 어떻게 알 수 있을까? 하나님 외에 누가 그 아픈 마음을 다 이해할 수 있을까?

우리 부부는 일찍이 에스더의 교육과 미래 직업을 위해 최소한의 원칙을 정해 두었다.

첫째, 에스더의 지적 발육이 다소 더디다는 사실을 인정하고 현실로 받아들인다.

둘째, 에스더를 하나님의 특별한 선물로 생각하며, 지적 발육이 더딘 나의 자녀인 것을 조금도 부끄러워하지 않는다.

셋째, 에스더의 능력에 맞는 맞춤 교육을 실시한다.

넷째, 에스더의 교육은 신앙 훈련, 인성 훈련과 직업 교육에 치중한다.

다섯째, 에스더의 장래를 하나님께서 책임져 주실 것을 믿고 기도한다.

미국의 초·중·고등학교는 지적 또는 신체적인 장애가 있는 아이들을 차별하거나 분리시켜 교육하지 않는다. 가능하면 일반 학생들과 함께 공부할 수 있도록 배려하며, 특별히 지도가 필요하다고 여겨지는 과목은 별도로 지도한다. 에스더는 지적 발육 장애가 정상인과 모호한 경계선상에 있어서 전 과목 중 반은 일반 과목을 수강하고 반은 특수 과목을 지도 받았다. 나는 에스더가 다니는 초·중·고등학교에서 바짓바람을 일으키는 유명한 아빠였다. 에스더가 재학하는 학교가 특수교육을 잘 시행하고 있는지를 늘 평가했고, 에스더의 지적 능력과 발달에 가장 합당한 교육이 어떤 것인지를 교사들과 함께 평가하고 개선하는 데 아주 팔을 걷어붙인 학부모였다.

나의 바짓바람 소문이 에스더가 다니는 고등학교가 소재한 학군의 교육감의 귀에까지 들어갔는지 어느 날 교육감이 나를 점심식사에 초대했다. 나는 교육감과 시카모어 학군 내의 특수교육의 개선 그리고 있을 수 있는 인종차별의 철폐 등에 관해 폭넓은 의견을 나누었다. 지적 또는 신체적인 장애아들을 위해 개별적인 맞춤교육을 제공하려는 미국의 교육 시스템은, 하나님 앞에서 모든 인간은 공평하고 존엄하다는 사회 윤리가 잘 인식되어 있고 장애인보호법이 잘 정립된 덕분이다. 에스더에게 최고의 교육을 제공해 준 시카모어 학군의 많은 선생님의 헌신적인 교육과 사랑에 늘 감사드린다.

에스더가 모든 일에 자신감을 갖도록, 그리고 노력하면 자신의 부족한 능력이 향상될 수 있다는 것을 경험하도록 집중적으로 격려하며 교육했고, 교육의 큰 효과를 보았다. 에스더의 언어 능력, 논리력, 창의력이 꾸준히 진보를 보인 것이다. 에스더의 영어와 한국어를 유창하게 구사하는 이중 언어 능력은 우리 부부가 처음에 기대하던 것보다 훨씬 더 진보된 것이다. 우리는 에스더를 하나님의 품에 던졌고, 하나님께서 오늘의 에스더로 바꾸어 주셨다. 기적이라고밖에 달리 표현할 말이 없다.

자신은 능력이 부족하니 하나님을 의지할 수밖에 없다고 늘 고백하는 에스더는 하나님이 우리 부부에게 보내 주신 천사다. 나는 매일 오후 5시면 천사로부터 어김없이 전화를 받는다.

"I love you, Daddy. What time do you come home today?"(아빠, 사랑해요. 오늘 몇 시에 집에 오세요?)

내가 매일 기다리는 가장 행복한 전화다. 에스더는 내게 하나님의 천사요, 나의 가장 친한 친구다.

부모의 마음은 병약하고 부족한 자식에게 더 관심을 갖게 되는 모양인지 우리 부부의 눈은 언제나 에스더를 따라다닌다. 성경에 나오는 돌아온 탕자 이야기에는 철없고 방탕하고 부족한 둘째 아들을 날마다 기다리는 아버지의 마음이 잘 나타나 있다. 우리 부부는 에스더를 통해 하나님의 마음을 더 깊이 알게 되었다. 상한 갈대를 꺾지 않으시며 꺼져 가는 촛불을 끄지 아니하시고, 더욱 긍휼과 자비로 돌보시는 사랑의 하나님을 깊이 만날 수 있었다.

"나도 모르게 발이 스트레치해졌다니까요"

개구쟁이 아들 다니엘은 미국에 오자마자 미국 교회에서 운영하는 프리스쿨에 보냈다. 그런데 문제는 또래 미국 아이들이 영어를 못한다고 놀리거나 왕따를 시키면 그것을 참지 못해 날마다 싸움을 하는 것이었다. 뿐만 아니라 의리의 사나이로 자처해서 같은 한국의 아이들이 미국 아이들에게 놀림 받는 것도 참지 못했다. 하루는 목욕을 시키는데 온몸이 멍투성이였다. 낯선 문화에 적응하느라 고군분투한 흔적이었다.

조지아텍이 애틀랜타 도심 가까이에 있다 보니, 에스더와 다니엘이 다니던 공립초등학교에는 대체로 위험한 도심 주변에 사는 아이들이 다녔다. 덩치 큰 미국 아이들은 영어를 잘 못하는 한국 유학생 자녀들을 자주 괴롭혔고, 다니엘의 싸움도 심심찮게 일어났다. 다니엘은 자기 표현에 따르면 '자기방어'를 위해 토요일 한글학교에 참석하는 어린이들을 대상으로 가르치던 태권도를 배우기 시작했다. 틈만 나면 집 뒤뜰에 나가 태권도를 연습하더니, 드디어 일을 저지르고 말았다. 학교에서 그네를 타는 순서 때문에 다투다가 덩치 큰 미국 아이가 한국 아이를 부당하게 때리는 것을 보고 다니엘이 항의한 것이다. 순간 미국 아이가 다니엘을 향해 돌진했고, 다니엘의 표현에 의하면, 자기도 모르게 발이 스트레치(Stretch, 쭉 뻗다)해서 공교롭게도 그 아이의 이마와 코를 내리쩍었다. 달려오던 덩치 큰 미국 아이는 단번에 꼬꾸라졌고, 다니엘은 정학의 일종인 디텐션(Detention)을 받게 됐다. 이 일로 다니엘의 태권도 솜씨는 삽시간에 온 초등학교에 소문이 났고, 당시에 쿵푸로 세계를 주름잡던 '부르스 리'(Bruce Lee, 이소룡의 미국 이름)의 이름은 딴 '부르스 안'으로 불리게 됐다. 그리고 더 이상 다니엘에게 싸움을 걸어오는 일은 일어나지 않았다.

청년 유학생 사역에 몰두하며 개척 교회를 다니던 부모 덕분에 에스더와 다니엘은 교회의 청소년부 활동을 통해 충분한 신앙 교육을 받지 못했다. 우리 부부는 우리의 삶과 가정을 통해, 그리고 가정예배와 말씀을 통해 그리스도를 스스로 알아 갈 수 있도록 기도하며 교육했다. 감사하게도 두 자녀가 청소년기에 예수님을 자신의 구주로 영접하게 된 것은 주님께서 우리 가정에 허락하신 복이었다.

나는 다니엘이 중학생이 되었을 때 가정예배 시간에 가끔 말씀을 전하도록 했다. 어린 아들이 열심히 준비하고 묵상하여 전하는 말씀에 나는 늘 큰 은혜를 받았다. 다니엘이 고등학교 3학년이 되었을 때 교회는 당시에 공석으로 있던 유스그룹의 지도교사로 다니엘을 임명했다. 매주일 유스그룹의 예배를 인도하며 말씀을 전하고 또래 학생들을 지도하게 한 것이다.

종종 신문에는 미국의 일류 대학에 입학하여 성공한 자녀 이야기가 실린다. 나는 미국의 이민 사회에서 그런 자녀를 키워 낸 부모님께 큰 경의를 표하며, 그런 청년들이 내 자식처럼 사랑스럽고 자랑스럽다. 더 많은 한국의 자녀들이 미국 주류 사회에서 자리를 잡고 선한 영향력을 미치는 리더로 세워지길 열망한다.

사실 학업에 관한 한 세상의 기준으로 보면 우리 두 아이는 평범하다. 명석하지 못한 보통 부모를 만났기 때문이고, 열심히 공부하여 좋은 성적을 얻는 것도 중요하고 필요하지만 무엇보다 '예수 그리스도를 따르는 인생'을 사는 것이 최고라고 가르친 탓도 있을 것이다. 다니엘은 소위 여러 일류대학에 입학허가를 받았지만 전액 장학금을 받지 못해 교수 자녀에게 학비를 전액 면제해 주는 신시내티 대학을 졸업했다.

의공학(Biomedical Engineering)을 전공하고 미국의 주요 의료기기 회사에서 의료기기 디자인 엔지니어로 일하고 있다. 아들이 21세의 성년이 되던 날 내가 보낸 축하편지를 한글로 번역하여 소개하고자 한다.

> 나의 아들, 남자 다니엘에게,
>
> 너의 스물한 살 생일을 축하한다. 이제 네가 어른이 되었구나. 아빠는 하나님의 축복 속에서 어린아이였던 네가 이제 훌륭한 남자로 잘 자란 것이 무척 자랑스럽단다. 이제 너를 나의 아들로서뿐만 아니라 좋은 친구로, 성인 남자로서 생각하면서 너의 인생에 도움이 될 만한 몇 가지 조언을 해주고 싶구나.
>
> 첫째, 어떤 환경에서도 전심으로 하나님을 경외하고 따르며 살아라. 하나님은 언제나 신실하시고 선하신 분이다.
>
> 둘째, 하나님께 늘 지혜를 구하며 살아라. 너의 전 생애를 통해 늘 새로운 것을 배우기를 힘쓰기 바란다.
>
> 셋째, 정직하고 책임감 있는 남자가 되어라. 즉 통전성(Integrity)을 갖고 사는 남자가 되기 바란다.
>
> 넷째, 네 가족을 사랑하여라. 앞으로 남편과 아빠로서 네가 감당해야 할 책임에 최선을 다하여라. 부모에게 아들로서의 도리도 물론 잘하기 바란다.
>
> 다섯째, 늘 새로운 일에 두려움 없이 도전하는 자세를 가져라. 그리

고 실패를 두려워하지 말아라. 도전과 실패 없이 무언가를 이룰 수 있다고 기대하지 말기 바란다.

여섯째, 모든 인생의 길에서 인내하며 또 강인하여라. 언제나 좋은 결과는 부단한 실행과 훈련과 기다림을 통해 얻어진다.

일곱째, 다른 사람들을 사랑하고 또 너의 것을 다른 사람들과 나누어라. 언제나 너의 삶을 통해 예수 그리스도의 복음을 다른 사람들에게 전파하기를 힘쓰기 바란다.

이것들은 아빠의 인생 경험을 통해, 너를 위해 기도할 때, 그리고 너를 내 아들로 관찰하면서 네게 주고 싶던 아빠의 교훈이란다. 아들아, 나는 언제나 너를 사랑하고 신뢰한다. 하나님께서 네 인생의 모든 일에 넘치도록 축복해 주시기를 기도한다.

주 예수 그리스도의 평화와 함께,
아빠 안종혁 씀

아내, 나의 아름다운 동역자

이제 아내와 함께 인생의 후반전을 생각해야 하는 나이가 되었다. 무엇보다 사랑하는 아내 경선이가 있어서 나는 늘 행복하다. 멋도 모르고 가난하고 고집 세고 꿈꾸는 모험가인 나를 만나서 고생도 많이 했다. 가난한 유학 시절 아내가 겪은 고생을 어찌 다 글로 표현할 수 있겠는

가? 언제나 상냥하고, 긍정적이며, 헌신적인 아내는 내 인생 최고의 동반자요, 신실한 동역자요, 제일 친한 친구다.

우리 집은 언제나 청년들과 방문객으로 붐빈다. 매년 아마 수백 명의 청년들과 방문객이 우리 집 저녁 식탁에 앉아서 함께 저녁식사를 즐길 것이다. 그 많은 음식과 식사를 늘 기쁨으로 준비해 주는 후덕한 아내가 있기에 가능한 일이다. 지난 20여 년 동안 우리 가족끼리 오붓하게 추수감사절 만찬을 가져 본 기억이 없다. 고향을 떠나 유학 생활을 하는 청년들을 외면할 수 없다는 자상한 유학생 청년의 어머니인 아내 때문이다. 우리 집 식탁이 아내의 사랑으로 앞으로도 더 풍성해지리라는 것을 믿어 의심치 않는다.

"허니, 알러뷰!"

Part 2

꿈은
기도하는 자의
것이다

1장

나는 말더듬이 초등학생

어머니는 28세에 아버지와 사별하셨다. 요즘 같으면 아직 결혼도 하지 않았을 나이에 어린 두 아들을 책임져야 하는 청상과부가 된 것이다. 당시 형은 다섯 살, 나는 이제 막 첫돌이 지난 나이였다. 내겐 당연히 아버지에 대한 기억이 없다. 아버지 하면 아무런 느낌도 가질 수 없던 내가 하나님을 아버지라고 부르면서 아버지가 어떤 사람인지 어렴풋이 알게 되었다.

우리 집안은 개화기의 격동기에도 개화의 물결을 거부할 만큼 완고한 유교 집안으로 전남 보성의 소뫼부락이라는 유교 전통 마을에서 대대로 수백 년을 살아왔다. 아쉽게도 주암댐을 건설하며 소뫼부락은 수몰되었다. 나의 친조부는 이조의 마지막 왕인 순종 때 생원시에 합격한 유생으로서 진사였다. 그때는 이미 국운이 기울어 과거에 합격한들 벼슬길에 나가는 것이 소용없을 때인데 조부께서 무슨 생각으로 그랬는지는 모르겠지만, 어쨌든 나는 이조시대 마지막 진사의 친손자인 셈이다. 지금 생각하면 우스꽝스럽지만, 어렸을 때 고향에 내려가면 큰 진사 댁 막내 손자 도련님이 오셨다고 모두 깍듯하게 대접하던 기억이 난다. 그러나 벼슬도 하지 못하고 글만 읽는 선비의 집안은 무척 가난했다.

아버지가 돌아가시기 전까지 우리 식구는 서울에서 살았으나 아버지가 돌아가시자 살 길이 막막해진 어머니는 변산반도 부안에 있는 친정으로 내려갔다. 친정살이를 시작하신 것이다.

외가댁은 원래 우리 친가가 있던 보성에 있었는데, 한학자이신 외조부께서 무슨 뜻이 있으셨는지 온 식솔을 거느리고 변산반도 부안의 고씨 집성촌으로 이사를 갔다. 곡창 지대인 호남평야의 비옥한 땅과 한학자가 많던 고씨 집성촌에 마음이 크게 끌리셨다고 들었지만, 해방 이후 격동기에 고향을 떠나 아주 먼 타향으로 이주하신 외조부의 뜻을 지금도 나는 알지 못한다.

외조부는 인품이 고상하신 한학자로서 아호가 '석봉'이었는데, 당시 호남에서 유명한 한학자 중 한 분이었다. 특히 아호에서 짐작할 수 있듯이 잘 알려진 서예가였다. 물론 유교를 숭상하는 한학자이시니, 법도와 절도를 잘 지키고 때로 엄하기도 했지만 성품이 퍽 온유하고 자상하셨다. 언제나 외조부의 서재에서는 사서삼경이나 시조를 읊는 소리가 흘러 나왔다. 사랑방에서는 언제나 방문객이 드나들며 한학자들 간의 담론이 끊이지 않았다.

나는 외조부의 서재에 산더미처럼 쌓여 있던 수많은 고서들에 둘러싸여 자랐다. 무슨 내용인지도 모르고 귀동냥으로 듣던 논어나 맹자의 첫 소절을 지금도 기억하며 외고 있다. 외조부는 늘 사서삼경에 나오는 이야기를 자상하게 풀어 들려주시며, 어린 손자들을 사랑으로 훈계하셨다.

가난하고 불우한 어린 시절의 내게 큰 바위 얼굴은 당시는 알지 못했으나 지금 내가 교수요 학자로 사는 것을 보면 아마도 친조부와 외조부가 아니었을까 생각한다. 친조부에게서는 가문의 전통과 긍지를, 그리고 외조부에게서는 학문의 연마와 적용을 배웠을 것이다. 특히 어려서 서당에 다니며 한학을 잠시 공부한 나의 형님은 생업을 꾸리면서도 평생 서예를 연마해서 지금은 국전 초대작가로 활동하고 있다. 형님의 아호는 '평헌'인데, 지금은 작고하신 한국 서단의 대표 중 한 분인 여초 김응현 선생 문하에서 오랫동안 서예를 수업했다. 현재는 여초 선생 문하생들의 모임인 서법탐원의 회장으로서 한국서단의 중추적인 역할을 감당하고 있다. 외조부의 서예 재능을 형님이 잘 물려받은 것이다.

나는 말더듬이

내가 살던 동네에는 나보다 한 살 더 많은 아이들이 10여 명 있었다. 어머니는 나 혼자 다음 해에 초등학교에 입학하는 것보다는 여러 아이들과 함께 공부하는 것이 좋겠다 생각해서 면사무소에다 통사정을 하여 나를 1년 일찍 입학시키셨다. 그래서인지 나는 초등학교 2학년이 다 되도록 한글로 된 책을 읽지 못하고 그림을 보고 이야기를 상상하는 학습 지진아였다. 어머니는 두 아들의 인성교육과 학업의 진전에 관심이 매우 많았지만 하루하루 끼니를 걱정하며 살아가는 형편에 학업에 신경 써줄 여력이 없었다. 당시는 '하였읍니다'로 쓰고 '하였습니다'로 읽었는데, 왜 '읍사무소'는 '습사무소'로 읽지 않는지, 어린 나이에 몹시 궁금해 하던 기억이 난다.

나는 학업에서는 인정을 받지 못하는 평범한 학생이었다. 성적표는 초등학교 4학년 때까지 전체 학년에서 중간 이하를 면하지 못했다. 수줍음이 많아서 남 앞에 서면 얼굴이 빨개지곤 했다. 외가댁의 영향을 받아서인지 남에게 피해 주지 않기 위해 눈치를 보느라 매우 소심한 아이였다.

어머니는 아버지 없이 자란 아들들이 바르지 못한 길로 나갈까 염려하셔서 늘 사랑으로 우리를 감싸 주셨지만, 필요할 때는 회초리로 종아리를 때리며 엄히 훈계하셨다. 특히 거짓말하거나 남의 물건에 욕심을 내면 추호의 용서도 없으셨다. 학교에서 친구들에게 빌려 온 몽땅 연필이라도 그 출처를 납득이 되도록 말씀드려야 했다. 만일 그 출처가 불분명하거나 거짓인 것이 판명나면 어머니는 울타리로 키우는 무궁화 나뭇가지를 회초리로 꺾어 오라고 해서 매를 때리셨다. 그럴 때면 나는 아파서 울고, 어머니는 훈계하시며 울곤 하셨다. 그나마 소심하고 겁이 많은 나는 어머니한테 회초리를 맞지 않기 위해 최대한 노력했지만, 겁이 별로 없던 형은 매를 자주 맞았다. 대범하고 용감한 형은 언제나 나의 영웅이었다. 나는 늘 형의 그늘에 숨어서 초등학교 시절을 보냈다. 실은 형의 주먹맛이 어머니의 회초리보다 더 매서웠기 때문이기도 했다.

내가 초등학교 2학년이 되었을 때, 같은 동네에 사는 말을 심하게 더듬는 선배 형과 친하게 지내게 됐다. 말을 더듬는 탓에 친구가 없던 그와 친하게 지내다 보니 그의 말 더듬는 모습을 흉내 내게 되었다. 그리고 곧 나 역시 말더듬이가 되고 말았다. 지금이야 그렇지 않지만 그때는 매우 심각했다.

나보다 한 살 많은 사촌형을 부르지 못해서 "혀, 혀, 혀, 형…" 하다가 말을 잇지 못하고 서 있기 일쑤였고, 이웃에 어머니의 심부름을 가서는 입만 떡 벌리고 섰다가 무안하여 집으로 돌아오기도 했다. 집안 어른들은 걱정이 돼서 내가 말을 더듬을 때마다 나무라셨지만 나는 그럴수록 주눅이 들어 말을 더 더듬었다. "저놈 또 혀, 혀, 형 하고 있구나" 하며 훈계하시던 외조부의 모습이 지금도 눈에 선하다. 창피를 당하면 당할수록, 훈계를 들으면 들을수록, 또 고치려고 노력하면 노력할수록 더 심해지는 말더듬이는 어린 시절 가장 기억하고 싶지 않은 아픔으로 남아 있다. 나는 그 시절 말을 더듬어 친구도 없고 주눅이 잔뜩 든 지진아였다.

말더듬이는 4학년 때까지 계속되었는데, 나는 너무 괴로워서 어떻게 하면 말을 더듬지 않을 수 있을까 골몰하곤 했다. 그래서 먼저 차분히 생각을 정리한 다음에 천천히 말하려고 노력했다. 그런데 어린 시절 나를 곤란하게 만든 말더듬이는 말하기 전에 말할 내용을 논리에 따라 정리한 다음 말하는 훈련을 받게 해주었다. 말더듬이라는 고통이 논리력과 표현력과 사고력을 길러 준 계기가 된 것이다. 이때 기른 탁월한 논리력과 표현력은 나중에 중학교와 고등학교 때 여러 공개회의와 토론에서 진가를 발휘하곤 했다. 나의 남을 설득하는 능력과 논리력은 말더듬이라는 긴 터널을 통해 다듬어지고 개발된 것이다.

덕분에 나는 중학생 시절에 시도 대항 학생 웅변대회에서 여러 번 수상했다. 그리고 고등학교 때는 탁월한 논리력과 표현력에 힘입어 총학생회장에 당선되었다. 당시는 공개토론과 자유선거를 통해 총학생회장을 선출했는데, 마치 지금의 국회의원 선거처럼 매우 격렬했다. 학생수가 2,000명 가까운 실업계 고등학교에서 당당히 총학생회장으로 선출될 수 있었던 것도 초등학교 때 말더듬이 고통 중에 훈련한 논리력과 표현력 덕분이었다.

말더듬이의 고통은 한편으로 공부에 재미를 붙이게 만들기도 했다.

친구가 없다 보니 공부에 집중했고, 그러다 보니 학습 지진아에서 우등생이 되었다. 우등생이 되고부터 차츰 자신감을 회복해서 말더듬는 습관에서도 벗어날 수 있었다.

요즘도 여러 곳에서 복음을 전하면서 말더듬이로 언어 표현을 훈련하신 하나님께 감사드리곤 한다. 예수 그리스도 안에서 자아가 회복되면 인생의 말더듬이라는 긴 터널을 지나 새로운 웅변가로 태어나는 놀라운 경험을 하게 된다. 나의 아픔까지도 합력하여 선을 이루시는 하나님 아버지의 섭리가 놀라울 뿐이다.

"우리가 알거니와 하나님을 사랑하는 자 곧 그의 뜻대로 부르심을 입은 자들에게는 모든 것이 합력하여 선을 이루느니라"(롬 8:28).

좋은 만남

인생은 만남으로 이루어져 있다. 성경에 나오는 거의 모든 사람의 인생 여정은 주로 만남의 이야기로 시작된다. 물론 우리 인생에 최고의 만남은 예수님과의 인격적인 만남이다. 그러나 인생에서 언제나 좋은 만남만 있는 것은 아니다.

내가 다니던 초등학교는 일제시대에 지어진 낡은 학교 건물을 사용했다. 비가 오면 교실에 빗물이 새는 경우가 허다했다. 지붕의 부서진 기왓장 사이로 흐르는 빗물은 기왓장을 받치는 황토 흙과 함께 흘러내려서, 뻘건 황토 물이 책상 위로 뚝뚝 떨어지면 더 이상 공부를 할 수가 없었다. 당시는 국가에 재원이 없어서 주로 학부모들한테서 육성회비를 걷어 양철 지붕으로 교체했다. 아마 당시 육성회비는 쌀 한 말 정도의 금액인 것으로 기억된다. 가난한 우리 집은 쌀 한 말을 육성회비로 낼 형편이 못 되었다.

나는 학교 전체에서 육성회비를 내지 못한 몇몇 학생 중 하나였던 모양이다. 비가 오는 어느 날, 초등학교 3학년 담임선생은 내게 황토 흙물이 쏟아지는 교실의 책상에서 책을 펴고 공부하라고 명령했다. 한마디로 너는 육성회비를 내지 못했으니 황토 물이 흐르는 책상에서 공부해야 마땅하다는 얘기였다. 머리에 떨어진 황토 물이 볼을 타고 내려서 책을 적셨다. 황토 물과 내 눈물이 범벅이 되어서 책갈피 위에 빨갛게 고여 갔다. 이미 수십 년이 지났건만, 지금도 그때의 일이 사진처럼 선명하기만 하다. 가난이 부끄러운 일이 아니건만, 나는 가난해서 창피를 당했고 그것이 억울했다.

그 후 나는 학교에서 가져오라는 돈을 바로 마련하지 못하는 어머니를 무척 괴롭혀 드렸다. 돈이 마련되지 않으면 마을 어귀에 서서 마을사람들이 다 듣도록 "어머니, 돈을 줘야 학교에 가죠. 돈 줘요!" 하고 고래고래 고함을 쳤다. 어머니가 나를 달래려 다가오면 줄행랑을 치면서 계속 고함을 질러댔다. 나는 막무가내였고, 어머니는 어떻게 해서든 돈을 마련해 와야 했다. 지금 생각해 보면 어린 내가 이해할 수 없는 부당함을 당하고 나서 보인 정서적 장애 증상이 아니었을까 생각한다. 얼마나 학교에서 육성회비를 독촉당했으면 어린 내가 그런 행동을 했을까, 지금도 나는 당시의 담임선생을 이해하려고 노력하고 있다.

물론 그 일은 평생에 내게 좋은 반면교사가 되었다. 교수로서 행여 나로 인해 부당함을 당하는 학생이 없도록 늘 조심하게 된 것이다. 수십 년 전 한국의 시골 학교에서 배운 교훈이 세계 각지에서 수학하러 오는 학생들을 지도하는 데 큰 교훈이 되고 있으니, 이 또한 인생의 아이러니라고 할 수 있다.

나는 초등학교 5학년 때 좋은 담임선생을 만났다. 이제 말도 더듬지 않게 되었고, 또 지진아에서 우등생으로 서서히 부상하는 좀 이상한 아이를 담임선생은 눈여겨보신 모양이었다. 선생님은 나를 인정해 주고, 나의 진보를 각별히 칭찬해 주셨다. 학업에 관한 한 남에게 칭찬을 들어 본 적이 없던 터라, 선생님의 칭찬과 격려는 나의 학습 의욕을 불태우기에 부족함이 없었다. 칭찬은 정말 고래도 춤추게 한다.

나는 공부하고 배우는 것이 참 재미있다는 것을 초등학교 5학년 때 처음으로 알았다. 나의 학업 성적은 마치 로켓이 하늘로 날아오르듯이 갑자기 진보해서 학급에서 1, 2위를 다툴 정도가 되었다. 나도 매우 놀랐지만 나의 진보는 고단한 어머니의 삶에 보람이 되었다. 특히 외조부는 나의 진보를 격려해 준 가장 든든한 후원자셨다.

하지만 동급생 친구들의 시기와 질투도 만만치 않았다. 특히 초등학교 5학년이 될 때까지 수재라는 칭찬을 들으며 줄곧 1등을 하던 친구가 나의 때늦은 분발을 시기하여 나를 모함하기 시작했다. 담임선생이 나만 편애해서 좋은 점수를 준다고 소문을 낸 것이다. 급기야 한 동네 동급생들이 모두 그 친구의 말에 속아 넘어가 나랑 절교하겠다고 선언했다. 억울하지만 별수 없는 일이었다. 이미 나는 말더듬이로 오랜 시간 혼자 지내 온 터였다. 그렇게 몇 주가 지났을까. 동급생들이 나의 진보를 진정으로 인정하기 시작했고 다시 친구로 돌아와 줬다. 당시 왕따는 아픈 경험이었지만, 억울해도 인내하고 기다리면 언젠가는 진실이 밝혀진다는 것을 배웠다.

초등학교 시절의 경험은 내 인생 전반에 걸쳐 큰 영향력을 미치는 교훈이 되었다. 처음에는 비록 잘 못해도 계속 인내하고 노력하면 언젠가는 진보를 이룰 수 있다는 도전 정신을 그때 배운 것이다. 무슨 일이든지 실행해 보지도 않고 포기하지는 말자고 늘 다짐했다. 그때 나는 아직 주님을 몰랐지만, 선하신 주님은 나의 우매한 어린 삶을 통해 성경의 진리를 가르치고 계셨던 것이다. 신앙이든 자기개발이든 구하고, 두드리고, 찾는 자가 결국 승리자가 되는 법이다.

"구하라 그리하면 너희에게 주실 것이요 찾으라 그리하면 찾아낼 것이요 문을 두드리라 그리하면 너희에게 열릴 것이니 구하는 이마다 받을 것이요 찾는 이는 찾아낼 것이요 두드리는 이에게는 열릴 것이니라"(마 7:7-8).

2장

매일 5시간씩 걸어다녀도
행복했던 중학 시절

나는 중학생이 되었다. 집에서 학교까지는 10km나 떨어져 있었다. 1960년대 초에는 많은 학생이 나처럼 먼 시골에서 읍에 소재한 중학교를 다녔다. 그 당시 대부분의 시골에는 군 소재지에 한둘의 중학교가 있었다. 대개는 버스를 이용하거나 또는 자전거를 이용하여 통학했다. 자전거를 살 여유도 또 버스를 타고 다닐 여유도 없던 나는 매일 왕복 20km(50리)를 걸어서 중학교에 다녔다. 집에서 학교까지는 적어도 2시간 30분을 걸어야 했으니 아침 9시에 시작하는 첫 수업 시간에 맞추어 가려면 늦어도 새벽 6시에 집을 나서야 했다. 전기도 들어오지 않는 시골 마을에서 우리 집은 라디오도 시계도 없었다. 어머니는 아들을 학교에 보내기 위해 새벽별을 기준 삼아 일어나 보리밥이라도 먹여 보내려고 밥을 지었다. 아마 매일 새벽 4쯤에는 일어나셨을 것이다. 안 그래도 농사일로 힘이 드셨을 텐데 새벽의 단잠까지 포기해야 했으니 어머니의 고달픈 삶이 이제야 뼈에 사무친다. 하지만 철없던 그때는 몰랐다.

요즘 한국의 학생들은 새벽별을 보며 학교에 가서 저녁 별을 보며 집에 들어온다고 한다. 학생들도 불쌍하지만 사교육비를 위해 매일 잠을 설치는 부모들도 불쌍하다. 그럼에도 예나 지금이나 어머니는 자식을 위해서라면 기꺼이 쪽잠을 자는 수고를 마다하지 않는다. 이 험한 세상에서 그런 사랑을 베푸는 어머니가 계시니 우리는 모두 살 만한 인생인 것이다. 어머니 사랑의 원천은 하나님의 사랑이다. 하나님의 형상을 닮았기 때문에 자녀에게 사랑을 베풀 수 있는 것이다.

친구들은 수업이 끝나면 운동장에서 농구 게임을 즐기거나 과외 활동을 즐겼지만, 나는 수업이 끝나자마자 부지런히 걸어서 집으로 돌아와야 했다. 2시간 30분을 걸어서 집에 도착하면 어두운 밤이 되었다. 지금 사는 집에서 내가 근무하는 신시내티 대학까지 거리가 대략 20km(13마일)다. 내가 매일 걸어서 중학교에 다닌 거리다. 지금도 매일 출퇴근할 때마다 이 먼 거리를 어떻게 어린 소년이 걸어서 다녔을까 기이하게 여기곤 한다.

허허벌판을 가로지르는 자갈길을 걷다 보니 새로 산 검정 운동화는 한 달을 견디지 못하고 바닥에 구멍이 났다. 그래도 바닥이 거의 닳아 버릴 때까지 신었다. 운동화에 들어온 모래자갈 때문에 발가락 주변에 늘 물집이 잡혔다. 벌판 길의 찬바람은 언제나 살을 에는 듯이 매섭고 추웠다.

통학의 어려움에도 불구하고, 나는 중학교에서 새로 배우는 것들로 정말 즐거웠다. 장학생으로 입학한 덕택에 학급 반장도 맡았다. 학급에서 반장이 되기는 처음이었다. 친구들과 선생님들도 잘 대해 주었다. 어린 시절 오랜 시간 무너져 있던 자존감도 회복되고 수줍어하던 성격도 점점 담대해졌다. 특히 반장을 맡으면서 나의 의사 표현력과 사회성이 눈에 띄게 향상되었다.

나는 중학교에 들어가면서 나의 숨겨진 잠재력을 맘껏 펼쳐 보였다. 토론에 강해서 내가 주장하는 논리와 견해에 동료들이 잘 동의해 주었다. 중학 시절 내내 학급의 대의원에 선출되었고, 2학년 말 친구들과 선배들의 강권에 못 이겨 총학생회장 선거에 출마했으나 당선되지는 못했다. 물론 공부가 늘 즐거우니 성적은 최상위권을 유지했다.

기회는 언제나 예고 없이 찾아오는 법이다. 그것이 잠재력을 발휘할 수 있는 기회라면 놓치지 말아야 한다. 잠재력이란 결국 하나님께서 각 사람에게 주신 달란트가 아니겠는가? 주어진 달란트를 잘 발휘할 때 충성된 종이라는 칭찬을 듣게 된다는 것이 성경의 가르침이다. 내 경우 중학 시절에 기회가 주어졌고 그 기회를 잡고 내게 숨겨진 잠재력을 발휘할 수 있었다. 그러자 수줍던 말더듬이에서 수많은 학생 앞에서 담대하게 자기 의견을 피력하는 총학생회장 후보로 나서는 변화가 일어났다.

그러므로 자녀의 잠재력인 달란트를 무시하는 것은 부모로서 가장 해서는 안 되는 일을 자녀에게 하고 있는 것이다. 부모가 원하는 직업과 전공을 강요하는 부모는 자녀에게 가장 나쁜 길을 선택하도록 강요하는 것이다.

잊을 수 없는 라면과 노란 달걀 반숙

변변히 먹지도 못하고 매일 먼 길을 걸으니 늘 배가 고팠다. 내가 걸어서 지나는 부안읍에는 화교들이 운영하는 중국집이 많았다. 중국집에서 자장면 국수를 수타로 만들 때 들리던 땡땡 소리와 구수한 자장 냄새는 지금도 내 군침을 돌게 할 만큼 잊을 수가 없다. 맛있는 자장면, 그러나 내게는 언제나 그림의 떡이었다.

내가 다니던 중학교 수학 선생의 아들 E는 같은 반 급우였다. 서울 명문 중학교에 입학하려 했으나 실패하고 나와 같은 중학교에 다녔다. 공부도 잘했지만, 성격도 참 좋아서 우리는 금방 친해졌고 좋은 친구가 되었다. 학과 공부에서는 서로 좋은 경쟁자였다. E는 특히 문학에 소질이 있어서 자작시를 내게 보여 주곤 했다. E의 집은 학교 옆에 있었다. 수업이 끝나면 곧바로 집으로 돌아가야 했던 어느 날 E의 어머니가 나를 집으로 초대했다.

"너, 라면 좋아하니?"

"맛있다는 말은 들어 보았습니다만…."

"그럼 조금만 기다려라. 내가 라면을 맛있게 끓여 줄게. 참, 오늘이 네 생일이라며? 생일 축하한다."

아들의 가난한 친구의 생일을 기억하시고 라면 생일파티를 열어 주기 위해 특별 초대를 하신 거였다. 영문을 모르던 나는 깜짝 놀랐다.

나는 그때까지 빨간 봉지에 포장된 곱슬곱슬한 국수 같다는 라면을 먹어 본 적이 없었다. 지금은 우습겠지만, 당시 시골에서는 손님이 오면 라면을 삶아 대접할 만큼 라면은 비싸고 귀한 음식이었다. 고깃국이라야 설날에 떡국을 먹을 때나 겨우 맛보던 가난한 시골 사람들에게 맛있는 닭고기 국물 수프에 끓여 낸 라면은 별미 중의 별미였다.

잠시 후 E의 어머니가 냄비에 맛있는 라면을 끓여 오셨다. 김이 모락모락 나는 냄비 중앙에는 노란 달걀 반숙이 얹어져 있었다. 나는 평생에 그렇게 아름다운 음식을 본 적이 없고, 또 그렇게 맛있는 음식을 먹어 본 적이 없다. 나는 지금도 라면을 좋아하는데 아내에게 늘 달걀을 깨뜨리지 말고 노란 반숙으로 만들어 얹어 달라고 당부한다. 지금도 라면을 먹을 때면 수십 년도 더 지난 그날의 라면을 추억한다. 먼 길을 걸어 다니느라 늘 배고파하던 내게 따뜻한 라면 한 그릇을 대접해 주신 E 어머니의 따뜻한 마음이 내 가슴 깊이 새겨져 있기 때문일 것이다.

이렇듯 가난하고 배고픈 사람에게 베푼 자그마한 사랑은 그 사람을 일으켜 세우는 힘이 된다. 사랑은 만질 수도 없고 볼 수도 없지만 존재한다는 것을 누구나 안다. 사랑이 없는 부부와 가정, 그리고 사회를 보면 사랑의 귀함을 단박에 알아차릴 수 있다. 사랑은 모든 사람을 만들어 가는 제일 귀중한 토양이다. 그래서 사랑은 이 세상에서 제일 고귀하다. 그 사랑을 예수님께서 우리에게 아낌없이 부어 주셨다.

보릿고개와 고구마

1960년대는 어느 집이나 먹고 사는 것이 제일 큰 문제였다. 양식이 넉넉지 못한 우리 집은 끼니를 이어 가기가 늘 어려웠다. 가뭄으로 흉년이 들면 배고파 죽는 사람도 나왔다.

심한 가뭄으로 농사를 짓지 못하던 초등학교 6학년 때를 잊을 수가 없다. 모내기를 해야 하는데 비가 오지 않았다. 모든 학생은 수업을 전폐하고 나무를 깎아 만든 작은 말뚝을 가지고 논으로 나갔다. 저수지의 물로 마른 논을 간신히 적시고, 가져간 말뚝으로 구멍을 뚫고 모를 심었다. 그러나 여름 내내 비가 오지 않으니 타는 듯이 말라 버린 논밭에서는 아무것도 수확할 수가 없었다.

어머니는 남은 보리를 아껴 먹으며 보릿고개까지 살아남을 궁리를 하셨다. 나는 학교가 끝나면 산이나 들로 나가 쑥이나 나물을 캤다. 그러면 어머니는 보리를 맷돌에 갈고, 캐온 쑥과 나물을 넣고서 나물 보리죽을 만드셨다. 다음해 보리를 수확할 때까지 살아남기 위해 견디고 넘어야 할 배고픔의 고개가 바로 보릿고개다. 그 해는 매일 나물 보리죽을 먹으며 그 보릿고개를 넘었다.

여름에는 옥수수와 감자를 먹고, 보리가 수확되면 보리밥을 먹었다. 겨울철에는 주식으로 고구마나 잡곡밥을 먹었다. 보리, 조, 콩과 수수가 섞인 잡곡밥에 가을 배추밭에서 주어 말린 시래기를 넣은 시래기밥을 많이 먹었다. 먹을 곡식이 적으니 밥의 양을 늘리기 위해 시래기나 무, 고구마를 썰어 넣기도 했다. 내 기억으로 시래기밥은 그냥 먹기는 힘들지만 간장에 비벼서 먹으면 그런 대로 맛이 났다. 내가 제일 싫어한 밥은 무를 썰어 넣은 무밥이었는데, 간장으로 비벼도 심심하여 별 맛을 느끼지 못했다. 어느 해인가는 겨울 내내 아침, 점심, 저녁을 김치와 함께 고구마만 먹었다.

몇 해 전인가 서울을 방문하여 서점에 들렀는데, 건강 서적 코너에서 《고구마가 내 몸을 살린다》는 제목의 책을 발견했다. 어린 시절 하도 고구마를 많이 먹고 살아선지 고구마 하면 남일 같지 않아서 그 책을 사서 단숨에 읽었다. 내용인즉, 고구마는 다른 음식에 비해 당 분해가 서서히 되어 건강에 좋으며, 항암 효과도 탁월하다는 것이었다. 나는 무릎을 쳤다. 비로소 겨우내 세 끼를 김치와 고구마만 먹고 살았어도 살이 오르고 건강한 겨울을 지낼 수 있었던 비결을 이해하게 된 것이다. 요사이 건강식품으로 인기 있는 잡곡밥, 호박잎쌈, 시래기밥, 보리밥, 고구마, 청국장찌개는 내가 어린 시절 질리게 먹던 음식이다. 지금으로 말하면, 나는 어린 시절 내내 건강식품만 먹고 자란 것이다.

좋으신 하나님은 내게 건강식품과 자연식품만 먹여 주셔서 내 키가 183cm나 자라게 하셨다. 내 키는 이곳 미국에서 백인들과 비교해도 큰 편에 속한다. 내 키는 스테이크와 치즈를 먹고 큰 키가 아니고, 고구마와 시래기를 먹고 큰 것이다. 고구마와 시래기를 스테이크와 치즈보다 더 풍부한 영양가 있는 물질로 변화시킬 수 있는 분은 오직 하나님뿐이시다.

3장

방황하던 공업고등학교 시절

전주에는 인문계 명문 고등학교인 전주고등학교가 있다. 불행인지 다행인지, 내가 고등학교 입학시험을 치르던 1969년에는 전주고등학교에 입학시험이 없었다. 계열 중학교인 전주북중의 학생들을 전주고등학교에 자동 계열 입학시킨다고 결정한 것이다. 서울에 있는 몇몇 명문 고등학교도 그해는 입학시험을 치르지 않고, 같은 계열의 중학교 학생들을 자동 입학시켰다. 지금도 나는 1969년 명문 공립고등학교들의 계열 중학교 입학은 부당한 처사였다고 생각한다. 도청소재지에 있는 명문 고등학교의 입학을 꿈꾸며 공부하던 군이나 읍

소재지의 중학교 학생들은 아예 입학시험을 치를 기회조차 박탈당한 것이다. 물론 대학 갈 형편이 못 되는 내 경우는 전주고등학교에 입학시험이 있든 없든 상관없는 일이었다.

당시에는 대학을 졸업해도 들어갈 수 있는 직장이 많지 않았다. 이제 막 5·16 쿠데타로 권좌에 오른 박정희 대통령이 경부고속도로를 뚫고 새마을운동을 추진하던 무렵이었다. 박정희 대통령은 다가올 산업화에는 수많은 숙련공이 절대적으로 필요하다고 예측하고 각지에 흩어진 실업고등학교를 특성화하고 이를 적극 지원했다. 그는 당시 모든 공업고등학교 학생들에게 '그대는 조국 근대화의 기수'라며 사기를 북돋웠다.

그해는 전주고등학교에 입학시험이 없던 해라 전주공업고등학교로 학생들이 몰렸고, 그에 따라 경쟁이 치열했다. 그때 많은 학생이 전주공업고등학교가 명문 고등학교라 생각해서 지원했다. 다시 말해 실업계인 줄도 모르고 지원한 것이다.

학교에서는 입학시험 성적이 우수한 학생들을 모아서 특별우등반을 만들어 장학금을 주었다. 나도 그 반에 속하게 되어 장학금을 받았고 덕분에 수업료 걱정을 하지 않아도 되었다. 적성검사의 결과에 따라 전기기술을 전공하는 전기과에 배정 받았는데, 이때 결정된 전기전자공학은 평생 나의 전공이 되고 말았다. 내가 현재 근무하고 있는 신시내티 대학은 2010년에 나를 전기전자공학 석좌교수로 임명하여 전기전자공학 연구에 특별히 더 많은 기여를 부탁했다. 내가 스스로 결정한 전공이 아니었으나, 나는 지난 40년 동안 즐겁게 전기전자공학을 배우고, 가르치고, 연구해 왔다.

내 의지와 상관없이 전기과를 전공한 것도, 유학을 결단한 것도, 어려운 학업 중에 포기하지 않은 것도, 대학에서 학생들을 가르치는 교수가 된 것도, 어느 것 하나 내가 미리 알아서 계획하고 꾸린 것이 없다. 전적인 하나님의 사랑과 인도하심에 감사드린다.

탈출구가 없다

공업고등학교 생활이 시작되었다. 1학년 동안은 기초 교양과목을 수학했다. 600여 명의 동급생들은 가난한 농부의 아들들이 대부분이었다. 나의 첫 학기 성적은 동급생들 중에서 최우등이었다. 아직 미래의 향방이 정해지지 않은 불확실한 고등학생 신분이지만, 가난은 내게 주어진 일에 최선을 다해야 한다는 것을 상기시켜 주곤 했다.

2학년이 되자, 전기전자 기술에 대한 실용적인 학과 과목들을 중점적으로 배우기 시작했다. 영어, 수학, 국어 등은 교양과목으로서 일주일에 1시간씩 배웠다. 직업 훈련을 목적으로 한 실업계 고등학교니 당연했다. 그런데 문제는 많은 동급생이 자기가 진학한 학교가 실업계라는 사실을 모르고 그때까지도 대학 진학을 꿈꿨다는 사실이다. 전공반의 급우들이 술렁거리더니 2학년 중반을 넘기자 3분의 1가량이 인문계 고등학교로 전학을 갔다. 남은 급우들도 대학 진학을 준비하기는 마찬가지였다. 학교에서 배우는 것과 지향하는 바가 다르니 일대 혼란이 일어났다.

그 무렵 탈출구가 없어 보이는 현실에서 절망하던 나는 내가 아무리 노력해도 해결할 수 없는 인생의 문제가 있다는 것을 인식하기 시작했고, '과연 신은 존재하는가' 하는 원론적인 질문을 던지며 번민했다. 그러던 어느 날 이웃에 살며 함께 학교를 다니던 친구가 자기네 교회에 가자고 초청했다. 이모가 다니던 교회인데다 매일 아침 등교할 때마다 지나치는 곳이라 낯설지는 않았다. 더구나 매일 아침 전주의 남쪽 지역에서 제일 큰 교회를 빠져나와 반대편으로 향하던 예쁘장한 여학생이 궁금하기도 했다.

처음 참석한 교회

2학년 여름방학부터 친구를 따라 주일예배에 참석하기 시작했다. 나는 아직 예수님이 누군지는 잘 몰랐지만, 친구들과 어울려 지내는 고등부는 재미있었다. 교회의 예배와 행사에 잘 참석하니 내가 믿음이 있다고 보았던지, 어느 날 고등부 예배에서 대표기도를 시켰다. 남의 기도문을 베껴서 기도문을 잘 읽기는 했는데, 아뿔싸, 기도 마지막에 '예수님 이름으로 기도합니다'를 빼먹고는 그냥 '아멘'으로 마무리하고 말았다. 기도의 내용은 베낄 수 있어도 영성은 베낄 수 없음을 알게 된 사건이었다. 그 일로 인해 교회 장로님께 불려 가 긴 강론을 들어야 했다.

하나님의 경륜의 때가 아직 내게 이르지 못했기 때문일까? 나는 믿음을 갖지 못했다. 구원의 복음도 잘 배우지 못했고, 주님과의 교제도 훈련받지 못했다. 그때 이런 것들을 잘 지도 받았다면 청년 시절 그토록 방황하지 않았을 텐데 하는 아쉬움이 남는다.

나는 고등부에서 인기 있는 일원이었지만 교회에 다니면서 나의 고민은 더 깊어졌다. 인문계 고등학교 학생들이 명문 대학을 향해 정진하는 모습을 보니 거리감이 느껴져 자괴감이 더 커진 것이다. 교회는 나를 따뜻하게 맞아 주는 곳이었지만, 나의 고통에 공감하지 못했고 나의 고뇌에 함께 울어 주지 못했다. 지금 생각하면 오히려 내가 공감하지 못했고 울어 주지 못한 것인데, 그때는 정을 붙이지 못한 채 소외감에 아파했다. 나는 결국 2학년 겨울방학 때 교회를 떠났다. 그리고 다시 주님의 품으로 돌아오기까지 무려 15년이 걸렸다. 하나님의 경륜의 때가 있다지만, 내 인생에서는 큰 손실의 기간이었다.

4장

방직공장에서 시작한 첫 직장생활

실업계 고등학교의 취업은 주로 3학년 여름방학의 인턴 실습으로 시작된다. 1971년 3학년이 된 나는 취업을 준비했다. 그런데 그즈음 유명한 1차 석유파동이 터졌다. 석유파동은 나와 인연이 깊어서 대학과 대학원을 졸업할 때도 2차, 3차 석유파동이 터졌다. 덕분에 매번 좁아진 취업 문을 뚫어야 했다.

1차 석유파동은 한국 기업들에 치명적인 타격을 주어서 모든 취업의 문이 굳게 닫히고 말았다. 나는 당시 전기과 선배들이 많이 취업한 한국전력을 바라보고 있었다. 물론 나의 학업 성적을 고려할 때 한국전력

입사는 거의 따 놓은 당상이었다. 그러나 석유파동의 여파로 한국전력 역시 그해 신입사원을 뽑지 않았고, 나의 계획도 수포로 돌아가고 말았다. 대학 입시를 준비한 것도 아닌 마당에 취업의 문까지 닫히고 보니 참으로 난감했다.

젊은이들에게 일터를 제공하지 못하는 사회는 절망적인 사회다. 젊은이들에게 일과 직업은 일용할 양식일 뿐 아니라 삶의 이유다. 일하지 못하는 청년은 죽은 목숨이나 다름없는 것이다. 나는 지난 세월 북미 인디언 마을과 대도시 할렘 가에서 스스로 목숨을 끊는 청년들을 많이 보았다. 그들은 모두 실업자라는 공통점이 있었다. 그러므로 기업이 일거리를 제공하는 것은 사랑이요 진정한 섬김이다.

내가 실로암 바이오사이언스(Siloam Biosciences, Inc.)라는 바이오 벤처 기업을 창업한 것도 이 때문이다. 나는 한국의 IMF 금융위기 때 미국에서 유학 생활을 하던 수많은 젊은이가 공부를 접고 고국에 돌아가는 것을 안타깝게 바라보다가 신시내티 대학 부근에서 창업을 하게 되었다.

말뿐이던 조국 근대화의 기수

고등학교 3학년 담임선생은 내게 서울 영등포에 소재한 경성방직에 실습을 나가라고 권했다. 일제시대 민족 자본으로 출발한 최초의 주식회사로, 경성방직(나중에 주식회사 경방이 됨)은 당시 전경련 회장을 여러 차례 역임한 김용환 회장이 경영을 맡고 있었다.

한국은 아직 해외 수출 1억 달러를 달성하기 전으로, 주로 노동 집약적인 방직산업이나 신발산업이 수출의 주류를 이루었다. 주로 미국에서 목화를 들여와 실을 뽑고 베를 짜서 해외에 팔았다. 신발도 마찬가지였다.

전주공업고등학교 출신의 선배가 그곳의 공장장으로 근무하고 있었다. 나는 방직과 학우들과 함께 경방으로 여름방학 실습을 나갔다. 여름방학 동안 요즘 말로 인턴사원으로 일하다 방학이 끝나면 취업이 결정되는 수순이었다. 우리 학교를 포함한 서울공업고등학교와 대구공업고등학교에서 온 10여 명이 함께 인턴을 시작했는데, 나만 유일하게 방직과가 아닌 전기과 출신이었다.

방직공장의 작업은 돌처럼 단단하게 묶인 면화 뭉치를 먼저 풀고, 면화를 털어서 부드러운 솜으로 만든 뒤 다시 솜에 붙어 있는 수많은 먼지를 털어내고 실을 만드는 일이었다. 면화 뭉치는 주로 미국 조지아주의 면화 밭에서 수입한 것인데, 면화를 압축하여 마치 돌덩이처럼 단단하게 만들고 강철 밴드로 묶은 상태로 수입했다. 공교롭게도 나는 십수 년 후에 조지아텍에서 유학 생활을 하기 위해 조지아 주에 가게 됐다. 넓디넓은 조지아 주의 면화 밭을 바라보며 방직공장에서 일하던 때를 추억하곤 했다.

방직공장의 내부 습도는 실이 잘 끊어지지 않고 베 짜는 효율을 높이기 위해 언제나 60~70%를 유지했고, 온도는 30℃ 이상을 유지했다. 실내는 늘 먼지로 인해 숨쉬기 거북할 만큼 공기가 탁했고, 끈적거리고, 더웠다. 작업 환경은 열악해서 늘 땀에 젖어서 일해야 했다. 나는 공장 내부에 있는 전기의 배선공사를 새롭게 시공하는 일을 맡았는데, 처음 해보는 일이라 무척 힘들었다.

시골에서 초등학교나 중학교를 졸업하고 이곳에 취업하여 베 짜는 일을 하는 여공이 수천 명이나 되었다. 모두 가난하여 고등학교나 대학에 진학하지 못하고 일찍이 직업 전선에 나선 여공들이었다. 경방은 당시 다른 회사에 비해 안정되고 좋은 대우를 해줘서 여공들이 선망하는 직장이기도 했다. 열심히 돈 벌어 부모님을 봉양하고, 남동생을 대학에 보내며, 시집갈 때 필요한 혼수 비용을 마련하는 이야기가 그들 사이에서는 늘 신나는 화제였다. 일은 고단하고 힘들었지만 그들은 밝은 미래를 향해 힘차게 달려가고 있었다.

긴 여름방학의 인턴 기간이 끝나자 나는 경방에 취업되었다. 취업하지 못한 수많은 친구들을 생각하면 불평할 형편은 아니었지만, 내가 바라고 꿈꾸던 직장은 아니었다. 어머니는 어려운 때 내가 서울에서 직장을 잡게 되자 기뻐하셨지만, 대학에 보내지 못하는 것을 늘 미안하게 생각하셨다.

나는 신길동에 자그마한 자취방을 얻어 낯선 서울 생활을 시작했다. 나는 공장 전체에 전기를 공급하고 관리하는 원동과로 배정되었다. 20여 명의 부원이 과장 한 명의 통솔 하에 일사불란하게 일하는 부서였는데, 모두 성실하고 친절한 사람들이었다. 나는 그 부서에서 가장 나이가 어린 막내로 공장의 새로운 전기 배관공사가 내 담당이었다.

경방은 일제시대에 지어져서 붉은 벽돌 벽과 콘크리트 바닥이 아주 단단했다. 일제시대에 벽을 따라 설치하여 노출된 전기배선을 붉은 벽돌 벽과 바닥의 콘크리트를 깨고 그 내부에 다시 설치해야 했다. 그래서 매일 아침 출근하면 가장 먼저 특수 합금으로 만들어진 쇠말뚝(그때는 '정'이라고 불렀음)을 부대에 담아 철공소로 가지고 갔다. 쇠말뚝의 끝을 불로 달구고 담금질하여 단단하고 뾰쪽하게 만들어야만 하루 종일 벽돌 벽과 콘크리트 바닥에 쇠말뚝을 대고 망치로 때려 깨뜨릴 수 있기 때문이다.

실을 뽑는 기계들을 보호하기 위해 배관 공사 주변으로 비닐 보호막을 둘렀다. 붉은 벽돌은 어찌나 단단하던지 망치로 때릴 때마다 불이 번쩍거렸다. 온통 땀으로 범벅이 된 내 얼굴에는 붉은 벽돌 가루가 먼지처럼 튀어서 빨갛게 물들곤 했다. 키만 컸지 몸이 호리호리한 나로선 콘크리트 깨는 일이 힘에 부쳤다. 가끔 실수로 쇠말뚝 잡은 내 손을 망치로 내려치곤 했는데, 한번은 거의 실신하여 의무실에 실려 간 적도 있다. 하지만 망치로 내려친 엄지손가락에서 느껴지는 고통보다 나를 더 괴롭힌 것은 내 생활에 만족하지 못하는 자존심이었다.

공업고등학교를 졸업한 입사 동기와 나는 공원의 대우를 받았다. 정식 사원들은 반듯하게 이름이 씌어진 하얀 명찰이 달린 사원 복장을 하는데, 나는 내 이름이 아닌 공원의 고유번호가 새겨진 노란 명찰을 달고 일해야 했다. 더구나 에어컨이 나오는 시원한 사무실에서 일하는 사원들이 몸에 부치게 일하는 나보다 더 많은 월급을 받는다는 사실이 이해되지 않았다. 나는 시간이 지날수록 자괴감과 수치심에 괴로웠다.

나는 비로소 쿠데타 정부가 내세운 '그대는 조국 근대화의 기수'라는 구호는 허울뿐이었음을 깨달았다. 정부는 단지 더 많이 수출하기 위해 자신의 모든 꿈을 접고 공장에서 묵묵히 희생하는 더 많은 공업고등학교 출신의 공원이 필요했을 뿐인 것이다.

1969년은 한국과학기술원(KIST)이 문을 열고, 대한민국이 과학 입국의 초석을 막 다지려던 때였다. 1971년 여름방학 중에 공업고등학교 동기생들은 경기도 기흥의 삼성전자 반도체 공장에 현장 실습을 나갔다. 삼성전자가 반도체 산업을 시작하기 위해 기흥에 공장의 기초 공사를 하던 때였다. 방학 중에 전기과 인턴으로 삼성전자에서 일하던 동기들이 돌아와서 "전기는 무슨 전기야. 방학 내내 장화 신고 황토 땅만 파다 왔지 뭐" 하고 불평하던 말이 지금도 새롭다. 지금은 대부분이 은퇴했지만, 그때 땅을 팠던 내 급우 중에 공업고등학교 졸업의 학력으로 삼성그룹의 이사까지 진급한 친구가 있으니, 땅 팠던 일이 불평할 일만은 아니었던 듯싶다.

지금 생각해 봐도, 가난 때문에 상급 학교에 진학하지 못하고 밤을 새워 베를 짜던 그 많던 여공들이야말로 조국 근대화의 영웅이었다. 각지의 공업단지로 흩어져서 황토 땅을 파는 일부터 생산제조 설비를 설치하고 운영하던 수많은 공업고등학교 출신의 가난했던 공원들이야말로 반도체 신화와 조국 근대화의 영웅이었다.

나는 이미 1986년에 미국 유학 길에 올랐기 때문에 그 유명한 전태일 열사에 대한 피부에 닿는 이해와 감정을 갖고 있지 못하다. 하지만 그가 억울한 조국 근대화의 영웅들을 대표해 인간으로서 최소한의 대우를 요구했다고 생각한다.

나는 현재 조국의 풍요로움에 힘입어 미국에서 유학하는 수많은 신세대들에게 그들의 아버지 어머니가 방직공장에서 직물을 짜고 황토 땅을 파고 일군 덕분에 오늘의 풍요를 누리는 것이라고 강조하곤 한다. 하지만 거칠 것이 없는 신세대 청년 유학생들에게 나의 얘기는 듣기 싫고 고리타분한 옛날이야기일 뿐이다. 하지만 우리는 오늘날 한국이 경제대국 10위 권 안에 드는 풍요를 누리는 것은 공장에서 땀을 흘린 수많은 누님과 형님 덕분이었음을 잊어선 안 된다. 오늘 내가 누리는 풍요는 누군가의 희생과 봉사로 얻어진 것임을 알고 항상 감사하는 마음을 가지고 살아야 한다. 그럴 때 이웃의 아픔과 필요에 눈을 돌릴 수 있다.

풍세를 보지 말고, 아침에 씨를 뿌려라

한국을 비롯한 전 세계 모든 나라가 사회의 불균형과 양극화로 큰 갈등을 겪고 있다. 특히 부의 편중으로 인한 사회의 양극화는 가지지 못한 사람들에게 상대적인 박탈감을 안겨 주고 있는데, 모든 가치를 부로 측정하는 물질만능주의의 병폐라 할 수 있다. 한국 사회의 양극화는 젊은이들이 누려야 할 기회를 박탈한다는 점에서 매우 심각한 문제가 아닐 수 없다. 취업 경쟁은 극심하고, 만족스러운 직장을 구하기가 갈수록 어려워지고 있다. 젊은 세대는 만족스럽게 일할 직장이 없다고 불평하는 반면, 중소기업이나 지방에서 기업을 경영하는 경영자들은 유능한 젊은 인재를 구하기 어렵다고 아우성이다.

이런 현상이 일어나는 요인 중 하나는 좋은 직장과 직업에 대한 사회적 정의가 부재하기 때문이다. 부모의 과잉보호 속에서 자라 동기부여가 부족한 것도 또 다른 요인 중 하나일 것이다.

그러나 조금만 눈을 돌리면 수많은 직종에서 최선을 다해 살아가는 사람들이 눈에 들어온다. 1970년대 초 방직공장과 신발공장은 3D직종 중 하나로 꼽혔다. 공원들은 대기업에 다니는 화이트칼라 앞에 서면 괜히 주눅 들곤 했다. 하지만 그들이 자신의 처지를 한탄만 하고 있었다면 오늘의 한국 사회도 오지 않았을 것이다. 그들은 미래를 바라보며 최선을 다해 일했다. 주어진 일에 최선을 다하는 사람에게는 기회가 주어지게 마련이다.

예나 지금이나 사람들은 대기업처럼 안정된 직장에서 일하고 싶어 한다. 하지만 대기업이라고 다 좋을까? 세상에 완전히 안정된 직업과 직장이 있을까? 사실 끊임없는 자기개발만이 안정된 직장을 보장받는다. 변화에 적응하며 부단히 노력하는 사람이 결국 이기는 법이다.

이 세상 어디에도 평생이 보장된 좋은 직장은 없다. 그런 점에서 나는 여러 일을 다양하게 경험해 볼 수 있는 중소기업이나 벤처기업에 젊은이들이 도전했으면 좋겠다고 생각한다. 다가오는 시대는 일을 총체적으로 보고 수행하는 능력을 가진 개인들이 더 큰 역량을 발휘하는 시대가 될 것이기 때문이다. 시스템화된 대형 조직과 구조가 지배하던 시대는 이제 서서히 저물어 가고 있기 때문이다.

하나님의 말씀과 약속에 의지하여 자신의 미래와 직업을 개발해야 할 크리스천 청년들은 전도서 말씀을 잘 음미해 볼 필요가 있다.

"풍세를 살펴보는 자는 파종하지 못할 것이요 구름만 바라보는 자는 거두지 못하리라 바람의 길이 어떠함과 아이 밴 자의 태에서 뼈가 어떻게 자라는지를 네가 알지 못함같이 만사를 성취하시는 하나님의 일을 네가 알지 못하느니라 너는 아침에 씨를 뿌리고 저녁에도 손을 놓지 말라 이것이 잘 될는지, 저것이 잘 될는지, 혹 둘이 다 잘 될는지 알지 못함이니라"(전 11:4-6).

풍세를 살피며 파종의 좋은 때만 바라보는 사람은 결국 파종의 때를 놓쳐 버리는 과오를 범할 수 있다. 비가 오지 않고 바람이 불어도, 때가 되면 씨를 뿌려야 한다. 자기가 정해 놓은 직장만 기다리는 사람은 다른 가능한 취업으로 얻을 수 있는 좋은 기회를 놓칠 수 있다. 대기업에 취업하고 안정된 직장을 얻은 친구들을 아무리 부러워한들 저들의 직장과 직업이 내 것이 되는 것은 아니다. 마땅한 직장이 없다고 한탄할 것이 아니라 지금 내가 할 수 있는 일부터 해보기를 권한다.

'바람의 길과 태아의 뼈가 어떻게 자라는지를 잘 알지 못함같이' 만사를 성취하시는 하나님의 일을 우리가 모두 알지 못한다. 자존심을 조금만 내려놓고 눈높이를 조금만 낮추면 된다. 첫발만 내디디면, 곧 좋은 길이 보일 것이다. 사실은 중소기업이나 작은 자영업을 시작하는 것이 더 좋은 결실을 가져올 수도 있다.

아침에 씨를 뿌리고 저녁에도 손을 놓지 말라고 했다. 손에 잡히는 가능한 기회를 우선 잘 활용하고 볼 일이다. 부지런히 찾고 두드려야 한다. 이것이 잘될는지, 저것이 잘될는지, 혹 둘이 다 잘될는지 아무도 알지 못한다. 직업과 직장도 결국 하나님께서 일하시도록 맡기고 자신에게 주어진 여건에서 최선을 다하면 되는 것이다.

인생은 마라톤이라고 했다. 열심히 꾸준히 달려서 결승점에 도달해야 비로소 승부가 가려진다. 저녁에도 손을 놓지 말아야 한다. 끝까지 꾸준히 잘 뛰는 사람이 끝내 승자가 되는 법이다. 이것이 바로 인생이다. 그래서 인생을 멀리 바라볼 수 있는 눈만 있다면 인생은 공평한 거다.

5장

꿈은 기도하는 자의 것

　　　　　　어머니는 나와 함께 살기 위해 전주 살림을 정리하고 서울로 올라오셨다. 신길동에 조그만 단칸방 전셋집을 얻었다. 하지만 매달 방직공장에서 받는 월급으로는 어머니와 내가 먹고살기에도 빠듯했다.

　서울의 우리 집은 전주에서 올라온 친구들로 늘 북적거렸다. 석유파동으로 취업의 문이 막힌 친구들이 우리 집에서 기거하며 직장을 찾고 있었던 것이다. 하긴 전주에서도 우리 집은 늘 내 친구들로 북적였다. 어머니가 친자식처럼 사랑해 주니까 친구들이 거리낌 없이 들락거렸다.

1970년대 초만 해도 신길동은 아직 개발되지 않은 곳이었다. 영등포와 구로동에 들어찬 공단에서 일하는 노동자들과 시골에서 일거리를 찾아 이주한 가난한 사람들이 모여 사는 곳이었다.

어머니의 회심

그즈음 어머니는 신길동에 있는 작은 장로교회에 출석하기 시작했다. 누가 전도한 것도 아닌데 어머니는 혼자 알아서 교회에 출입하셨다. 젊은 날에 남편을 잃고 홀로 외롭게 사시는 어머니를 예수님이 찾아오신 것이다. 교회 교우들은 어머니와 처지가 비슷한 사람들이었다. 당시 한국 교회는 성령의 뜨거운 역사하심 속에서 한창 부흥의 불길이 타오르고 있었다. 어머니는 교회에 출석한 다음날부터 새벽기도를 비롯한 모든 예배에 참석하시더니 등록한 지 1년이 못 되어 예수님을 구주로 영접하고 하나님 아버지의 딸이 되었다. 안 진사 댁 막내며느리에게 놀라운 변화가 일어난 것이다. 유교를 숭상하던 시아버지, 친정아버지, 그리고 남편이 알았다면 아마 통탄하며 막았을 것이지만, 이제 어머니 앞을 가로막을 사람은 세상에 아무도 없었다.

교회에 나간 다음날부터 새벽기도를 나가시던 어머니는 지금까지 비가 오나 눈이 오나 새벽기도 생활을 하고 계신다. 내게 어머니는 신앙의 모범이시다. 당시 담임목사님이던 최재겸 목사님은 여러 사람 앞에서 어머니를 칭찬하시곤 했다.

"임 권사님은 제 발로 걸어 교회에 나오신 분입니다. 또 교회에 출석한 다음날부터 새벽기도로 신앙생활을 시작하신 정말 은혜를 많이 받은 분이십니다."

오랫동안 인생의 무거운 짐을 홀로 지고 수고스럽게 살아오신 어머니에게 예수님은 정말이지 구세주요, 친구요, 능력이셨다.

"수고하고 무거운 짐 진 자들아 다 내게로 오라 내가 너희를 쉬게 하리라 나는 마음이 온유하고 겸손하니 나의 멍에를 메고 내게 배우라 그리하면 너희 마음이 쉼을 얻으리니 이는 내 멍에는 쉽고 내 짐은 가벼움이라 하시니라"(마 11: 28-30).

어머니는 특히 '나의 갈 길 다가도록'(찬송가 384장)이라는 찬송을 좋아하셨다. 음정과 박자가 맞지 않아도 어머니의 입에선 이 찬송이 늘 흘러나왔다. 이후 우리 집에서 드려지는 모든 예배에는 반드시 이 찬송가가 울려 퍼졌다.

어머니가 교회에 출석하면서 아버지의 기일에 지내던 제사가 문제가 되었다. 어머니는 아버지의 제사를 추도식으로 대체하고 싶다고 형과 내게 조심스럽게 의견을 물어 오셨다. 물론 당시 우리 형제는 신앙이 있는 것은 아니지만 어머니에게 임하신 하나님의 임재를 알기에 반대할 명분이 없었다. 그때부터 어머니의 뜻에 따라 아버지의 기일은 추도예배로 드렸다.

오늘날 많은 사람은 한국 기독교의 기복적인 신앙관을 비난한다. 하지만 하나님의 은혜와 복이 없이 어떻게 인간이 생존할 수 있겠는가? 하나님께 복을 구하는 것은 성경이 가르치는 바다. 다만 하나님이 우리에게 영생을 주신 것이 '최고의 복'이라는 성경적인 의미의 복을 이해하지 못해 세상의 물질과 영화 얻는 것을 신앙의 본질로 보는 것이 바로 문제다.

어머니는 새벽마다 무엇을 간구하며 기도하셨을까? 나는 확신하건데, 넉넉지 못한 살림으로 학업을 포기한 두 아들의 미래를 위해 간절히 기도하셨을 것이다. 방직공장에서 매일 더위를 먹고 맥을 못 추는 작은아들이 좀 더 건강하여서 전기배관 공사를 더 잘할 수 있게 해달라고 기도하셨을 것이다. 그리고 좀 더 깊은 기도로 나아갔다면, 모든 젊은이가 용기를 잃지 않고 예수님을 믿으며 행복하게 살게 해달라고 기도하셨을 것이다. 가난해서 배우지 못하는 이 땅의 젊은 청년들에게 균등한 배움의 기회가 주어지게 해달라고 기도하셨을 것이다.

누군가는 우리 어머니의 기도를 천박하다고 할지 모른다. 또 누군가는 신학적인 견해로 어머니의 기도를 분석하려 할지도 모른다. 그러나 모든 평가를 멈추고 잠잠하시라. 어찌 이 기도가 우리 어머니만의 기도겠는가? 지금도 세상 모든 어머니의 제일 소중한 기도가 아니겠는가? 시대와 국경을 넘어서 모든 어머니의 기도는 숭고하며, 하나님께서 귀

기울이시는 기도다. 너무나 간절하기 때문이다.

"하나님, 제게 왜 이렇게 가혹하세요?"

하루는 어머니가 섬기시는 교회의 담임목사님이 우리 집에 심방을 오셨다. 아직 믿음이 없던 내 눈에도 인격적이며 신실해 보이던 목사님이셨다. 내게 복음을 전하시며 교회에 나오라고 권면하셨다. 하지만 당시 나는 육체적으로 너무 힘들고 소망이 없는 내 삶에 스스로 화가 나 있었다. 신이 있다면 내 인생을 너무 가혹하게 다룬다고 생각해서 반항하는 마음이 컸다. 아마 그때가 내가 신의 존재에 대해 가장 고민하며 방황하던 때가 아니었던가 싶다. 어렴풋이 인간은 신에 의지할 수밖에 없다는 것을 인정하면서도 과연 그 신이 어머니가 믿는 하나님인지는 확신할 수 없었다.

방직공장에서 일한 지 3년째, 나는 여전히 앞이 보이지 않는 내 인생에 화가 나 있었다. 어느 겨울 저녁 무작정 길을 나선 나는 신이 있다면 왜 내게 이토록 가혹한 인생을 주었느냐고 따지고 물었다.

"당신은 누구예요? 왜 비굴하게 숨어 있는 거죠?"

"당신이 존재한다면 나를 부당하게 다루는 이유를 설명해 보세요!"

추위에 몸이 얼어붙는지도 모르고 고래고래 소리를 지르며 무작정 걸었다. 신길동에서부터 몇 시간을 걸었는지 경기도 안양을 지나고 있었다. 훗날 나는 그 밤에 하나님께 퍼부은 수없이 무례한 말들을 무척 후회하며 회개했다. 그러나 그 밤에 하나님은 무한한 긍휼하심과 사랑으로 끝까지 참으시고, 용서하시고, 나를 지켜봐 주셨다.

비전은 스스로 보는 것이 아니다. 비전을 스스로 보면 그것은 야망이 되기 쉽다. 참된 꿈과 비전은 하나님께로부터 온다. 아직 주님을 모르던 내가 꾸는 꿈이 참된 꿈일 리 없었다. 그러나 어머니는 주님이 주시는 비전을 가지고 기도하고 계셨다.

"혁아, 내가 너의 대학 진학을 위해 늘 기도하고 있다. 지금 좀 힘이 들어도 참고 기다리면, 주께서 네게 꼭 좋은 기회를 주실 것이다."

내겐 어머니의 말씀이 뜬구름처럼 비현실적으로 들렸지만, 어머니는 내가 꾸지 못하는 꿈을 꾸며 내가 보지 못하는 길을 간절한 기도로 예비하고 계셨다. 그때는 몰랐지만 내가 주님을 만나고 나서 어머니가 확신한 비전이 어떤 것인지를 이해하게 되었다. 주님은 믿고 기도하는 자에게 새로운 꿈을 주시는 것이다.

"믿음은 바라는 것들의 실상이요 보이지 않는 것들의 증거니"(히 11:1).

어머니는 아직 눈에 보이지 않았지만 믿음으로 바라는 것들을 실재처럼 기대하셨던 것이다.

전문대학 야간 학생

스무 살이 되었을 즈음에 군 입대를 위한 신체검사를 마치고, 영장을 기다리고 있었다. 방직공장에서 근무하면서 징집을 기다렸으나 무슨 이유인지는 모르나 나의 징집은 보류되었다. 불행인지 다행인지, 징집 보류 1년 후에 징집 보충역에 편입되었다는 통보를 받게 되었다. 당시 나처럼 공장에서 노동자로 일하던 공업고등학교 동기생들 대부분이 징집이 연기되어 보충역에 편입되었다. 그것은 아마도 유신정권을 반대하는 대학생들의 징집 인원이 넘쳤거나, 아니면 나같이 공업고등학교를 졸업한 저학력 공장 노동자들을 징집하면 수출에 타격이 있을 것을 염려해 연기했을 것으로 추측된다. 대학생이어야 현역으로 군대 갈 수 있는 역차별의 시절도 있었다.

나는 대체 군복무로 16개월의 군복무를 마쳤다. 당시 한국에서 현역으로 제대하지 못한 남자가 겪는 수모가 있었지만, 내가 선택한 것도 아니고 어쩔 수 없는 일이었다. 대체 군복무는 한때 접어 둔 대학 진학에 대한 새로운 가능성을 꿈꾸도록 해주었다.

1975년 가을 고단한 방직공장 일을 끝내고 신문을 읽던 중 광고 하나가 마치 빨려 들어오듯 내 눈을 사로잡았다. 인천에 소재한 인하전문대학에서 야간학부 학생을 뽑는다는 후기 입시 요강이었다. 당시 인하전문대학은 2년제 대학으로 H그룹의 지원을 받고 있었다. 대부분이 이공계 학과로 취업률이 매우 높았고 졸업 후에도 4년제 대학의 3학년에 편입할 수 있었다. 현재는 이공계뿐 아니라 항공정비, 항공운항 및 관광에 관련된 학과들을 포함하고 있으며, 대한항공을 비롯한 세계 유수 항공사의 정비사와 승무원을 배출하는 요람으로 유명하다.

나는 그 광고를 보는 순간 대학에서 공부하는 꿈을 이룰 수 있겠다는 생각이 들었다. 무엇보다 낮에는 방직공장에서 일하며 학비를 벌고, 밤에는 전문대학 야간학부에서 공부할 수 있다는 것이 여간 기대되는 일이 아니었다. 더구나 전문대학을 마친 뒤 편입자격고사에 합격하면, 대학 3학년에 편입할 수 있다는 것이 어두운 밤에 한 줄기 빛을 보는 것처럼 흥분되었다. 물론 그 당시 대학 편입을 위한 편입자격고시 합격률이 매우 낮아서 4년제 대학 편입이 여간 까다로운 것이 아니긴 했다. 아직 전철이 건설되기 전이지만, 공장이 있는 영등포에서 기차를 타면 한 시간 안에 닿을 수 있었다.

나는 인하전문대학의 야간학부에 입학시험을 응시했고, 장학생으로 선발되었다. 대학 입학금을 면제 받게 되었으니, 수입이 적은 방직공장 노동자인 나로서는 여간 다행한 일이 아니었다. 또 감사하게도 재학 중에도 학비를 면제받는 장학금을 계속 받을 수 있었다.

작고 하찮은 어떤 일이 한 사람의 인생을 바꿔 놓을 수 있다는 것을 그때 나는 배웠다. 서로 다른 환경과 여건 속에서 각기 다른 꿈을 꾸겠지만, 그 모든 꿈은 크건 작건 간에 다 아름답고 숭고하다고 나는 믿는다.

경성방직은 영등포역 부근에 있었다. 일과를 마치고 땀에 흠뻑 젖은 몸을 씻을 틈도 없이 나는 인천으로 가는 기차를 타기 위해 영등포역으로 달려가곤 했다. 전철이 아직 없던 시절이라, 매 시간 인천행 기차가 운행된 탓에 기차를 한 번 놓치면, 그날 수업은 허탕을 치고 말았다. 인하전문대학은 인하대학 캠퍼스와 가까이에 있었는데 당시는 통학버스가 없어서 제물포역에서 내리고도 30여 분을 걸어가야 했다. 공장 일을 마치고 서둘러 가도 첫 수업이 이미 끝난 상태였다. 하지만 뒤늦게 시작한 공부는 마냥 재미있고 즐거웠다.

전기 주임기술자가 되어

당시에 전기를 사용하는 모든 공장은 고전압의 위험한 전기를 사용하는 경우 공장의 시설 규모에 따라 국가에서 시행하는 '전기주임기술자' 자격증을 가진 전기기술자를 의무적으로 고용하도록 법제화되어 있었다. 따라서 공업고등학교 전기과를 졸업한 모든 사람이 갖고 싶어 하는 국가 자격증이 '전기주임기술자 3급 자격증'이었다. 매년 1회 시험을 치르는데, 시험이 무척 어려워서 수년 응시하고도 실패하는 경우가 대부분이었다. 이 자격증을 얻으면 어느 회사든 전기의 운용을 총책임지는 법적 직위에 임명되었다. 나는 주경야독으로 이 국가자격증 시험을 준비했고, 감사하게도 두 번째 도전에서 전기주임기술자 3급 시험에 합격했다. 사실 나는 방직공장에서 전기공으로 일하는 그날부터 전기주임기술자를 꿈꾸었다. 낮에는 여러 작은 공장을 맡아서 관리하는 수입으로 학비를 마련하고, 밤에는 야간대학에서 공부할 수 있겠다는 계획을 일찌감치 세워 둔 것이다.

예견한 대로, 나는 첫 학기 수업을 겨우 반 정도밖에 참석하지 못했다. 제물포역에서 부지런히 걸어서 학교에 도착할 즈음이면, 수업이 다 끝나 버리는 경우가 허다했다. 이미 전기주임기술자 시험에서 전기공학의 기초와 응용을 마스터한 터라, 수업에 불참하고도 전공과목은 문제가 되지 않았다. 문제는 교양과목이었다.

나는 첫 학기를 마치고 과감하게 주간학부로 학적을 옮기고 본격적인 학업과 대학편입 준비에 몰두했다. 물론 방직공장의 전기공원직을 사직한 뒤였다. 일은 힘이 들었지만 가족처럼 지내던 직장 동료들과 헤어지는 것이 무척 아쉬웠다. 생활비는 전기주임기술자로 서울과 인천 지역의 공장을 순회하면서 일하여 충당할 작정이었다. 그리고 퇴직 후 얼마 지나지 않아 서너 개의 공장을 맡게 되었다. 그러자 공장에서 전기공으로 일하던 때보다 훨씬 많은 수입을 얻게 되었다. 학비는 장학금을 받아서 해결했다. 이제 혼자 벌어서 대학을 졸업할 수 있는 길을 찾았고 그 길이 열린 셈이었다.

돌아보면, 이 모든 일이 하나님의 인도하심이었다. 하나님의 인도하심은 우리가 수고한 것보다 더 풍성하게 거두게 해주신다. 성경은 일관되게 이 사실을 증거하고 있고, 우리 믿음의 선배들이 그들의 인생을 통해 증거하고 있다.

꿈에 그리던 대학생이 되다

나는 공부에 너무 배가 고팠기 때문에 모든 학과공부가 재미있었다. 어차피 대학 진학조차 꿈꾸지 못하던 나였기에 어느 대학이냐는 중요하지 않았다. 누가 나를 어떻게 보는가도 중요하지 않았다.

1970년대의 4년제 대학 편입 국가 자격고시 합격률은 극히 낮았다. 공업고등학교 시절에 충분히 배우지 못한 영어와 수학을 기초부터 다시 시작했다. 다행히 전문대학을 마치던 해에 정부는 전문대학 졸업생들 중에서 전기기사 2급 시험에 합격한 학생은 4년제 대학 3학년에 편입할 자격을 부여했다. 정부는 내가 이미 합격한 전기주임기술자 3급을 전기기사 2급으로 소급 전환해 인정해 주었고, 나는 대학편입자격시험을 치르지 않고도 대학 3학년에 편입할 자격을 얻게 되었다. 정말 감사한 일이었다. 나의 오랜 바람은 인하대학교 공과대학의 전기공학과 3학년에 편입하는 것이었다. 인하대학교 전기공학과는 야간학부에서 매년 1~2명의 편입생을 뽑았는데, 다행히 내가 합격 통지를 받게 됐다. 오랫동안 꿈에 그리던 4년제 대학의 대학생이 된 것이다.

앞으로 더 많은 하나님의 계획과 섭리가 나를 기다리고 있었지만, 당시는 그것을 알지 못했고 다만 새로운 도전과 미래를 바라보며 오랜만에 회심의 미소를 지을 수 있었다. 어머니의 오랜 꿈과 기도가 응답 받은 것이다.

전기공학 중에서도 특별히 전기기계와 관련된 과목이 재미있었다.

변압기, 발전기, 전기모터 등 전기기계와 관련된 기초 원리 및 응용을 공부하는 과목이었다. 담당 교수님이 잘 가르치기도 했지만, 방직공장에서 몇 년 동안 변압기 및 전기모터를 수리하면서 궁금해하던 것을 깨달을 수 있어서 더 흥미로웠다. 특히 변압기와 전기모터의 기본 원리, 구조, 디자인, 해석 및 응용에서 전문가적인 지식을 얻게 되었다.

배워서 깊이 이해한 지식은 언젠가 써먹게 마련이다. 앞에서 이미 언급했지만, 미국의 조지아텍에서 멤스(MEMS)라는 분야를 전공하면서 세계 최초로 전자장 구동 마이크로모터를 개발하는 행운을 얻게 된 것이다. 이는 방직공장에서부터 경험한 전기모터의 구동 원리를 아주 깊이 잘 이해하고 있었기 때문에 머리카락처럼 작지만 반도체 칩 위에서 빠르게 회전하는 전자장 구동 마이크로모터를 발명할 수 있었던 것이다.

방직공장에서 대형 전기모터를 수리하던 경험이 훗날 세계 최첨단 공학 분야를 선도하는 기초가 되리라고 누가 상상이나 했겠는가? 더구나 방직공장에서 모터를 수리하던 전기공이 미래에 세계를 선도하는 최첨단 과학을 연구하는 교수가 되리라고 누가 예견할 수 있었겠는가? 내 주위에 많은 사람이 상상도 하지 못했고, 나 자신도 꿈에서조차 그려 본 적이 없는 일이었다. 하나님은 우리가 알지 못하는 중에도 놀라운 일을 준비하고 계신다. 하나님의 섭리 안에 운행되는 인생의 모든 일은 어느 것 하나 무의미한 것이 없다. 우리의 실패까지도 하나님은 합력하여 선을 이루는 참으로 놀라운 분이시다.

언젠가 고등학생인 아들이 내게 이렇게 물었다.

"아빠, 아빠는 정말 공부가 늘 재미있었어요?"

"응, 아빠는 공부가 재미있었고, 지금도 재미있단다."

"아휴, 정말 세상에 공부가 재미있다는 사람이 아빠 말고 또 있을까?"

직업이 대학교수니까 집에서도 줄곧 책을 읽거나 연구를 하다 보니 아들이 이런 질문을 한 것이다. 세상에 공부하는 것이 너무 즐겁다는 사람이 얼마나 있겠는가? 나도 마찬가지다. 다만 가난해서 공부를 열심히 해야 장학금을 받을 수 있으니까 별수 없이 공부에 전념했고, 그렇다 보니 재미도 느낄 수 있었다. 공부가 삶의 수단이요, 인생역전의 디딤돌이었던 것이다.

"아들, 공부를 하고 또 하다 보니 공부가 취미가 된 것이란다. 실은 아빠도 공부만 하는 거 싫어한단다…."

대학을 졸업하고 얻은 첫 직장

대학 졸업을 앞둔 어느 날 대학 선배인 교수님 한 분이 나를 사무실로 조용히 불렀다. 3, 4학년 동안의 우수한 학점을 고려할 때 인하대학교 대학원의 특별 장학생에 응시할 자격이 된다면서, 대학원 진학을 적극 권고하셨다. 특별 장학생에게는 대학원을 수학하는 동안 수업료를 전액 면제하는 것은 물론 매월 소정의 생활비를 지급하고 미국의 자매대학에 유학할 수 있는 기회도 준다는 것이었다. 당시로서는 파격적인 지원이었다.

사실 방직공장의 전기공이 고진감래 끝에 대학을 졸업했으니 좋은 회사에 취직해 잘살아 보고픈 꿈 외에 무슨 꿈을 더 꿀 수 있었겠는가? 공부하는 일과 새로운 것을 탐구하는 일은 내게 늘 흥미롭고 즐거운 일이었지만, 당시 나는 대학원 진학은 염두에 두지도 않았다. 대학원 졸업 후 박사학위를 취득하면 연구원이 되거나 또는 대학의 교수가 될 수 있다고 하는데, 과연 나 같은 사람이 대학의 교수가 될 수 있는지 믿어지지 않았다. 더구나 대학원 수학 기간 동안 학비와 생활비를 충당할 재원이 내게는 전혀 없었다. 그런 내게 대학원 특별 장학생으로의 초청은 내가 대학의 교수가 될 수도 있겠다는 생각을 심어 주었고, 이 새로운 발견에 나는 깜짝 놀라고 있었다. 아니, 나는 정말 할 수만 있다면 대학의 교수가 되고 싶었다.

나는 당시 숙명여자대학 교육학과의 졸업반이던 현재의 나의 아내와 열애 중이었다. 아내의 아버지는 엔지니어 출신의 경영자였는데, 전기공학을 전공하는 나를 무척 좋게 여겨 주셨다. 아버지는 성품이 자상하고 인격적인 분이셨다. 하루는 내가 아버지께 대학원에서 공부하고 싶다고 상의를 드렸더니, 대학원 공부는 시간이 너무 오래 걸릴 것이니 좋은 직장을 얻고 결혼하는 것이 어떻겠냐고 말씀하셨다. 결혼을 약속한 사랑하는 여인의 아버지가 조언하니 감히 어떻게 무시할 수 있겠는가? 나는 대학원 진학을 일단 접어 두고, 먼저 좋은 회사에 취업하기로 마음을 정했다.

　대학 졸업을 준비하던 1979년에 제2차 석유파동이 몰아쳤다. 공업고등학교를 졸업하던 1972년에 제1차 석유파동이 일어나더니 대학을 졸업할 때도 같은 일이 벌어졌다. 모든 기업이 긴축재정에 들어가 신입사원 채용을 속속 포기했다. 대학 졸업생의 취업 문은 다시 바늘구멍처럼 좁아졌다. 다행히 나는 L그룹의 신입사원 공채에 합격하여 입사하게 되었다. 지난날, 방직공장의 전기공 시절에 그렇게 부러워하고 선망하던 유수 기업의 사원이 된 것이다.

　어머니는 대견해 하셨고 아내와 아내의 아버지도 만족스러워 하셨다. L그룹의 신입사원 연수는 그룹의 비전을 알게 하고, 그 일원이 되었다는 것에 대한 자존감을 심어 주기에 충분했다. 신입사원 연수를 마치고, 내가 일하고 싶던 L그룹의 산하 회사에 발령을 받아 1979년 겨울부터 서울 본사에서 첫 근무를 시작했다. 내게는 너무 행복하고 자랑스러운 출발이었다.

6장

이루어진 어머니의 기도,
교수요원 대학원생

　　　　　　　　국내에 여러 유수 기업이 있지만, 내가 특히 L그룹에 입사하고 싶었던 것은 인재를 존중하고 소중히 여긴다는 기업 문화에 마음이 끌렸기 때문이다. 아마도 너무 오랫동안 억눌려 살아와 자존감을 회복하고 싶은 잠재적인 욕망이 크게 작용했을 것이다. 2주간의 신입사원 연수 후 내가 발령 받은 곳은 전기계량기와 송배전에 필요한 전기설비를 제조 판매하는 국내 제일의 회사였다. 나의 전공과 잘 맞는 회사였다.

　나는 고객에게 판매한 제품의 기술을 지원하는 부서에 배치 받았는데, 본사 사무실에서 일하기 전에 먼저 모든 제품의 제조공정을 이해하는 것이 우선이라는 생각이 들었다. 그래서 첫 몇 달간 현지 공장의 파견 근무를 지원했다. 상사는 아무도 가고 싶어 하지 않는 제조공장에 현장 실습 파견을 지원하는 것이 기특했는지 3개월간의 현장 실습을 흔쾌히 허락해 주었다.

판매하는 여러 제품의 디자인 제조 공정을 순회하며 차근차근 익히기 위해 그날 이후 나는 송탄 근교에 있는 공장으로 매일 출퇴근했다. 새롭게 배우는 제품의 제조공정과 품질관리는 생각보다 재미있었다. 여러 동료 선배들을 통해 회사의 미래를 전망하고 나의 장래를 예측해 보는 것도 흥미로운 일이었다.

그러나 여러 토론과 현장 실습을 통해 회사 생활의 실상을 알아 가면서 나는 내가 좋아하고 꿈꾸던 일에 내 자신을 투자하지 않는다는 사실을 깨달았다. 과연 나는 무엇을 원하는가, 생각해 보니 새로운 것을 찾고 탐구하고 도전하는 학문의 세계를 원했다. 내가 무엇을 원하는지를 알고 나니 교수나 연구원이 되어서 학문을 탐구하고 싶다는 열망이 커져 갔다.

더 넓은 세계를 향해

나는 이제 내가 새로운 세계를 향해 떠날 준비가 되어 있다는 것을 알았다. 얼마나 많은 인생의 계단을 밟아서 여기까지 왔던가? 내 안에서 꿈틀거리는 학문의 세계에 대한 열망을 잠재울 수 없다는 것을 깨닫고 나자 이제 선택은 분명해졌다. 상사에게는 미안했지만, 현장 실습이 끝나기도 전에 나는 미련 없이 회사에 사표를 냈다. 대학원에 진학해 학문을 연구하는 세계로 나아가리라 결정한 것이다.

새로운 세계로 나아가려면 직면해야 할 위험과 모험은 피할 수 없었다. 결혼을 약속한 아내와 먼저 이 일을 상의했다. 아내는 나의 성품을 잘 아는지라 나를 적극 지지해 주었다. 그러나 당시까지는 유학을 생각해 보지는 않았다. 경제적으로 여건이 안 되었기 때문이다. 다만 막연하게 언젠가는 유학을 가고 싶다는 생각을 하기는 했다. 그러나 우선은 대학원 학비 전액 면제와 장학금을 받는 일이 급선무였다.

나는 어머니와 이 일을 상의했다. 놀랍게도 어머니는 나의 대학원 수학을 위해 오래전부터 기도해 왔다면서 이왕이면 대학 교수가 되어 학생들을 가르치고 연구하는 사람이 되었으면 좋겠다고 격려해 주셨다. 고작 초등학교 졸업이 전부인 어머니가 어떻게 대학원 과정을 알게 되었는지도 놀랍지만, 대학원을 졸업하면 어떤 길을 걷게 된다는 것도 알고 계셨고 서울대학에서 교수요원 대학원생을 뽑는다는 사실도 알고 계신 것은 아무리 생각해도 너무 놀라웠다.

"얘야, 서울대학 공과대학에서 '교수요원'이라는 대학원생을 뽑는다는데, 이왕이면 거기에 응시해 보면 어떻겠냐?"

"어머니, 그것을 어떻게 아셨어요?"

"신문에서 보았다. 너의 대학원 수학을 위해 오랫동안 기도해 왔단다."
"서울대 교수요원은 합격하기 어렵다고 해요, 어머니."
"하나님께서 도우시면 불가능한 일이 없다."

어머니의 지혜와 혜안이 놀라울 따름이었다. 서울대학이 교수요원을 선발하는 것은 당시 부족한 공학계 교수를 양육하겠다는 의미여서 나로서는 매우 매력적인 곳이었다.

"너 이번에 교수요원에 합격하면 교회에 출석하겠니?"

결국 이 일을 올무로 예수님을 알도록 하겠다는 심산이신지 이렇게 묻는 어머니의 눈빛은 강렬했다. 이것은 내게는 언제나 가장 아프고 부담되는 어머니의 오랜 질문이었다. 어머니가 다시 물으셨다.

"교수요원에 합격하면 교회에 출석하겠니?"

나는 당장 답을 할 수가 없었다. 어머니의 기도로 합격한다면 감사한 일이지만, 합격을 담보로 교회에 출석하기로 약속하는 것은 유치하고 간사하다는 생각이 들었기 때문이다. 나는 오래전부터 어머니가 믿고 의지하시는 예수님을 반대할 이유가 없다고 생각했다. 또 어머니께 효도하는 셈치고 언젠가는 교회에 출석해야겠다고 생각했다. 하지만 쉽게 용단을 내리지 못했다.

"예, 그렇게 하겠습니다."

이렇게 가까스로 약속한 이 대답이 하늘을 가르고 내 인생을 가를 줄을 그때는 몰랐다. 그리고 나중에 이 대답은 내가 혼자 한 것이 아니었음을 알았다. 미약하더라도 믿음으로 결단하고 나아가면, 주님께서 다음 길을 보여 주신다.

"마음의 경영은 사람에게 있어도 말의 응답은 여호와께로부터 나오느니라"(잠 16:1).

'하나님이 정말 살아 계시는구나!'

나는 먼저 인천에 있는 한 실업계 고등학교에서 학생들을 가르치면서 교수요원 시험을 준비하기로 했다. 낮에는 학생들을 가르치고 밤에는 공부하겠다는 심산이었다.

당시 한국은 산업의 급속한 팽창으로 이공계 졸업생의 수효가 폭발적으로 증가하던 시기였다. 거의 모든 대학이 공과대학을 신설하거나 확장하는 추세였다. 그렇다 보니 학생수에 비해 그들을 가르칠 교수가 부족한 상태였다.

당시 이공계열의 연구요원과 교수요원을 우수하게 길러 내는 학교로 서울 홍릉에서 대전으로 이주한 한국과학기술원(KAIST)이 있었다. 대학원생 모두에게 전액 장학금을 주었으며, 학위 취득 후에는 연구하는 것으로 대체 군복무까지 할 수 있는 혜택이 주어졌다. 박정희 대통령이 특별히 심혈을 기울여 세운 곳으로, 자연과학과 이공계 분야를 중점

연구하도록 과학기술부에서 설립한 대학원이었다. 특히 미국 등 선진 각국에서 초청해 온 세계 석학들이 교수로 학생들을 가르쳤다. 당연히 KAIST는 이공계 수재들의 요람이 되었다.

내가 알기로는 서울대학은 KAIST에 상응하는 이공계 대학원생의 육성이 필요했을 것이다. 국가의 산업화 속도도 이를 요구했고, 여러 대학에 신설된 공과대학이 필요로 하는 교수요원의 긴급한 수급도 서울대학이 공과대학의 교수요원 제도를 설립하게 된 계기였을 것이다. 서울대학은 이공계 대학원 교수요원을 선발하면서 그들에게 학비를 전액 면제하고, 매월 소정의 장학금을 지급하며, 석사과정을 마친 뒤 군 입대하여 몇 개월 훈련을 마치면 육군 소위로 임관하면서 바로 제대할 수 있도록 하는 혜택을 제공했다. 당시 남북한의 냉전 상황을 고려한다면, 군복무 혜택까지 주면서 이공계 대학의 교수를 육성하고 연구 인력을 수급하는 일이 얼마나 시급했는지를 가늠할 수 있다. 이 교수요원 제도는 서울대학 이공계 대학원에만 신설된 특별과정이었다. 이런 까닭에 군복무를 미필한 서울대학 이공계 학부 졸업생의 대부분이 교수요원 시험에 응시했고, 이중에서 절반가량이 입학을 허락받았다. 서울대학 졸업생들끼리도 교수요원에 합격하기 위해 치열하게 경쟁했던 것이다. 이때부터 서울대학 이공계 학부 졸업생의 KAIST 진학률이 급속히 감소했던 것으로 기억된다.

상황이 이렇다 보니 지방 대학 출신인 내가 저들과 경쟁하여 이길 수 있으리라는 확신이 서지 않았다. 이미 1979년부터 교수요원을 선발했는데 타 대학 출신이 선발 시험에 합격하는 경우가 극히 드물다는 것이었다. 그런 중에도 오랫동안 기도로 준비해 오셨다는 어머니의 확신에 찬 말씀이 큰 위로가 되었다. 그리고 방직공장 시절을 떠올리며 무조건 최선을 다하자고 다짐했다. 특히 영어 실력을 보강하며, 모든 전공 관련 문제들을 꼼꼼히 이해하고, 일목요연하게 정리하며 공부했다.

시험은 서울대학 관악 캠퍼스에서 치렀다. 영어와 전기공학 과목들로 구성된 논술형 시험이었다. 나는 전공과목 논술 시험지를 받아 든 순간 깜짝 놀랐다. 전공과목 문제 중 절반이 내가 꼼꼼하게 정리하여 풀어 본 문제와 거의 똑같았기 때문이다. 나는 내 눈을 의심하며 여러 번 문제를 다시 훑어보았다. 정말이지 기가 막히게 똑같았다. 사람들은 보통 내가 열심히 공부한 덕분이라고 말하지만, 나는 시험을 보는 내내 '정말 하나님이 살아 계셔서 어머니의 기도를 듣고 계시는구나, 나는 이제 별수 없이 어머니를 따라서 교회에 출석해야겠구나' 그런 생각을 지울 수 없었다. 옆자리에서 시험을 함께 치른 서울대학 학생들끼리 나누는 이야기를 들어 보니, 내가 시험을 잘 치렀다는 확신이 들었다.

결국 나는 서울대학 전기공학과 교수요원 대학원 시험에 합격했다. 다만 나는 이미 병역 의무를 마쳤으니, 석사학위 후 훈련을 마치고 소위로 임관할 필요가 없는 교수 지망 대학원생이었다. 합격자 명단에서 내 이름을 발견했을 때 나는 순간 십수 년 전 중학교 입학시험 합격자 발표에서 장학생에 선발되었을 때의 감격을 떠올렸다. 정말이지 꿈은 꾸는 자의 것이요, 도전하고 모험하는 자의 것이다. 불쌍한 과부의 간절한 기도를 들으신 하나님은 불가능함이 없는 분이라는 것을, 나는 믿음이 없이도 체험하고 있었다. 아마 나는 서울대학에서 유일하게 방직공장 출신이요, 전문대학 출신이요, 야간학부 출신의 교수요원 대학원생이었을 것이다. 두고두고 생각해도 하나님의 선하신 역사 외에는 이를 설명할 길이 없다.

나는 전기공학과의 지철근 교수님을 지도교수님으로 모시고 석사과정을 수학했다. 지 교수님은 타교 출신인 나를 극진히 아껴 주셨다. 당시의 대학 문화를 생각하면 교육과 제자 사랑의 선각자라고 할 만했다.

당시 서울대학에는 연구시설이 부족해서 나는 홍릉 한국과학기술원(KIST)의 연구 설비를 사용하며 프랑스에서 반도체 산화아연(ZnO)의 세라믹 소자로 박사학위를 마치고 막 귀국한 오명환 박사님의 연구실에서 공동연구를 했다. 오 박사님의 공동 지도하에 반도체 산화아연의 세라믹 소자연구를 주제로 석사논문도 썼다. KIST 부원장으로 은퇴하신 오 박사님은 나의 연구와 신앙에 큰 도움을 주신 분이다.

아내와 '효도 신앙'을 갖다

아내는 대학을 졸업한 뒤 성남의 사립 고등학교에서 국어 선생이 되었다. 나 역시 대학원을 준비하는 동안 인천의 고등학교에서 가르쳤다.

그녀는 내가 대학원의 교수요원 시험에 합격하자 무척 기뻐했다. 대학원의 공부와 연구가 너무 바쁘고 고단해서 토요일 오후만 되면 그녀가 관악 캠퍼스로 놀러 오곤 했다. 우리는 관악산을 함께 오르기도 하고, 인천에서 수원으로 가는 협궤열차를 타고 서해의 아름다운 일몰을 즐기기도 했다. 우리는 싸우는 일이 별로 없었다. 소탈하고 사람을 편안하게 해주는 아내 덕분이었다.

우리는 지도교수이신 지철근 교수님의 주례로 1982년에 결혼식을 올렸다. 우리 생애 최고의 날이었다. 형님 집에 있는 방 한 칸을 비우고 신접살림을 차렸고, 어머니가 다니는 교회에 함께 다녔다.

"신앙은 개인의 자유에 맡겨야 하는 거 아니에요?"

"나도 어머니께 끌려가는 처지인데 뭐…."

신앙의 자유를 운운하던 아내였지만 막상 어머니 앞에서는 한마디도 못했다. 당시 우리의 믿음은 부족했지만 스스로 '효도 신앙'이라 부르며 교회에 출석하는 것을 게을리 하지 않았다. 가랑비에 옷 젖듯이 우리 부부는 어머니의 기도와 신앙의 모범에 도전을 받고 있었다. 그리고 미국 유학 중에 예수님을 만난 뒤 우리 부부는 주님의 나라를 위해 동역하는 동반자요 동역자로 관계를 다시 정립하게 되었다.

지난 30여 년을 돌아볼 때 아내의 사랑과 격려와 도움이 없는 나를 상상할 수 없다. 나의 부족함을 아시는 하나님께서 내 부족함을 메꾸어 주는 아내를 허락해 주셔서 지난 세월 주님이 주인 되는 가정을 꾸리도록 해주셨다. 정말 감사할 따름이다.

석사학위를 취득하고 나자 나는 박사학위 과정을 계속하고 싶었다. 박사과정의 입학정원이 극히 제한되어서 같은 연구실의 졸업생들이 박사과정에 입학하기를 희망했으나 지철근 교수님은 나에게 박사과정을 공부할 수 있도록 특별히 배려해 주셨다. 그렇게 나는 1983년 3월부터 서울대 공과대학 전기공학과에서 박사과정을 공부하기 시작했다. 박사과정을 하면서 모교인 인하전문대학의 컴퓨터공학과 조교수로 임용되었다. 당시는 전자, 전기, 컴퓨터공학이 확연히 구분되어 있지 않던 시절이었다. 컴퓨터공학이 막 시작될 무렵이어서, 나는 전기공학과에서 박사과정을 공부하면서 컴퓨터공학의 기초를 가르쳤다. 모교의 교수로 부임한 일은 내게는 참으로 감회 어린 일이었다. 이 일을 위해 여러 모로 도움을 주신 여러 은사님, 선배님, 그리고 동료들의 이름을 다 열거할 수 없음을 안타깝게 생각한다. 이분들의 덕으로 나는 미국 유학길에 오른 1986년까지 모교에서 가르칠 수 있었다.

오늘의 나 된 것은 오직 하나님의 은혜일 뿐이다. 내가 알지 못하는 그때에도 하나님은 언제나 나의 장래 일을 위해 길을 내고 계셨다. 물론 대학원 공부를 시작하면서, 약속한 것처럼 어머니를 따라 교회에 출석하기 시작했다. 이 모든 것이 나의 힘으로 된 것이 아니라는 것을 나는 요즘 새삼 깨닫는다. 나는 늘 세상을 향한 욕망을 키웠지만 어머니는 오랫동안 하나님이 주시는 꿈을 꾸고 계셨다. 이 세상에서 가장 강력한 기도는 자녀를 위한 어머니의 기도일 것이다.

  미국 유학을 통해 나를 하나님의 사람으로 바꾸시고, 공학자의 길로 나아가게 하신 하나님의 계획은 서울대학 교수 지망 대학원생으로 나를 부르실 때부터 이미 계획된 것이었다. 나는 요즘 복음주의 학생운동인 코스타(KOSTA)를 통해 수많은 청년 유학생과 학자, 교수들을 만나면서 아주 오래전부터 하나님이 나의 학문을 통해 이루고자 한 뜻이 있었음을 깨닫곤 한다. 이 약하고 보잘것없는 인간을 통해 지성과 학문의 세계에서도 하나님은 진정한 주님이신 것을 보여 주고 싶으셨던 것이다.

Part 3

믿는 자는
모험가다

1장

"주님, 왜 저만
미국에 남아야 합니까?"

조지아텍에서 하나님의 은혜로 좋은 지도교수를 만나고, 새로운 멤스 분야를 연구하게 되면서 나는 국제 학술지에 계속해서 우수한 연구 결과를 발표할 수 있었다. 나는 마치 새로운 금광을 발견한 듯이 파고 또 파면서 새로운 연구 주제를 찾을 수 있었다. 조지아텍에서 시작한 유학 생활의 광야 훈련은 이제 서서히 끝나는가 했다. 거의 6년간 받은 혹독한 광야 훈련을 뒤로하고 요단강을 건너 가나안 땅에 들어갈 꿈에 부풀었다.

"너는 내게 무엇을 하겠느냐?"

그 즈음 내 신앙의 롤모델이었던 P집사가 박사학위를 취득하고 로스앤젤레스에 소재한 큰 반도체 회사에서 연구원으로 근무하고 있었다. 그러던 어느 날 P집사가 전화해서 M국의 대학교수로 일하는 선교사로 부름을 받았다고 알렸다. 물론 P집사의 주님을 향한 열정과 순종을 생각하면 별로 놀랄 일은 아니지만, 당시 M국은 선교의 문이 열리지 않은 폐쇄적이고 위험한 나라였다. 그것도 미국에서 나고 자란 중학생이 된 첫딸을 포함한 온 가족이 함께 선교지로 가기로 결정했다니 걱정되었다. 내가 어려울 때 주님의 사랑을 몸소 베풀고 나의 신앙이 자라도록 지도하고 격려해 준 P집사의 사랑을 나는 늘 잊지 못하고 감사하고 있었다. 사실 가까운 신앙의 동지들이 선교지로 떠나는 것을 지켜보기가 쉽지 않았고 남의 일 같지도 않았다.

하루는 수요예배에 참석했는데, 예배가 시작되자마자 성령님이 갑자기 내게 물으셨다.

"P집사는 M국의 선교사로 가는데 너는 나를 위해 무엇을 하겠느냐?"

"예? 주님?"

"너는 나를 위해 무엇을 하겠느냐?"

이제 박사학위를 취득하면 조국으로 돌아가 대학에서 후학을 가르치며 복음을 전하겠다고 기도해 온 내게 주님은 정말 뜬금없는 질문을 던지셨다. 마음에 부담이 느껴지면서 내가 그동안 박사학위를 취득하면 좀 더 편안하게 살 궁리를 하고 있었다는 것을 깨달았다. 주님이 다시 물으셨다.

"P집사는 선교사로 간다는데 너는 무엇으로 내게 헌신하겠느냐?"

유학 생활 내내 주님의 인도하심과 도움 없이는 한 발자국도 나가지 못하던 인생이었는데 이제 주님이 내게 질문하셨다. 사실 나는 P집사가 함께 선교지로 나가자고 제안할까 봐 두려워서 연락도 못하고 있었다. 예배 시간 내내 성령님의 강권적인 인도하심 속에서 주님보다 내 앞길만 생각하며 살아온 지난날을 회개하며 눈물을 흘렸다. 예배 후 집으로 돌아오는 길에 아내와 예배 중에 성령님이 내게 말씀하신 내용을 나누었다.

"여보, 오늘 예배 중에 성령님이 나를 크게 책망하시고 도전하셨어요."

"아마 P집사에게 무슨 특별한 일이 생긴 것 같아요."

집에 도착하자마자 LA에 있는 P집사에게 전화했다. 놀랍게도 성령님이 내게 말씀하시던 그 시간에 P집사는 섬기는 교회에서 선교사 파송 예배를 드리고 있었다고 했다. 그의 얘기를 듣고 주님이 P집사(이하 P선교사)의 사역에 우리 부부가 참여하기 원하신다는 것을 알게 되었다.

몇 달 후 P선교사를 파송하겠다고 파송예배까지 드린 교회에서 여러 문제가 생겨서 P선교사를 파송할 수 없게 되었다는 소식을 들었다. 당시 나는 새서울침례교회에서 선교부장을 맡고 있었는데, 주님이 P선교사를 우리 교회에서 파송하기를 바라신다고 믿게 되었고, 이를 담임목사님과 교우들에게 의논하자 모두 적극 동의해 주었다.

1992년 늦은 봄으로 접어드는 4월 29일 아침, P선교사 부부는 우리의 초청에 따라 모든 짐을 자동차에 싣고 LA를 떠나 애틀랜타로 출발했다. P선교사가 떠난 그날 저녁에 미국의 한인 이민자들이 결코 잊을 수 없는 LA 폭동이 발생했다.

국제바울선교회, 신앙의 롤모델을 파송하다

새서울침례교회는 이미 새해에 선교 지원을 결정한 상태였기 때문에 P선교사 부부를 M국에 파송할 재정적인 여력이 없었다. 나는 기도하며 주님의 인도하심을 구했다. 기도하는 중에 조그만 선교후원회를 만들어서 P선교사를 후원하면 좋겠다는 생각이 들었다. 나는 선교후원회를 조직하거나 운영해 본 경험은 없지만, 주님이 P선교사를 지원할 믿음의 동역자를 붙여 주실 것을 믿었다. 내가 박사자격 예비시험으로 씨름할 때 함께 기도하며 응답받은 L변호사가 선교후원회의 법적 등록 절차를 도와주었다. 국제바울선교회(Paul International Ministries, PIM)라고 명명하여 출발한 선교후원회는 주님께서 감동하신 5~6명의 동역자들과 함께 출발했다. 구멍가게같이 조그만 선교회였으나 내가 바울선교회의 초대대표 및 총무간사를 맡았다.

후원기관이나 후원선교단체도 없이 선교지로 떠난 P선교사의 선교 지원금을 마련하기 위해 먼저 후원 동역자들이 월정으로 작정헌금을 했다. 너무 감사하게도 함께 헌신한 동역자들의 헌금으로 첫해 선교지원금이 마련되었다. 이후 만나는 사람마다 P선교사와 국제바울선교회의 선교사역을 나누었고, 여러 교회에 가서 P선교사의 선교사역을 보고하면서 선교 동역 교회로 참여해 줄 것을 부탁했다. 새서울침례교회를 섬기며 보여 준 P선교사의 주님을 향한 신실한 믿음과 헌신을 잘 아는 터라 여러 동역자와 동역 교회들이 기꺼이 참여해 주었다. 그렇게 해서 1993년에는 P선교사의 선교사역비를 전액 지원할 만큼 후원자와 동역 교회를 얻게 되었다. 주님의 예비하심과 일하심은 이처럼 신실하시다. 나는 P선교사의 헌신과 국제바울선교회의 태동을 보면서, 주님을 온전하게 신뢰하며 따르는 것이 모든 인생과 사역의 바른 길이라는 것을 새삼 깨달았다.

나는 박사과정의 마지막 해에 학위논문을 쓰면서 국제바울선교회의 안정화와 P선교사의 선교사역을 지원하는 데 전력했다. 하지만 이제 학위를 마치면 한국으로 돌아갈 계획이어서 나 대신 국제바울선교회를 이끌 사람이 필요했다. 그래서 선교회를 이끌 동역자를 세워 달라고 기도했다. 물론 나는 한국에 돌아가서도 P선교사를 기도와 물질로 후원할 것이었다.

"주님, 왜 저만 미국에 남아야 합니까?"

1993년 봄, 박사학위 논문 최종 심사를 앞두고 있었다. 박사학위가 계획보다 너무 늦어지는 바람에 내게 해외 연구를 허가해 주었던 대학에서 사직을 요구해서 이미 교수직을 사직한 상태였다. 이에 따라 고국으로 돌아가 후학을 가르칠 대학을 알아보기 시작했다. 지난 수년간 나는 고국의 대학에서 교수로 후학을 가르치며, 청년과 대학생들을 주님의 제자로 양육하는 학원복음화를 나의 비전으로 삼고 기도해 왔다. 다른 소명은 생각해 본 적도 없고 기도해 본 적도 없다. 오직 주님이 예비하신 곳이 있을 테니 열심히 찾고 두드렸다. 마침 한국의 유수 대학에서 나의 전공 분야에 교수 자리가 났다고 해서 지원했으나, 학교의 내부 사정으로 그해 교수를 뽑지 않기로 결정됐다. 내 나이 벌써 마흔을 바라보고 있었다. 이미 박사학위를 취득하고 고국의 여러 대학에서 교수로 재직하고 있는 후배들이 나를 신임교수로 채용하는 것을 꽤 부담스러워하는 듯했다.

1993년 6월, 박사학위 최종 심사를 무사히 통과하고 공학박사학위를 취득했다. 기쁨은 컸지만, 직장을 잡아야 한다는 부담이 금세 나를 짓눌렀다. 설상가상으로 미국의 경제는 제3차 유류파동을 겪으며 바닥을 치고 있었다. 정말이지 석유파동은 공업고등학교 졸업 때부터 끈질기게 내 발목을 붙잡았다. 미국의 대기업들이 줄줄이 부도를 맞으면서 실직자가 늘어났고, 극심한 불황의 늪에 빠져들었다. 1년 전만 해도 잘나가던 전자공학 전공자들의 취업 문이 닫혀 버렸고, 박사학위 취득자들의 취업 시장은 꽁꽁 얼어붙어 버렸다. 다행히 박사학위 지도교수인 알렌 교수님이 박사후 과정(Post-Doc)을 제안해서 잠시 숨을 고르며 직장을 찾을 참이었다. 어디로 간단 말인가? 하나님께서 인도하시는 곳은 어디일까? 나는 인내하며 주님의 인도하심을 조용히 기다렸다. 내가 바라고 생각하던 곳은 여전히 문이 열리지 않았다. 그런데 기도하면 할수록 국제바울선교회와 P선교사의 후원이 마음에 큰 부담으로 다가왔다. 주님이 내게 이렇게 말씀하시는 것 같았다.

"종혁아, 네가 미국에 남아서 국제바울선교회를 섬기면 안 되겠니?"

나는 이런 생각이 드는 것에 흠칫 놀랐다. 솔직히 미국에서 살아갈 자신이 없었다. 박사학위 수학 중에 보낸 6년 반이면 족하다고 생각했다.

"주님, 제가 얼마나 우둔한 사람인지는 주님께서 더 잘 아시지 않나요? 미국에서 직장을 얻고 살아야 한다는 말씀인가요? 하지만 아직도 영어가 자신이 없어요. 그리고 앞으로도 계속 부모 형제와 떨어져서, 제 가족만 미국에서 외롭게 살아야 한다는 말씀인가요? 주님, 이 불황에 미국에서 직장을 얻을 자신도 없고요, 두려워요."

나는 미국에서 살 수 없는 여러 가지 이유를 생각하며 먼저 나를 확신시킨 다음 주님께 조목조목 이유를 말씀드렸다. 정말 이번에도 내 기도는 말이 되는 기도였다. 말이 되는 기도는 응답되는 기도라고 생각했는데, 어느 날 주님이 내 마음 깊은 곳에 이런 질문을 하셨다.

"너 미국에 사는 것이 그렇게 싫으냐?"

"예, 주님. 두렵습니다."

"목숨이 위태로운 위험한 곳에 가서 나를 증거하고자 하는 P선교사보다 미국에 살면서 국제바울선교회를 이끄는 네가 더 두렵단 말이냐?"

"……."

"너는 모든 것을 내려놓고 내게 항복하였다고 하지 않았느냐?"

"예, 주님…."

주님과의 대화는 이것으로 끝이 났다. 하지만 미련한 나는 아직도 모국의 교수 자리에 미련을 버리지 못한 채 모국에서 난 교수 채용 공고를 보고는 마지막으로 기드온의 이슬 젖은 양털 시험에 도전했다. 그러나 끝내 교수에 채용되었다는 통보를 받지 못했다. 나의 철없는 이 마지막 불평은 이제 침을 삼키듯 마음속으로 삼켜야 했다.

"주님, 왜 저만 미국에 남아야 합니까? 왜 저만요…?"

1990년대 초에 박사학위를 취득한 학우들 대부분이 고국으로 돌아가 대학의 교수가 되거나 대기업 연구소의 연구원이 되었는데, 나만 돌아가지 못했다. 나만 홀로 다른 학우들 모두가 걸어가는 길과 반대 방향으로 걸어가고 있었다. 외롭고 불안했다. 그러나 나의 생명의 주인이요 목자이신 주님이 함께하시지 않는가? 나는 곧 평안함을 느꼈고 기도도 이렇게 바뀌었다.

"주님, 저는 당신의 것입니다. 주님과 함께 있는 것이 제게는 제일 큰 기쁨입니다. 주님을 따라 걷는 길이 제게는 제일 안전한 길입니다.

어디든지 주님과 함께 가는 것이 제게는 제일 큰 행복입니다. 주님, 저를 꼭 붙들어 주시고, 인도해 주십시오. 물론 미국에서의 직장은 주님께서 준비해 주실 줄로 믿습니다. 마지막으로 한 가지만 더, 가능하면 국제바울선교회 본부가 있는 애틀랜타에서 대략 하룻길 자동차 운전이 가능한 곳에 직장을 마련해 주시기 바랍니다. 그리고 꼭 미국 대학의 교수로 보내 주십시오."

이제 결정이 났다. 부르심에 대하여 나는 순종하기로 했다. 주님께서 무슨 특별한 음성을 내 귀에 들려주셨거나 환상이나 꿈으로 계시한 것은 아니었으나 내 심령 깊은 곳에서 나를 감동시키며 속삭이시는 주님의 부르심은 눈으로 본 것보다 더 분명했다. 이 부르심의 확신은 여럿이 함께 길을 가다가도 홀로 뒤돌아서 부르심을 따라갈 만큼 확실했다.

여전히 직장이 없고, 직장을 구할 희망이 보이지 않았지만, 나는 불확실함 가운데 확신을 가질 수 있었다. 주님의 영광과 기쁨, 그리고 주님의 나라를 위한 부르심이라면 모든 불확실을 기쁨으로 이길 믿음을 주님께서 이미 내게 허락해 주셨기 때문이다. 이미 내 인생의 볼은 주님의 코트로 넘어간 상태였다. 나는 현재의 주어진 일에 충실하고, 새로운 직장을 열심히 찾고 두드리며, 어디서 주님의 촛불이 타오르는지 주시해 볼 참이었다.

2장

꿈의 직장,
IBM 왓슨연구소

1993년 미국은 극심한 불황이었다. 박사학위만 받으면 불티나게 대학과 기업체 연구소에 취업되던 조지아텍의 전자공학과도 예외가 아니었다. 한 해 전만 해도 전자공학과 출신들이 거들떠보지도 않던 박사후 과정 자리도 얻기가 어려운 형편이었다. 이제 미국에 남아서 직장을 구해야 하는 처지가 된 나도 걱정이었다.

하루는 조지아텍 화학공학과에서 IBM 왓슨연구소(IBM T.J Wastson Research Center)의 루비 로만큐(Lubomyr Romankiw) 박사를 초청하여 세미나를 갖는다는 광고를 우연히 보게 되었다. 로만큐 박사는 IBM에서 컴퓨터의 외부 주요 정보 저장 장치인 하드디스크(Magnetic Hard Disk Drive)의 핵심 기술 중 하나인 마그네틱 헤드(Magnetic Head)를 발명한 세계적으로 유명한 학자였다. 그가 발명하고 개발한 마그네틱 헤드는 하드디스크에 컴퓨터 정보를 빠르게 쓰기도 하고 읽어 내기도 하는 제일 중요한 핵심 기술이었다. 사실 현재의 노트북을 비롯한 거의 대부분의 하드디스크는 로만큐 박사가 개발한 마그네틱 헤드를 쓰고 있으니, 그의 연구와 개발은 지난 수십 년간의 컴퓨터 발전에 획기적인 기여를 한 셈이었다. 2009년에 마그네틱 디스크의 개념을 처음 도입한 연구자들이 노벨 물리학상을 받았는데, 실제 모든 실용화의 문을 최초로 연 로만큐 박사가 제외되어서 그 아쉬움이 컸다.

이미 내가 개발한 전자장 구동 마이크로모터(Magnetic Micromotor)의 마그네틱 코어(Magnetic Core)와 이의 제작 방법 역시 로만큐 박사가 개발한 재료를 기초로 했다. 따라서 나는 로만큐 박사의 수많은 논문을 읽고 참조했는데, 그런 유명한 세계적인 학자가 조지아텍에 세미나 차 온다니 마음이 설렜다. 당시 로만큐 박사는 IBM 왓슨연구소의 종신연구원(Fellow)이었는데, 이는 IBM에 혁혁한 기여를 한 사람에게만 수여되는 종신직책이었다. IBM 왓슨연구소에 들어서면 본관 출입구에서 잘 보이는 벽에 10여 명의 종신연구원의 사진과 프로필이 걸려 있는데, 그만큼 그들은 모든 연구원의 선망의 대상인 것이다. 한마디로 IBM의 노벨상 수상자들이었다.

세계적인 학자 로만큐 박사의 제안

나는 로만큐 박사 세미나의 맨 뒷줄에 앉아서 조심스럽게 경청했다. 평생을 바쳐 연구한 하드디스크의 혁신 기술과 새롭게 개발한 마이크로 디스크에 관한 세미나였던 것으로 기억한다. 세미나가 끝나자, 로만큐 박사에게 인사도 하고 필요한 질문도 하기 위해 여러 명이 줄을 섰다. 나도 맨 끝에 서서 로만큐 박사에게 내가 참조한 좋은 논문에 대해 감사의 말씀을 드리고 싶었다. 하긴, 이런 유명한 사람은 만나기도 쉽지 않거니와 만났을 때 눈도장 인사라도 나누어 두면 좋은 법이다. 드디어 내 차례가 되었다.

"로만큐 박사님, 제 이름은 총 안(Chong H. Ahn)입니다. 만나 뵙게 되어 반갑습니다."

"오, 안 박사님, 만나서 반가워요. 나도 안 박사를 만나고 싶었습니다."

"......?"

"안 박사가 발표한 마이크로모터에 관한 논문을 잘 읽었습니다."

잠시 동안이지만 어안이 벙벙했다. 아직 나의 감사도 표현하지 못했는데, 로만큐 박사가 나를 알아보고 더구나 만나고 싶었다고 말하는 것이 아닌가. 로만큐 박사의 기습적인 발언에 어쩔 줄 모르고 있는데, 로만큐 박사는 계속 말을 이었다.

"안 박사님, 만일 직장을 구하고 있다면 제 연구실에서 저와 함께 일해 보실 의향이 없으신지요? 최근에 미국방위고등연구계획국(Defence

Advanced Research Projects Agency, DARPA)에서 큰 연구 프로젝트를 받았는데, 안 박사의 도움이 필요합니다. 안 박사가 개발하신 전자장 구동 마이크로모터의 활용에 관심이 많습니다."

나는 너무 놀랐다. 나는 지금 그토록 찾던 미국에서의 직장을 제안 받고 있는 것이 아닌가? 짧은 순간이지만, 주님의 나지막한 속삭임이 내 마음 깊은 곳에서 느껴졌다.

"종혁아, 내가 오래전부터 너를 위해 준비한 것이란다."

로만큐 박사는 최근에 미국방위고등연구계획국에서 새로운 마이크로 하드디스크 개발을 위한 수백만 불의 연구비를 받았는데, 내가 개발한 마이크로모터를 마이크로 하드디스크를 회전시키는 데 사용하고 싶다고 설명했다. IBM 왓슨연구소 내(內) 자신의 연구실에서 박사후 연구원(Post-Doc Fellow)으로 일을 시작하면 어떻겠냐고 제안했다. 제안한 보수와 연구 조건도 파격적이었다.

생각해 보면, 마그네틱 모터의 새로운 개념을 주신 분도 주님이시니, 이를 응용하는 것도 주님께서 알고 인도하신 것이다. 믿지 않는 사람들은 보통 이런 일을 절묘한 우연이라고 말한다. 그러나 인생에서 하나님이 개입하지 않는 우연은 절대로 없다. 믿음이 없는 어떤 사람이 아침에 시리얼을 먹으려고 그릇에 담으려다가 바닥에 쏟아 버렸다. 그런데 갑자기 시리얼들이 모여서 글자가 되더니 이렇게 쓰여졌다고 하자.

'하나님은 당신을 사랑하십니다.'

물론 이 일을 어떤 절대자가 행한 일이라고 받아들일 수도 있고, 우연한 일이라고 생각할 수도 있다. 그것은 개인의 자유다. 그러나 나는 이런 일이 결코 우연히 일어날 수 없다는 것을 믿을 뿐만 아니라, 내 인생과 주위에서 일어나는 수많은 일에 섬세하게 개입하시는 하나님을 경험하며 늘 놀라울 따름이다. 박사 예비시험 합격 후에 나는 지도교수에게 쫓겨나게 되어 부득이 새로운 지도교수를 찾게 되었다. 내가 박사학위를 받을 즈음에 옛 지도교수와 함께 연구했던 연구 분야는 이미 연구 동력을 잃어버리고 있어서 박사후 과정 자리의 광고조차 보기가 힘들었다. 당시에는 왜 내가 전공을 바꾸어야 하는지 잘 이해되지 않았지만 주님께서는 이미 모든 것을 아시고 나의 미래를 준비하신 것이다. 하나님은 이렇게 믿는 우리의 인생이 합력하여 선을 이루시도록 인도하시고 역사하신다. 우리가 주님을 온전히 신뢰하고 따르기로 작정하기만 하다면 말이다.

오랜만에 얻은 직장

1990년대 초 IBM은 경영 위기를 겪으면서 수천 명의 직원을 해고했다. IBM 왓슨연구소도 연구원을 대폭 감원했다. 따라서 연구원을 계속 해고하는 시점에서 나를 고용하게 된 셈이었다. 나는 다시 혼자 남들과 반대로 걷고 있었다. 수많은 연구원이 IBM 왓슨연구소에서 해고의 아픔을 안고 걸어 나오는 길을, 죄송스럽게도 나는 반대로 걸어 들어간 것이다. 주님의 개입은 이처럼 오묘하고 놀랍다. 국제 멤스 커뮤니티에서도 IBM이 나를 고용한 것을 두고 이제 IBM이 멤스 연구를 본격적으로 수행하리라는 기대감으로 바라보았다.

너무 오랜만에 갖게 된 직장이었다. 가족과 함께 뉴욕의 케네디 국제공항에 내려서 IBM 왓슨연구소가 있는 뉴욕 북부 도시인 요크타운 하이츠(Yorktown Heights)로 운전을 하고 가면서 느꼈던 감사와 기쁨은 이루 다 표현할 수가 없다. 요크타운 하이츠는 뉴욕 주 북부에 위치한 아름다운 시골 도시다. 산허리를 감돌아 지은 IBM 왓슨연구소는 자연친화적인 최고의 연구소 건물로 정평이 나 있었다. 사무실에서 연구실로 가는 통로는 확 트인 창문을 통해, 언제나 아름다운 산을 바라보며 걸어가도록 설계되어 있었다.

나는 드디어 로만큐 박사의 연구팀에 합류했다. 여러 번의 토론과 세미나를 통해 연구팀은 나를 멤스 분야의 전문가로 인정해 주었을 뿐만 아니라, 새롭게 진행되는 프로젝트를 책임지도록 맡겨 주었다. 연구소에는 논문에서만 보던 세계 최고의 연구원들과 노벨상 수상자들이 가까이 있었기에 그들과 쉽게 교류할 수 있었다. 대학의 연구실에서 배운 지식과 경험밖에 없던 나는 마치 스펀지가 물을 흡수하듯이 그들에게서 실용적인 최고의 기술과 연구 진행 방법들을 배웠다.

연구소의 연구 생활은 재미있었다. 하나님은 세계 최고의 기업 연구소로 알려진 IBM 왓슨연구소에 나를 보내시어 연구자로서 새롭게 열린 안목을 갖도록 훈련하셨다. 하나님은 질서의 하나님이시다. 자녀에게 필요한 연구 세계를 열어 주기 위해 섬세하게 훈련하시는 하나님은 자애로운 나의 아버지시다. 비록 짧은 기간이었지만 IBM 왓슨연구소에서 배운 연구 방법과 경험은 나중에 대학에 돌아가 새로운 연구 분야를 개척하고 선도할 수 있는 밑거름이 되었음은 말할 나위가 없다.

IBM 왓슨연구소는 모든 연구원의 출퇴근 시간이 정해져 있지 않았다. 언제든 제일 능률이 오르는 시간에 출근하여 하루 8시간을 연구하면 되었다. 1990년대 초의 기업 문화를 고려하면 정말 파격적이고 선구자적인 제도였다. 창의성과 능률을 중요시 하고 개인의 라이프스타일을 존중하는 기업 문화를 일찌감치 선도하고 있었던 것이다.

나는 IBM 왓슨연구소에 와서 모처럼 가족과 시간을 보낼 수 있었다. 이미 초등학생이 되어 버린 아이들과도 많은 시간을 가지려 노력했다. 요크타운 하이츠에는 한인 교회가 없어서 20여 마일을 운전하여 남쪽 뉴저지 부근에 있는 한인 장로교회에 출석했다. 새벽마다 먼 길을 운전하여 기도회에 참석하며 주님과 교제하기를 힘썼다. 나는 기도 중에 하나님이 나를 IBM 왓슨연구소로 보내신 데는 몇 가지 목적이 있다는 것을 깨달았다.

첫째, 갈 길을 알지 못하는 내게 하나님은 로만큐 박사를 통해 바울국제선교회를 섬기며 미국 이민자의 삶을 살아갈 발판을 마련해 주고자 하셨다. 나는 이를 통해 직업을 포함해 우리 인생의 모든 문제는 하나님이 직접 간섭하시고 인도하시며 책임지신다는 것을 경험하게 되었다.

둘째, 하나님은 우리가 세상을 살 때 필요한 지식과 경험을 잘 축적하도록 도와주시는 분이심을 깨달았다. 먼 미래를 내다보며 우리 인생을 계획하시고 때마다 필요한 경험을 하도록 인도하신다. IBM 왓슨연구소에서 일한 나의 경험은 나중에 내가 미국 대학의 교수로 임용되는 데 큰 발판이 되었다.

셋째, 하나님은 자녀가 세상을 살아가는 데 실제적인 도움이 되는 만남의 기회를 마련해 주신다는 것을 알게 되었다. IBM 왓슨연구소에서 만났던 세계적인 학자들은 나중에 내가 연고가 별로 없던 국제학회에서 활동할 수 있는 발판이 되어 주었다.

IBM 왓슨연구소에서의 연구 경험은, 내가 연구자로서 미국이라는 연고 없는 토양에서 뿌리를 내리는 데 꼭 필요한 절차였다. 새로운 땅에 살도록 명령하신 하나님이 친히 예비해 주신 도약의 발판이었다.

3장

방직공장 전기공,
신시내티 대학 교수가 되다

IBM은 1990년대 초에 불기 시작한 개인용 컴퓨터와 노트북 컴퓨터 시장의 확대를 예견하지 못한 탓에 사업과 경영에 큰 진통을 겪고 있었다. 새로 영입된 IBM의 CEO인 거스트너(Louis V. Gerstner)는 매주 IBM 전 사원에게 혁신과 개혁의 방향을 시달하곤 했다.

내가 수행하는 연구 프로젝트는 재미있었지만, 나의 연구가 정말 혁신적인 새로운 제품으로 개발될지는 두고 보아야 할 일이었다. 그리고 나는 멤스 기술이 컴퓨터에 부분적인 혁신을 가져다주기는 하겠지만, 멤스 기술의 특성상 컴퓨터 분야의 응용에 꽃을 피우리라는 확신이 여전히 서지 않았다. 차라리 자동차, 비행기, 생명과학, 또는 의료진단기기 분야에서 더 활발한 응용을 할 수 있을 것이라고 보았다. 특히 내가 개발한 전자장 구동 마이크로모터(Magnetic Micromotor)는 소량의 시약이나 사람의 혈청 등을 구동하는 마이크로 펌프로 사용하면 생명과학과 의료 진단기 분야에 큰 영향을 미칠 듯싶었다.

생각이 여기에 미치자 이러한 다양한 연구를 하려면 기업의 연구소보다는 미국 대학이 더 낫겠다는 생각이 자꾸 들었다. 내가 전공한 멤스 연구를 새로운 분야에 적용하고 싶은 욕심이 있었기 때문이다. 뿐만 아니라 오랫동안 기도해 온 청년 유학생 사역에 대한 소명과 비전을 위해서도 대학으로 돌아가는 것이 옳다고 생각했다. 이왕이면 애틀랜타에 있는 국제바울선교회의 동역자들과 함께 선교 동역을 하기 위해 미국의 동부나 중부에 있는 대학에 교수직을 얻었으면 싶었다.

IBM 연구소에 오기 전부터 나는 주님께 나의 비전과 계획을 말씀드렸다. 가능하면 애틀랜타까지 하룻길로 운전하고 다닐 수 있는 도시에 대학 교수로 임용되었으면 좋겠다고 구체적인 계획까지 말씀드렸다.

하지만 앞서 말했다시피 1993년의 미국 경제는 아주 어려워서 일반 회사에 직장을 얻기가 어려웠다. 따라서 거의 모든 박사학위 취득자들이 대학의 교수직에 몰려들었다. 교수를 채용한다는 대학도 적었지만, 교수직 하나에 보통 수십 명에서 수백 명의 지원자가 몰려들었다. 더군다나 내가 전공한 멤스 분야는 새롭게 각광받는 분야이긴 하지만, 아직 미국의 대학들이 교수를 채용할 분야로 인식할 만큼 널리 알려지지 않았다. 열심히 찾았지만 미국 대학에서 멤스 전공자를 교수로 채용하겠다는 공고는 찾아볼 수 없었다.

나의 오랜 꿈인 대학교수가 되다

그러던 중 1993년 가을에 미국 중부 오하이오 주 신시내티 대학(University of Cincinnati)에서 멤스 분야를 전공한 종신교수 트랙(Tenure Track)의 조교수를 채용한다는 공고를 보았다. 신시내티 대학은 오하이오 주의 주립대학으로 학생이 4만여 명이나 되는 종합대학이다. 한국의 애국가를 작곡한 안익태 선생이 신시내티 대학의 전신인 신시내티 음대(Cincinnati Conservatory of Music)에서 공부했다고 재미 민간 역사연구가 유광언 씨가 밝힌 바 있다. 그 내용을 요약해 보면 다음과 같다.

"실제로 최근에 발견된 신시내티 대학의 안익태 선생의 학적부에는 안 선생이 1930년 9월 18일 이 대학에 입학했으며, 친필로 주소를 '평양, 코리아'라고 밝혔다. 또 이름은 'Ahn, Ik Tai'로 표기하였다. 또 1930년 가을 학기부터 1933년 봄 학기까지의 성적표를 보면 전공인 첼로를 비롯해 오케스트라, 앙상블, 화성법, 합창 등의 강의를 수강했으며, 대부분 우수한 성적을 받은 것으로 나타났다. 추후에 안익태 선생은 대한민국 애국가의 첫 소절을 신시내티 대학의 전신인 신시내티 음대 재학 시절에 작곡하였다는 암시를 자신의 글에서 밝힌 바 있다"(2010년 6월 22일자, 연합뉴스).

안익태 선생은 신시내티 교향악단의 첼로 수석연주자로 활동했는데, 그 때문인지 현재 신시내티 대학의 음악대학에는 100여 명의 한국 유학생들이 세계적인 연주가, 성악가, 작곡가를 꿈꾸며 열심히 공부하고 있다. 제2의 안익태를 꿈꾸는 저들의 꿈이 이루어지기를 간절히 바란다.

그러나 사실 그 당시 신시내티는 내가 가본 적 없는 생소한 도시였다. 애틀랜타에서 450마일(약 725km) 떨어진 도시로서 차로 8시간이면 닿는 곳이었다. 내가 기도해 온 조건에는 맞는 지역이었고, 또 유일하게 내가 전공한 멤스 분야의 교수를 채용하려는 대학이었다. 주님이 이 대학에 나를 보내실지는 알 수 없지만, 일단 교수 지원 응시를 위해 필요한 나의 소개서, 연구 계획서, 강의 계획서를 이력서와 함께 보냈다.

몇 달을 기다려도 아무런 연락이 없기에 나는 IBM 연구소의 연구직 제안을 수락하고 1994년부터 근무하기 시작했다. 그런데 교수 채용 공고에 서류를 제출한 지 거의 1년이 지나서야 교수 임용 가능 최종후보에 들었으니 인터뷰를 하러 오라는 통지를 받았다. IBM 왓슨연구소에서 가까운 뉴욕의 라과르디아 공항에서 신시내티행 비행기를 타고 가면서, 나는 이 교수직을 하나님이 내게 허락하실 것이라는 확신이 들었다. 주님의 뜻 안에서 약속의 말씀을 붙들고, 진실함과 간절함으로 기도하면, 주님의 때에 응답해 주시는 것을 나는 수없이 경험한 터였다.

불안할 때 전능하신 주님이 내 편이라는 사실을 믿는 것보다 더 큰 힘과 위로가 되는 것은 없다. 교수 채용 인터뷰는 나의 연구 분야의 세미나 발표와 함께 여러 교수를 면담하면서 하루 종일 진행되었다. 주님이 나와 함께하신다는 확신이 생기자 인터뷰는 자신감이 넘쳤고 대체로 좋은 인상을 주었다고 생각했다.

하루 종일 진행된 인터뷰를 마치고 전자공학과 학과장과 심사위원장과 함께한 저녁식사 자리에서 그들은 내가 최종 교수 임용 제안을 받게 될 것이라고 귀띔해 주었다. 미국 대학은 교수 임용 인터뷰에 2~3명을 초청하는데, 인터뷰에 초청되면 최종 임용자가 될 가능성이 높다. 무엇보다 여러 교수와 연구원들 앞에서 갖게 되는 연구 발표에 특별히 신경 써야 한다. 연구 발표는 제한된 자신의 연구 범위에서 연구한 주제를 깊이 다루는 것이 중요하다. 이 공개 연구 발표 후에 발표에 참석한 모든 교수가 평가서를 제출하기 때문에 공개 연구 발표회에서 좋은 평가를 받지 못하면 교수에 임용되기 어렵다.

나는 마침내 신시내티 대학의 전자공학과 종신교수 트랙의 조교수로 임용하겠다는 최종 통보를 받았다. 나중에 미국 영주권을 신청하면서 알게 된 일이지만, 99명의 지원자 중에서 최종 임용 가능 후보에 3명이 추천되어서 인터뷰를 한 결과 내가 임용된 것이었다. 나의 오랜 꿈이 실현되는 순간이었다. 지난날 방직공장의 전기공이던 내가 하나님의 은혜로 미국 주립대학의 전자공학과 교수가 된 것이다. 하나님의 계획과 간섭하심이 아니고는 설명할 길이 없는 감격이었다.

IBM 왓슨연구소는 내가 대학에 간다는 사실을 알고 전임 연구원으로 임용할 것을 즉각 제안했다. 무척 감사한 일이지만, 나는 내가 대학에 가게 된 이유를 자세히 설명하며 양해를 구했다. 나를 임용해 준 로만큐 박사는 내가 떠나게 된 것을 무척 아쉬워하면서도 나의 교수 임용을 진심으로 축하해 주었다. 진행하던 프로젝트를 인수인계해야 했기 때문에 나는 1994년 11월 초부터 신시내티 대학에서 근무를 시작했다.

신시내티에서 이민 생활의 첫발을 내딛는 우리 가족은 모두 들떠 있었지만, 한편으론 새로운 환경에 적응해야 한다는 부담감도 컸다.

미국 대학의 종신교수 트랙의 초임 교수는 연구 프로그램을 먼저 잘 정착시키기 위해 임용 후 몇 년 동안은 대개 강의 부담을 줄여 준다. 그리고 연구실을 잘 만들 수 있도록 재정 지원을 해주고, 1~2명의 박사과정 학생을 지원할 수 있는 지원금도 준다. 이제 새로운 강의를 준비하며 박사과정 학생을 뽑아서 연구를 진행하는 일에 전력해야 하는 바쁜 삶이 시작되었다.

최근 수많은 한국 유학생이 박사학위를 취득하고서 미국이나 유럽의 대학 교수로 임용되는 것을 보면 마음이 뿌듯하고 자랑스럽다. 미국 대학의 교수로 임용되고자 하는 박사학위 연구자들을 위해 몇 가지 조언을 한다면 다음과 같다.

첫째, 가능하면 전공 분야가 영향력을 미치며 새롭게 떠오르는 분야라면 더 좋다. 대학의 교수 임용은 주로 새롭게 떠오르는 분야에서 임용의 필요를 갖게 되며, 연구비를 얻기 용이한 분야를 선호하는 경향이 있기 때문이다. 대체로 새롭게 조명받는 분야는 모든 지원이 풍부하다.

둘째, 자신의 전문 분야에서 영향력 있는 논문을 많이 발표해야 한다. 논문의 질은 말할 것도 없거니와 발표한 편수도 중요하다. 대개 교수임용위원회는 초기 스크린을 할 때 논문 발표 편수를 보고 결정하기 때문이다. 자연과학계의 세계적인 논문지에 논문을 게재한 경우는 예외겠지만, 상대적으로 논문 발표 편수가 적으면 초기 임용 고려 대상에서 먼저 제외되기 쉽다. 한편 논문을 꾸준히 발표했는가도 중요한데, 임용 후 계속 연구논문을 발표할 수 있는가를 가늠하는 척도가 되기 때문이다.

셋째, 강의 및 연구 계획서가 지원하는 학과에 시너지를 창출할 수 있으면서도 창의적이어야 한다. 교수임용위원회는 임용 교수가 현재 활성화 또는 비활성화 중인 프로그램에 어떤 영향을 줄지 계획서를 통해 가늠하게 된다. 이미 시행 중인 강의 및 연구 분야를 주의 깊게 검토하고 시너지를 강조할 수 있다면 좋다. 특히 어떤 연구지원 기관에서 연구비를 수혜할 것인가에 대한 이해와 제안은 실제적인 좋은 인상을 주게 된다. 미국 대학의 교수 임용에서 연구비 수혜 가능성은 교수 임용의 보이지 않는 중요한 요소임을 간과할 수 없기 때문이다.

넷째, 인터뷰에 초청받은 경우 연구 발표 준비를 철저히 해야 한다.

인터뷰에 초청된 지원자가 교수로서 자질이 있는가의 판단은 여러 교수와 연구원들 앞에서 갖게 되는 연구 발표에서 거의 결정된다. 그러므로 철저히 준비해야 한다. 주어진 시간에 자신의 연구 분야를 너무 넓게 보여 주는 것은 좋은 인상을 주기 어렵다. 한정된 주요 분야를 깊게 보여 주는 것이 더 효과적이다. 학문을 탐구하는 대학의 교수들은 늘 깊이에 큰 관심을 갖기 때문이다.

다섯째, 미국의 대학 문화와 일반 문화를 잘 이해해야 한다. 교수임용위원회는 인터뷰에 초청된 지원자와 함께 식사를 하거나 담소를 나누면서, 지원자의 성품과 매너를 관찰한다. 즉 교수로서 자질과 능력뿐만 아니라 인격까지 관찰하는 것이다. 부드러운 대화법과 아울러 예의 바른 식사 습관을 평소에 잘 길러 두어야 한다.

물론 미국 대학에서 교수가 되고 싶다는 열망을 가진다고 해서 모두 교수가 될 수 있는 것은 아니다. 하나님이 예비하고 인도하시는 길이 아니라면, 우리의 모든 수고와 노력에도 불구하고 바라는 바를 성취할 수 없다. 감사하게도 하나님은 언제나 당신이 계획하신 일이라도, 인격적으로 우리의 동의와 적극적인 참여를 구하신다. 주님은 우리와 함께 우리 삶의 모든 영역을 이루어 가시기를 심히 기뻐하시기 때문이다. 하나님은 원하는 직장을 얻고, 주님의 나라를 위해 선하게 쓰임 받고자 하는 우리의 열망을 무참하게 꺾어 버리실 분이 아니다. 도리어 옹호하고 적극 도와주는 자비하신 분이시다.

4장

"주님, 미국 대학 교수 하기 힘들어요"

　　　　　　미국 대학의 교수에게 주어지는 강의의 분량은 대학과 전공에 따라 다르다. 대개 연구 중심의 공과대학에서는 교수 임용의 첫 해에는 매 학기 한 강좌만 강의하도록 요구한다. 초임교수가 강의에 너무 많은 시간을 빼앗기면 연구에 지장이 있을 것을 염려한 배려다.
　신시내티 대학은 오하이오 주의 모든 주립대학이 그러는 것처럼 쿼터 학제 시스템(1년 4학기제)을 따르기 때문에, 나는 임용 첫 해에 세 과목의 강의를 하기로 했다. 학부 강의 한 과목과 대학원 강의 두 과목을 개설했다.

학부의 첫 강의는 전자회로의 기초가 되는 반도체 물리였다. 학부 4학년 과목인데, 수강생 40여 명이 거의 백인 학생들이었다. 신시내티 대학의 공과대학은 재학 중에 반드시 산업체에서 인턴 실습을 해야 하는 산학협동 프로그램(Cooperative Program, Co-Op Program)을 미국 대학 중 최초로 도입한 학교다. 4년의 학부 재학 중에 1년의 인턴 실습을 의무적으로 해야 하니, 아마 미국의 공과대학 중에서 학부 졸업에 5년이 걸리는 유일한 대학일 것이다. 따라서 재학생들은 산업체의 현장 감각을 가지고 있으며 취업률도 아주 높은 편이다. 학부 4학년 학생들은 이미 현장 인턴 실습을 마친 졸업반 학생들이었다. 그런 까닭에 학생들은 모두 전공과목에 대한 이해가 높았고 실제로 공부도 열심히 했다.

첫 강의평가에서 꼴찌 교수가 되다

1990년대 초에는 지금처럼 파워포인트와 프로젝터를 이용해 강의하던 시절이 아니었다. 여전히 흑판에 분필을 써서 강의하던 시절이었다. 나는 지금도 첫 강의를 잊을 수가 없다. 동양인 교수가 어떻게 가르치는지 준엄하게 평가하겠다는 듯이 40여 명의 백인 학생들이 두 눈을 크게 뜨고서 나를 주시했다. 흑판에 반도체 물리학의 어려운 부호들을 써 가며 강의를 하는데, 너무 복잡해서 나조차 내가 무슨 강의를 하고 있는지 혼란스러웠다. 너무 긴장해서인지 어려운 물리와 수학 기호를 한국말로 잘못 발음하는 실수를 범하기도 해서 스스로 실소를 금치 못하기도 했다. 하지만 어차피 학생들 입장에서는 나의 불량한 영어 발음 때문에 강의를 잘 알아듣지 못하기는 마찬가지였을 것이다. 첫 강의 한 시간 내내 횡설수설하며 진행했다. 지금도 영어 발음에 악센트가 있다고 지적을 받는데 그때는 더 심했을 것이다. 정말 기도가 절로 나왔다.

불행 중 다행인 것일까. 지난날 조지아텍에서 박사자격 예비시험에 번번이 떨어지면서 여러 번 반복해 들었던 반도체 물리학 과목이 처음 시작하는 학부 강의에 이렇게 큰 도움이 될 줄은 몰랐다. 내가 좋아할 뿐더러 확실히 이해하고 잘 가르칠 수 있는 과목이었다. 사실은 대학원 강의는 전공한 세부 전문 과목을 가르치기 때문에 비교적 강의하기가 쉽다. 반면 다양한 기초 분야를 가르쳐야 하는 학부 과목은 미국에서 대학을 졸업하지 않은 나 같은 외국 출신 교수들에게는 부담이 되었다.

내가 조지아텍에서 학부 과목을 청강하며 기초 및 응용 과목을 두루 섭렵한 것은 정말이지 '여호와 이레'의 은혜였다. 당시에는 내가 미국에서 학생들을 가르치게 되리라고 상상도 하지 못했기 때문에 번번이 낙방의 고배를 마시며 어쩔 수 없이 학부 과목을 청강한 것이었는데, "우리가 알거니와 하나님의 사랑하는 자 곧 그의 뜻대로 부르심을 입은 자들에게는 모든 것이 합력하여 선을 이루느니라"(롬 8:28)는 말씀 그대로였다. 하나님께서 나의 연약함을 보완하시려고 당시는 이해할 수 없는 고통 속에서 훈련하셨지만, 돌아보니 꼭 필요한 훈련이었던 것이다. 나의 생각과 같지 아니한 하나님의 높고 광대한 계획에 따라 준비된 덕분에 아직 영어가 서툰 것이 문제이긴 하지만 나는 전기전자공학의 모든 학부 과목을 가르치는 데 자신이 있었다.

나는 나를 향해 쏘아보는 매서운 눈동자들에 느낌표로 때려 주고 싶은 욕망이 솟아났다. 선택한 교과서의 내용보다 더 많은 내용을 가르치려고 애썼고, 숙제는 많은 생각을 요하는 어려운 문제들을 주로 내주었다. 중간고사와 기말고사의 시험 문제는 결코 쉽지 않은 문제들로 가득 채웠다. 그러나 이것이 초임 교수의 어리석은 욕심일 따름이고, 그 욕심이 교수의 강의평가에 큰 화를 불러온다는 것을 깨닫는 데는 긴 시간이 걸리지 않았다.

정말 열과 성을 다해 가르쳤건만, 마지막 시간에 학생들이 평가한 나의 강의평가보고서의 결과는 실로 참담했다. 학점으로 치면 D학점으로 공과대학 전체 교수 중에서 거의 꼴찌에 가까운 평가였다. 학생들의 코멘트 중에는 'Dr. Ahn has an accent'라고 완곡하게 표현되어 있지만 결국 안 교수의 영어를 알아듣기 힘들다는 말이었다. 미국 대학 교수의 영어를 미국 학생이 알아듣기 어렵다니, 참 기가 막힌 일이었다. 미국 대학에서는 학생들이 교수들의 강의를 엄격히 평가하는데, 강의 평가가 나쁘면 그 교수는 종신교수가 되기 어렵고 결국은 교수직을 떠나야 한다.

"주님, 저는 처음부터 바로 되는 일이 별로 없습니다. 첫 강의평가에서 실패하였으니, 어떻게 하면 좋겠습니까?"

어째서 나는 처음부터 일사천리로 잘되는 일이 없단 말인가! 인생은 고난을 통해 더 성숙해진다고 이미 경험을 통해 굳게 믿고 있지만, 주님은 내가 지금까지 친 바닥으로는 아직 충분하지 않다고 생각하시는 모양이었다. 가까스로 산을 넘어서 이제 평지다 싶으면 어김없이 강이 나타난다. 어렵게 강을 건넜다 싶으면 또 오르막길이 눈앞에 펼쳐진다. 이것이 인생이라지만, 대학의 첫 강의에서 실패한 내가 절망한다고 누가 내게 돌을 던질 수 있겠는가? 그러나 절망은 자신이 인정하고 받아들일 때만 의미가 있는 것이다. 나는 이번에도 절망을 과감히 거부하고, 다음 강의에서는 더 잘 가르치리라 굳게 다짐했다.

"주님, 도와주십시오."

2등을 해본 사람만이 진정한 1등 인생을 살 수 있다

강의평가가 아주 나빴던 반도체 물리과목을 수강한 두 명의 졸업반 학생이 나를 찾아왔다. 그런데 어안이 벙벙하게도, 이 두 명은 나를 지도교수로 삼고 박사학위 과정을 수학하고 싶다고 했다. 이유는 나의 강의가 좋았고, 열정적인 모습이 좋았고, 전공 분야가 좋다는 것이었다. 이 두 학생 모두 우등생이었는데, 그중에 댄 새들러(Daniel Sadler)는 학부 전 학년의 모든 과목에서 A학점을 받아 수석으로 졸업하는 최우등 학생이었다. 그는 졸업식에서 졸업생을 대표해서 졸업 고별사를 읽기로 이미 내정된 학생(Valedictorian)이기도 했다. 미국의 어느 최우수 대학을 가도 장학금을 받으며 박사학위 과정을 수학할 수 있는 아주 명석한 학생이었던 것이다. 정말 모를 일이었다. 강의평가는 공대 전체에서 거의 꼴찌를 하였는데, 그 강의를 들은 최우등생이 자청하여 나의 박사 학생으로 수학하겠다고 하니, 나는 어안이 벙벙했다. 공과대학 수석 졸업생이 같은 학과의 박사과정에 남은 전례가 없었기에 전자공학과의 모든 교수가 고개를 갸우뚱했다. 그것도 동양계 출신의 교수인 나를 지도교수로 삼겠다고 했으니 더욱 이해 못하겠다는 반응이었다.

댄은 학부를 졸업하고 바로 나의 연구실에서 박사 학생으로 수학을 시작했다. 예상한 대로 댄은 학업과 연구에서 탁월한 능력을 보여 주었다. 정말 내게는 하나님께서 보내 주신 천사 같은 학생이었다. 비록 나의 학생이었지만, 나는 댄과 수많은 토론을 하며 자연스럽게 영어에 진보를 보이고 있었다. 물론 전공 분야에 관한 논문을 쓸 때 사용하는 영어는 전문성을 요구하기 때문에 댄의 첫 논문은 모든 페이지가 빨갛게 보일 정도로 나의 교정을 받아야 했다. 댄은 처음에 이 일로 충격을 받은 듯했다. 어쨌든 댄의 탁월한 연구 업적과 논문 발표를 통해 나의 연구실은 학내외에서 좋은 평판을 얻기 시작했다.

한번은 댄이 사무실에 와서 눈물을 떨구며 연구를 계속 하는 것이 너무 힘들다고 했다. 이야기를 들어 보니, 자기가 계획하고 수고하는 것만큼 연구 결과가 만족스럽게 나오지 않아 너무 실망스럽다는 것이다. 평생에 2등을 해본 적 없는 댄으로서는 받아들이기 힘든 일이었을 것이다. 하지만 박사과정의 연구는 스스로 연구 토픽을 찾고 자신이 설정한 연구 주제의 가설들을 이론이나 실험을 통해 증명해 보여야 하는 고단한 작업이다. 강의를 듣고 단순히 답을 쓰는 일과는 전혀 다른 일인 것이다. 창의적인 연구는 자신과의 고독한 싸움이요, 수많은 실패를 극복해야 하는 인내심이 필요한 일이다. 연구는 창의력과 모험심을 가지고 미지의 세계를 여행하는 인생의 축소판이기도 하다. 나는 댄에게 이렇게 말했다.

"댄, 너는 지금까지 2등을 해본 적이 있니?"

고개를 가우뚱하며 댄이 대답했다.

"2등을 해본 기억이 없는데요."

"공학박사가 된다는 것은 새로운 과학과 공학 분야를 외롭게 탐구해 가는 전문성을 연마하고 그 전문성을 인정받는 거야. 시도한 연구는 실패가 따르게 마련이란다. 성공한 모든 연구자는 스스로와의 싸움에서 실패와 절망을 극복하고 앞으로 나아간 사람들이었어. 연구 결과는 1등을 하듯이 쉽게 얻어지는 것이 아니야. 때론 2등을, 때론 꼴찌를 했을지라도 다시 일어서서 나아가는 인내와 열정을 잃지 않는 자세가 중요해. 너는 이제부터 2등이 되어도 이를 극복하고 이겨 내는 법을 좀 더 연구해 보는 것이 좋겠어. 2등을 해본 사람만이 진정한 1등 인생을 살 수 있는 거야."

댄이 눈물을 닦으며 나를 바라보았다. 이후 댄은 더 열심히 그리고 성숙한 박사연구생으로 자라 갔다.

교육이란 어찌 보면 종합예술이다. 인재를 길러 내는 일이란 정형화된 공식으로 할 수 있는 것이 아니다. 전문성과 함께 올바른 인성을 길러 줄 때 바르고 훌륭한 인재가 탄생한다. 댄이 박사학위 논문 최종 발표와 심사를 받는 날에는 논문심사위원 외에 학과의 많은 재학생과 교수들이 참석했다. 이미 전문학회에 여러 편의 논문을 게재한 덕분에 박사학위 논문 심사는 쉽게 통과됐다. 논문 심사가 모두 끝나자, 댄이 감사의 말을 했다.

"오늘의 제가 있게 된 것은 여기 모이신 모든 분의 지도와 도움이 컸습니다. 특히 안 교수님의 연구실에서 연구할 기회를 갖게 된 것은 제게 큰 복이었습니다. 저는 오늘 여기 모인 모든 분과 논문심사위원님들께 깊은 감사를 드리며, 아울러 제가 박사과정 수학 중에 저를 찾아오신 예수님을 여러분께 소개해 드리고자 합니다…."

순간 논문 발표장이 조용해졌다. 댄이 나의 연구실에서 예수님을 영접하게 된 일을 간증하면서 복음을 전하기 시작한 것이다. 종교와 학문을 철저히 분리하는 미국의 대학에서 볼 수 없는 놀라운 광경이 벌어지고 있었다. 나는 댄의 간증을 들으면서 한편으로는 마음을 졸였고 또 한편으로는 대견하고 통쾌했다. 뜻하지 않은 댄의 간증을 들으면서 댄은 나의 어려운 초임교수 시절을 돕기 위해 주님이 보내신 천사라는 것을 깨달았다. 현재 댄은 텍사스 주 피닉스에 소재한 미국 굴지의 전자기업 종합연구소에서 연구책임자로 일하고 있다. 한편 피닉스 지역 교회의 청년들을 섬기는 사역을 감당하며 신실한 그리스도의 제자로 살아가고 있다.

'Honor Roll' 교수로

나는 열심히 학부 및 대학원 과목들을 새롭게 개발했다. 특히 새로운 학문인 멤스 분야는 아직 마땅한 교과서가 없었기에 거의 모든 강의 내용을 강의노트 중심으로 새롭게 개발했다. 무엇보다도 좋은 연구 프로그램은 좋은 강의를 통해 학생들의 기초를 튼튼히 하고, 창의적인 응용을 할 수 있도록 가르칠 때 가능한 일이라고 굳게 믿었다. 멤스 이론 과목을 개발하고 이에 상응하는 실험 과목을 새롭게 개발했다. 각광받는 새로운 학문 분야로 떠오른 멤스 과목들은 대학원 학생들뿐만 아니라, 학부 졸업반 학생들에게도 인기 있는 강의였다. 나는 여러 강좌를 통해 우수한 대학원 학생들을 멤스 연구 프로그램에 유치할 수 있었다. 신시내티 대학의 멤스 프로그램은 좋은 강의와 영향력 있는 연구 결과를 계속 발표하면서, 멤스 분야에서 주목받는 연구 프로그램으로 서서히 자리 잡아 갔다.

처음 강의에서 최하위의 평가를 받은 나는 그 후 몇 년 뒤 공과대학에서 제일 강의를 잘하는 교수에게 수여되는 'Honor Roll' 교수상을 수상했다. 쉽게 말하면 처음에는 공부에 꼴등 하던 학생이 낙심하지 않고 열심히 공부해서 2~3년 후에 우등생의 명부에 들었다는 말이다. 이 모두가 주님이 지혜를 주시고 인도하시고 도와주셨기에 가능한 일이었다. 한 가지 내가 한 일이 있다면, 첫 강의평가에서 꼴찌를 했어도 낙심하지 않고 주님을 신뢰하며 최선을 다해 새로운 강의 과목들을 개발하고 열심히 가르친 것이다. 이후로도 나의 연구 업적이 인정받아 많은 상을 받았지만, Honor Roll을 받았을 때만큼 감격적인 때가 없었다. 낙심을 뚫고 일어났기에 받은 위로였으며, 언어가 약한 동양계 교수도 최고로 잘 가르치는 미국의 대학교수가 될 수 있다는 자신감을 얻었기 때문일 것이다. 물론 이것으로 내가 언어와 문화의 벽을 완전히 넘어 선 것은 아니었다. 내 과목에서 좋지 않은 학점을 받은 학생들의 악의적인 교수평가에 시달리는 것만은 여전히 끝나지 않았다.

   우리가 하나님 말씀의 약속을 믿고, 인내하며, 최선을 다할 때 하나님은 우리 인생을 위해 계획하고 뜻하신 바를 이루어 가신다. 하나님은 우리와 함께 일하시기를 가장 기뻐하신다. 그러므로 하나님이 우리를 위해 일하실 때 우리도 최선을 다해야 하는 것이다.

5장

"하나님,
저 때문에
창피당하시지 마세요"

미국 대학의 공과대학 교수들은 자신이 연구하는 토픽에 대한 연구비를 외부 기관으로부터 가져와야 한다. 연구비가 있어야 대학원생을 지도학생으로 영입할 수 있고, 지도학생의 수업료, 생활비 및 연구재료비를 충당할 수 있다. 연구실의 운영비, 전화비, 심지어 물 사용료까지 모두 연구비에서 지급된다. 미국의 공과대학은 박사과정에 있는 대학원생에게 매달 장학금을 지불해서 학생이 자립하여 공부하고 연구할 수 있도록 지원한다. 물론 학비도 지불해 준다. 교수들의 강의를 도와주며 TA(Teaching Assistantship)를 받기도 하지만, 연구에 집중하는 경우는 주로 RA(Research Assistantship)를 받는다. 거의 모든 RA는 지도교수의 연구비에서 직접 지급된다. 미국의 공과대학 교수는 자신이 가져온 연구비가 없으면 아무것도 할 수가 없는 셈이다. 미국 교수에게 요구되는 제일 중요한 자질 중 하나가 바로 연구비 수혜 능력이다. 따라서 정부기관이나 기업체로부터 연구비를 수혜하기 위해 연구제안서(Research Proposl)를 준비하는 일에 많은 시간을 할애한다. 교수의 연구비 수혜 여부는 곧바로 해당 연구실의 연구 활동과 직결되기 때문이다. 만일 종신교수 트랙에 있는 초임교수가 검증된 기관에서 연구비를 가져오는 일에 실패하면, 이는 곧 종신교수로 임명되는 것에서 탈락하는 것을 의미한다.

따라서 모든 초임교수는 연구비 수혜로 인해 피를 말리는 압박을 받는다. 특히 언어와 문화의 이해에 약점이 있는 외국인 출신 초임교수들한테는 그 진입 장벽이 더 높다. 이런 제약은 내게도 예외가 아니었다. 주로 미국국립과학재단(National Science Foundation, NSF), 미국국방성(Department of Defense, DoD) 또는 미국국립보건원(National Institute of Health, NIH) 등의 국립 연구기관이 연구비 수혜 기관들이라고 볼 수 있다. 지원 가능한 연구비 수혜 공고를 볼 때마다 연구제안서를 준비하여 제출했다. 실은 누가 특별히 연구제안서 작성을 지도해 주는 것도 아니어서, 시간도 많이 걸렸지만 제출한 연구제안서는 연구비 수혜 경쟁에서 번번이 실패했다.

"하나님, 저 때문에 창피당하지 마세요"

적은 금액의 연구비를 쪼개어 쓰면서, 나의 연구실은 멤스의 생명공학 및 의료진단 분야로 새로운 진출을 시도했다. 멤스를 생명공학 분야에 접목해 바이오멤스(Biomedical MEMS, BioMEMS)라는 새로운 분야를 개척하기 시작한 것이다. 이와 함께 바이오멤스 연구에 꼭 필요한 분야인 미세유체(Microfluidics) 분야도 연구하기 시작했다. 이 분야는 전기, 전자 공학자인 내게는 생소한 분야였지만, 미래의 가능성을 바라보며 전력으로 연구했고, 그 결과를 국제학술지에 발표했다. 하지만 나는 여전히 주요 국립연구비 수혜기관의 심사에서 특별한 관심을 받지 못했다.

초임교수로 임용이 되면 2~3년 내에 재임용 심사를 하게 되는데, 강의평가, 발표 논문, 지도학생 수, 연구비 수혜 여부 및 수혜 가능성을 심사했다. 나는 첫 2년 동안 여러 개의 연구제안서를 제출했지만, 조그만 기업체의 연구비를 제외하고는 이렇다 할 연구비를 가져오지 못했다. 큰 걱정이었고, 늘 기도제목이었다. 마치 거대한 산이 버티고 있는 것처럼 느껴졌다. 2년째에 심사한 재임용에는 겨우 통과되었지만, 학사담당 부총장(Provost)은 연구비 수혜에 더욱 집중하라는 경고성 재임용 승인서를 내게 보냈다.

정말 산을 넘으면 또 산이 있다는 말은 이를 두고 하는 말인 듯싶었다. 비전과 희망은 인생에서 가장 중요한 것 중에 하나지만, 그 실현 가능성이 너무 멀리 있거나 너무 높은 곳에 있으면 우리는 절망하게 된다. 그렇다면 비전과 현실의 괴리를 어떻게 조절해서 그 위험부담을 최소화할 것인가가 관건이 아닐까 생각된다. 모든 인생에서 위험부담은 필연적인 것이고, 그래서 피할 수 없다면 위험부담을 관리하는 것이 궁극적으로 중요한 문제가 될 것이다.

당시 신시내티 대학에 교수로 임용된 뒤 시작한 청년 유학생 사역은 날로 커져서 금요일마다 수십 명이 모이는 사역이 되었고, 이로 인해 내 짐은 더 무거워졌다. 나는 매일 이 문제를 가지고 기도하며 주님의 도움을 구했다.

"하나님 아버지, 최근에 제가 겪고 있는 연구비 수혜의 부담을 잘 아시지요? 저는 지난 몇 해 동안 제가 할 수 있는 최선을 다하여 연구비 수혜 공고를 찾아서, 연구제안서를 냈습니다. 그리고 계속 찾고, 구하고, 두드렸습니다. 그런데 아무 결과가 없으니 절망이 됩니다. 이제 어떻게 하실 작정이세요?"

몇 년을 매달리며 기도했건만 아무런 대답이 없으시니 답답했다. 나는 이제 하나님께 앙탈을 부리기 시작했다.

"아버지, 이 아들이 연구비를 가져오지 못하여 이곳에서 쫓겨나는 창피를 당하면, 결국 아버지께서 창피를 당하시는 것인 줄 잘 아실 거예요. 하나님 아버지, 저 때문에 창피당하시지 않았으면 좋겠어요…."

하나님이 나를 미국에 붙잡아 두셨으니 나의 창피가 아버지의 창피라고 애교 섞인 협박을 한 것이다. 내 인생의 주인도 하나님이시고, 위험부담 관리인도 하나님이시니 하나님이 책임지라고 나는 떼쓰는 아이처럼 드러누워 버렸다.

하나님께는 모두가 고만고만한 금액

연구비 수혜 문제로 고민하고 있는데, 미국방위고등연구계획국에서 미세유량을 이용하여 손에 들고 다니며 공기오염 및 생화학 감염을 측정할 수 있는 초소형 생화학 진단기기를 개발한다는 연구서 제안 초청을 보게 되었다. 그간 나의 연구실에서 주력해 온 연구 분야와 잘 맞는 분야였고, 이제 하나님이 좋은 길을 열어 주시려나 보다 생각되었다. 미국방위고등연구계획국은 국방에 필요한 연구와 함께 연구의 상업화를 추구하며, 세계의 첨단기술을 선도하는 연구를 지원하는 국방부 산하의 연방정부 기관이다. 이곳을 통해 반도체 집적기술, 인터넷, 광통신 및 무인 비행기 등 군사적 용도의 연구를 시작했지만, 결국은 미국의 산업을 일으킨 혁신 기반 기술들이 이 연구소의 지원을 통해 개발되었다. 이 연구소는 미국의 자랑이요 자존심이기도 했다. 그런 만큼 미국 대학의 모든 연구자는 이곳으로부터 연구비 지원받는 것을 매우 자랑스럽게 여겼다. 다른 연방정부의 연구비 지원기관과 달리 이 연구소는 혁신 첨단기술 분야를 집중적으로 지원하며 실용화 전략을 함께 추진하는 연구소였다. 연구비 지원 금액도 컸고 또 집중적이었다.

나는 아직 조교수였고 연구 경력도 미천한 초임교수였다. 더구나 신분은 미국 교수지만 아직 영주권이 없는 외국인이었다. 내가 이런 곳에서 연구비를 지원 받을 수 있을지 여러 모로 자신이 없었다. 하지만 연구비 수혜가 이렇게 어려운 일이라면, 내 힘으로는 어찌지 못할 일이다. 오직 하나님의 인도하심과 도우심만이 이 일을 해결할 수 있었다. 제아무리 미국방위고등연구계획국이라도 하나님이 일하시면 어쩌지 못할 것이다. 이렇게 마음을 먹자 희망이 차올랐고 자신감도 생겼다.

나는 신시내티 대학에 부임한 뒤 해온 연구 분야를 중심으로 하고, 생화학과의 윌리엄 하이네만(William Heineman) 교수를 공동연구자로 초청했다. 하이네만 교수는 분석 생화학의 세계적인 권위자였다. 우리는 세계 최초로 손에 들고 다니는 생화학 분석 조기진단기를 개발해 보자는 야심찬 연구계획서를 작성했다. 거의 한 달을 밤샘하며 준비했다. 신청한 연구비 총액이 미화 400만 달러에 육박하는 대형 프로젝트였다. 지혜의 근원이 되시며, 모든 결정의 주인이 되시는 주님을 믿고 배포도 크게 밀어붙였다. 최종 연구제안서를 만든 후 나는 연구실 문을 걸어 잠그고 주님께 간절히 기도드렸다. 그간의 오랜 수고와 마음고생을 생각하니, 기도 중에 눈물이 났다. 연구제안서의 발송 봉투를 눈물로 봉인한 셈이었다.

몇 달의 심사 기간이 초조하게 지나갔다. 그리고 마침내 미국방위고등연구계획국에서 내가 제출한 연구제안서를 채택하고 요구한 연구비를 지원하겠다는 편지를 보내 왔다. 정말 그 감사와 감격을 어찌 말로

다 표현할 수 있겠는가? 미국방위고등연구계획국에서 나와 함께 연구비를 수혜한 6개의 연구 그룹은 모두 미국 최고 대학의 세계적인 명성을 얻고 있는 연구팀들이었다. 우리 연구실의 행정 책임자인 베키(Becky Bush)는 연구비 수혜 소식을 듣고서 껑충껑충 뛰면서 즐거워 어쩔 줄을 몰라 했다. 나는 신시내티 대학에 미국방위고등연구계획국의 대형 프로젝트를 연구 주책임자(Principal Investigator, PI)로 가져온 첫 번째 교수였다. 대학신문은 나의 연구비 수혜를 크게 보도했다.

나는 이런 일들을 통해 하나님은 영성뿐만 아니라 학문과 지성 세계의 진정한 주인이라는 확신을 더욱 갖게 되었다. 영성은 곧 지성의 근원이었다.

20여 명의 교수와 대학원생들이 참여한 3년간의 융합 연구 프로젝트는 다학제 간 연구의 어려움에도 불구하고, 우리 연구팀은 6개 참여 팀 중에서 늘 좋은 연구 결과를 얻었다. 우리 팀의 연구 결과는 미 연방의회에서 미국방위고등연구계획국의 예산을 승인받는 보고서에서 성공적인 사례로 사용되기도 했다. 프로그램 매니저인 로스 리츠(Rose Ritts) 박사는 우리 팀의 연구를 언제나 적극적으로 지원해 주었다. 따라서 3년의 연구 기간 동안 우리 연구팀은 100만 불 이상의 연구비를 추가로 수혜했고, 연구 결과들을 관련 국제 학술발표회 및 학술 논문지에 수십 편 발표했다. 해를 거듭할수록 우리 연구실은 손에 들고 다니는 생화학 분석 조기 진단기 개발에 관한 한 세계 최고의 연구실로 자리매김해 갔다.

일회용 지능형 플라스틱 랩온어칩

우리 연구팀은 3년의 연구 프로젝트를 성공적으로 마치고, 연구제안서에 약속한 연구 결과를 도출한 후 미국방위고등연구계획국에 최종 보고서와 함께 전달했다. 다행히도, 첫 대형 프로젝트를 성공적으로 마친 이듬해에, 미국방위고등연구계획국은 미세유량(Microfluidics) 혈액, 혈청, 시약 및 시료를 사용하는 질병 조기진단기 개발 프로그램을 만들었고, 이 연구에 대한 연구초청을 전 미국의 대학과 연구기관에 공고했다. 나는 신시내티 대학의 의과대학 교수들과 다학제 간 융합연구팀을 새롭게 만들고, 새로운 질병 진단 분야에 도전해 보기로 했다. 이번에는 피 한 방울로 인체의 질병을 조기진단할 수 있는 질병 조기진단 측정기를 개발하는 연구 프로젝트를 수행할 계획이었다. 특히 피의 특성과 사용의 편리함을 고려하면서, 일회용 지능형 플라스틱 랩온어칩(Disposable Smart Plastic Lab-on-a-Chip)을 개발할 작정이었다.

나는 나의 전공 분야를 통해 하나님 나라의 일에 유익이 되고 또 하나님께 영광을 돌리는 문제로 늘 고심했다. 사실은 많은 크리스천이 열심히 일하지만, 그 일이 이 세상과 하나님 나라에 무슨 의미를 갖는지에 대한 성경적인 이해가 부족하다. 바른 성경적인 이해 없이 일과 직업이 그저 일용할 양식을 얻는 수단이 되어서는 안 된다. 한편 전통 보수주의 크리스천들 중에는 십일조를 더 많이 드리기 위해 열심히 일해야 한다고 믿는 사람도 있다. 물론 부분적으로 틀린 말은 아니지만, 이는 하나님께서 이 땅을 창조하시고, 우리에게 정복하고 다스리고 번성하라는 하나님의 문화 명령을 잘못 이해하고 있는 것이다.

"하나님이 그들에게 복을 주시며 하나님이 그들에게 이르시되 생육하고 번성하여 땅에 충만하라, 땅을 정복하라, 바다의 물고기와 하늘의 새와 땅에 움직이는 모든 생물을 다스리라 하시니라"(창 1:28).

우리는 하나님이 이 땅에서 허락하신 시간 동안 하나님의 문화 명령을 열심히 그리고 기쁨으로 수행해야 한다. 이것이 우리가 열심히 살아야 하는 이유이고, 일과 직업을 갖는 진정한 이유다. 그런 점에서 일하지 않는 것은 일용할 양식을 얻지 못하는 차원을 넘어 하나님의 뜻을 거스르는 것이다. 더 나아가 일을 통해 세상 사람들을 섬길 수 있다.

나는 하나님이 우리에게 위임하신 이 땅을 누리고 관리하며 섬기기 위한 방편으로 나의 일을 하려고 애썼다. 또 멤스라는 분야로 하나님을 기쁘시게 하고 세상에 유익이 되려면 어떻게 해야 할까를 생각했다. 늘 새로운 방법과 길을 모색한 것도 하나님이 늘 새로운 것을 만드실 뿐 아니라 새로운 것을 즐기시기 때문이다. 하나님은 찬양도 새 노래로 드리는 것을 기뻐하신다.

현대에도 질병은 여전히 극복해야 할 무서운 적이다. 질병을 조기에 진단하고 치료할 수 있다면, 더 많은 사람이 건강한 삶을 누릴 수 있을 것이다. 더구나 만일 환자의 질병을 환자가 생활하는 곳에서 신속히 진단할 수 있는 포인트 오브 케어 질병진단(Point-of-Care Testing, POCT)이 가능해진다면 질병 조기진단 및 치료에 많은 유익이 있을 것이다. 질병 진단에는 피나 혈청을 주로 사용하는데, 분석을 위해 대개 병원의 중앙 분석실험실에서 복잡한 분석기를 사용한다. 그런데 복잡한 분석기 대신 마치 반도체 회로를 만들 때 집적회로를 사용하는 것처럼 작은 도관들로 구성된 플라스틱 칩 위에 집적된 분석실험실을 만들 수 있다면 개인 휴대용 진단에 새로운 혁신이 일어날 것이다.

우리 연구실은 특히 피의 특성과 사용의 편리함을 고려하여 일회용 지능형 플라스틱 랩온어칩 개발에 박차를 가했다. 그리고 이 기술에 대한 여러 개의 국제특허를 출원 획득했다. 그리고 우리 연구팀은 새로운 질병 조기진단기를 위한 일회용 지능형 플라스틱 랩온어칩 개발의 연구를 위해 미국방위고등연구계획국에서 다시 미화 400만 달러의 연구 프로젝트를 수혜받았다. 이로써 우리 연구팀은 충분한 연구비를 획득하게 되었고, 이 분야에서 세계적인 영향력을 미칠 기회를 갖게 되었다. 국제학술지에 이 분야에서 영향력 있는 논문을 수십 편 발표한 것은 물론이다.

이 일회용 지능형 플라스틱 랩온어칩 개발은 나중에 내가 실로암 바이오 사이언스(Siloam Biosciences)라는 벤처기업을 창업하는 주춧돌이 되었다. 뿐만 아니라 일회용 지능형 플라스틱 랩온어칩은 편리하고, 빠르고, 정확하고 가격이 저렴한 면역분석(Immunoassay)에 활용되면서, 암을 포함한 질병의 조기진단과 신속한 제약 개발 및 포인트 오브 케어 질병 진단에 새로운 지평을 열어 주고 있다.

나는 공학자로서 '국민의 세금으로 지급받은 연구비로 개발한 발명품과 기술을 실용화하여 국민에게 유익이 되도록 되돌려주는 것'이 바로 내가 해야 할 미션의 완성으로 보아서 벤처기업을 창업했다. 하나님이 복으로 주신 혁신 기술을 의료기기에 실용화해 세상에 유익으로 돌려주려 하고 있다. 더불어 새로운 일자리를 창출하고자 한다.

돌아보면 이 모든 것이 부족한 초임교수를 통해 연출한 하나님의 드라마다. 물론 나는 하나님의 드라마에 배역을 맡고 등장한 것을 매우 기쁘고 영광스럽게 생각한다. 나는 예배와 일을 구분하지 않는다. 하나님의 자녀인 내가 하는 모든 일이 하나님이 하시는 일이라고 생각하기 때문이다. 그래서 내게는 '연구하고 일하는 것'이 곧 '하나님께 드리는 예배'다.

놀라지 마시라. 나는 홀로 상상하며 새로운 공상의 세계를 배회할 때 큰 기쁨을 느낀다. 하나님께서 늘 생각을 통해 새로운 영감을 주시며, 이를 실현할 수 있는 공학도의 달란트를 내게 주셨기 때문이다. 하나님께서 그런 나를 보고 기뻐하시기 때문이다.

나이가 들면서 창의적인 연구 주제가 떠오르지 않는다는 사람들이 더러 있다. 그런데 나는 감사하게도 나이가 들수록 새로운 것을 찾고 두드리며 도전하는 일에 더 큰 기쁨을 느낀다. 늘 창의적인 연구를 찾는 교수요, 연구자로 사는 것이 두렵지 않고 즐겁다. 늘 지혜를 구하면 꾸짖지 않고 후히 주신다고 약속하신 하나님 아버지의 사랑 때문일 것이다. 새로운 것을 좋아하시는 하나님 아버지의 성품을 닮고자 노력하기 때문일 것이다.

모름지기 신실한 크리스천은 열심히 일해야 한다. 예배는 주일에 교회에서 드릴 뿐 아니라 우리 삶의 현장에서도 드려져야 한다. 열심히, 정직하게, 치열하게 일할 때 우리와 함께 일하시는 하나님의 임재를 경험하게 된다. 그럴 때 우리 삶 자체가 예배가 되고, 실패와 성공이 희비쌍곡선을 그려도 자유할 수 있다.

6장

아차, 너무 빨리 신청한
종신교수 승진 심사

　　　　　　　미국에서 종신교수 트랙(Tenure-Track)에 있는 조교수의 삶은 무척 바쁘다. 강의 준비와 연구비 수혜를 위한 연구제안서 준비, 연구 수행, 대학원 학생 지도, 논문 발표 등 몸이 열 개라도 모자랄 만큼 할 일이 너무 많다.

　나는 박사학위 과정을 수학하면서 너무 바빠서 아이들과 잘 놀아 주지 못한 것이 늘 미안했다. 학위를 마치고 직장을 얻으면 그동안 놀아 주지 못한 것까지 합해서 마음에 족하게 놀아 주리라 했지만, 그 약속도 지키지 못했다. 아니 약속을 지키기는커녕 아예 아이들 얼굴조차 보기 힘들 지경이 되었다. 더구나 청년 유학생 사역이 해를 거듭할수록 번창해서 더 눈코 뜰 사이가 없었다. 주중의 하루 이틀 저녁에는 제자훈련을 하고, 금요일 저녁은 청년 유학생과 금요 성경공부를 하고, 토요일은 리더를 양육해야 했던 것이다. 물론 주일은 아침부터 저녁까지 교회에서 예배와 교제에 힘썼다.

하루는 아내가 아이들이 저녁식사 기도를 하면서 "하나님, 아빠 얼굴 좀 볼 수 있게 해주세요"라고 기도했다고 전해 주었다. 가슴이 아팠다. 이 땅의 모든 아빠들은 가족을 위해 이른 아침부터 늦은 저녁까지 열심히 일한다. 아빠 자신이 안정된 수입을 벌어야 가족을 부양하고 자녀의 교육비를 부담할 수 있기 때문이다. 나도 마찬가지였다. 친척 하나 없는 미국 땅에서 연구비를 수혜받고 연구하고 학생들을 잘 가르치는 능력 있는 교수로 인정받으려면 이리 뛰고 저리 뛰어야 했다. 그렇게 해서 가능하면 빨리 종신교수가 되어야 의지할 곳 없는 미국 땅에서 안정된 직장을 비로소 갖게 되는 것이다. 만일 역량을 충분히 발휘하지 못해서 종신교수가 되지 못하면 대학을 떠나야 한다. 상상만 해도 끔찍한 일이었다. 사실 이런 부담감 때문에 미국의 초임교수들은 더 분주할 수밖에 없고, 당연히 가정에 소홀해져서 초임교수들의 이혼율이 매우 높다고 한다.

"아빠도 잘 알고 있단다. 하지만 아빠가 빨리 종신교수가 되어야 너희들과 더 많은 시간을 보낼 수 있지 않겠니?"

그런데 이런 말을 하는 아빠들은 가정생활이 행복하지 않다는 공통점을 가지고 있다. 현실적인 압박감과 안정된 생활을 위해 현재의 삶을 부분적으로 희생하는 것은 불가피하지만, 가정과 삶의 본질을 망각하고 자기 계발과 일에만 몰두하는 아빠는 언젠가 꼭 후회하게 되어 있다. '아이들과 좀 더 많은 시간을 가졌어야 했구나' 하는 깨달음이 오는 순간, 더 이상 돌이킬 수 없는 데까지 가 버린 경우가 허다하다.

아차, 너무 빨리 신청한 종신교수 승진 심사

미국의 대학과 전공마다 조금씩 다르기는 하지만, 대체로 초임교수는 5년여 근무한 뒤 종신교수 심사를 신청한다. 심사는 1년여 진행되며, 심사에 통과되면 6년째에 종신교수가 되어 부교수로 진급한다. 만일 종신교수 심사에서 통과하지 못하면 대개 한 번 더 기회가 주어져서 7년째에 종신교수가 되거나, 이때도 실패하면 학교를 떠나야 한다. 미국 대학에서 종신교수 심사에 통과하는 경우가 대략 55% 전후라고 하니 교수들은 박사학위 취득 후에도 계속 입시를 치르는 셈이다.

신시내티 대학에서 조교수로 가르치기 시작한 지 2년 반쯤 되었을 때, 미국 중서부의 어느 유수 주립대학에서 조교수로 지원해 보지 않겠냐는 개인적인 초청을 받게 되었다. 미국 대학에서는 특별히 관심 있는 연구 분야나 탁월한 연구 업적이 있는 교수를 개별 초청하여 심사한 뒤 교수로 채용하는 경우가 종종 있다. 그 대학은 아마 나의 미국방위고등연구계획국의 연구비 수혜, 새로운 연구 분야, 그리고 그간의 연구 업적을 눈여겨본 모양이었다.

소문은 언제나 발 빨라서 공과대학 학장이 이 사실을 어떻게 알았는지 내게 개인 면담을 요청해 왔다. 데일 쉐퍼(Dale Schaefer) 학장은 그간 나의 강의평가와 연구 업적을 볼 때 종신교수 조기신청을 해보면 어떻겠냐면서 학장인 자신이 적극 후원해 주겠다고 했다. 아마도 내가 다른 대학으로 옮겨 갈 것을 염려해서였을 것이다.

미국 대학의 종신교수 심사는 소속 학과의 인사위원회와 종신교수들의 투표 및 추천, 학과장의 추천, 소속 대학 인사위원회의 투표 및 추천, 소속 대학 학장의 추천, 학사 담당 부총장의 추천, 그리고 대학 이사회의 최종 인준 과정을 거친다. 이중에서 특히 종신교수 및 인사위원회의 투표 결과를 종합하여 결정하게 되는 소속 대학 학장의 추천이 무척 중요하다. 소속 대학의 학장과 학사 담당 부총장의 종신교수 추천 및 결정 권한은 누구도 간섭하기 어려운 절대 영역과 같다. 함부로 도전하지 못하는 상아탑의 권위라고 보면 된다.

가끔 조교수 중에서 강의평가나 연구 업적이 탁월해서 4년을 마친 뒤 종신교수 심사를 신청하여 5년째에 종신교수가 되는 경우를 일반적으로 종신교수 조기신청이라고 한다. 그런데 공과대학 학장의 조언에 의하면 나의 경우 3년을 마치고 종신교수를 신청하라는 것이었다. 때로 빨리 가는 것이 좋기도 하지만, 대학의 종신교수 심사의 경우 충분한 업적을 쌓고 종신교수 수여가 좀 더 확실해질 때 심사를 신청하는 것이 지혜로운 판단이라고 알려져 있다. 그러나 나는 이러한 관례를 잘 몰랐다. 인생의 여러 관문을 늘 실패를 반복하며 통과했기 때문에, 종신교수 심사신청도 일찌감치 시작해서 재수하여 통과하면 되겠거니 했다. 아무튼 하나님이 나의 종신교수 조기신청을 적극 찬성하시는지는 잘 모르겠지만, 특별히 반대하실 이유는 없겠다 싶었다. 좀 더 일찍 종신교수가 될 수만 있다면, 아이들과도 좀 더 많은 시간을 가질 수 있겠다는 욕심도 생겼다. 또 한 가지, 당시 청년 유학생 사역이 부흥하고 있었으나 시간에 쫓기다 보니 온전히 헌신하지 못했고 기쁨으로 감당하지도 못했다. 내게 시간이 생긴다면 청년 유학생 사역에도 진전이 있을 것이라 생각했다.

3년을 근무한 나의 강의평가, 연구비 수혜 실적, 발표 논문은 이미 5~6년을 근무한 다른 초임교수들의 업적을 훨씬 능가했다. 연구비는 이미 400만 불 이상을 수혜받았고, 강의평가는 우수교수에 들었으며, 전문학술지와 학술발표회에 총 50편 이상의 논문을 발표했으니, 종신교수와 부교수 승진을 요구하기에는 부족함이 없는 업적이었다. 나의 시작은 언제나 실패투성이였지만, 하나님은 그때마다 내게 극복할 힘과 지혜를 주셨다.

그렇게 해서 나는 종신교수 조기심사 신청서를 제출했다. 특히 관련 분야에서 영향력 있는 교수나 학자들의 추천서는 매우 중요했다. 미국이나 유럽의 대학 교수들은 아주 객관적으로 평가한 추천서를 써 보내기 때문에 공신력도 있었다. 그동안 연구 활동을 통해 친분을 갖게 된 멤스 분야의 세계적인 석학들이 기꺼이 추천서를 써 주었다. 미국뿐만 아니라 유럽과 아시아의 학자들이 나의 종신교수를 적극 추천해 준 것이다.

전례 없이 빠른 조기심사였지만, 소속 학과 인사위원회와 종신교수들이 만장일치로 나의 종신교수 수여와 부교수 승진을 추천해 주었고, 학과장은 지원 추천서를 써주었다. 내가 개인적으로 잘 알지 못하는 여러 학과의 대표 인사위원들로 구성된 공과대학의 인사위원회도 만장일치로 나를 지지해 주었다. 이렇듯 모든 일이 순조롭게 진행되는 듯싶었다. 이제 가장 중요한 공과대학 학장의 추천서만 남긴 상태였다.

그런데 문제가 생겼다. 거의 1년여 걸리는 종신교수 심사 과정 중에, 내게 종신교수 심사의 조기신청을 조언하며 지원을 약속해 준 쉐퍼 박사가 개인 신상의 문제로 학장직을 물러나게 된 것이다. 그리고 영국계 이민자로서 영국의 대학에서 가르치다 신시내티 대학에 부임한 교수가 임시학장에 임명되었다. 나와는 개인적인 친분이나 교류가 전혀 없던 분이었다. 유럽 대학의 보수적인 학풍을 고수하는 그는 유럽이나 영국의 경우도 그렇고 신시내티 대학의 전통을 보아도 그렇고 초임교수가 4년 만에 종신교수를 얻는 경우는 없었으므로 나의 신청이 타당하지 않다고 여겼다. 그는 내가 부교수로 승진하는 것은 추천하지만, 종신교수를 수여하는 것은 거부한다는 학장의 최종 추천서를 학사담당 부총장에게 썼다. 학장이 추천한 초임교수의 승진과 종신교수 수여를 학사담당 부총장이 거부하는 경우는 있지만, 학장이 추천하지 않은 종신교수 수여를 부총장이 수여하는 경우는 거의 없다. 결국 나의 종신교수 수여와 부교수의 승진을 모두 거부한다는 것이 최종 심사 결과였다.

아차, 이건 나의 실수였다. 종신교수 심사신청을 일찌감치 신청하여 실패하면 수여될 때까지 재수하듯이 또 신청하면 되는 줄 알았던 것이 이런 큰 낭패를 가져온 것이다. 나는 비로소 주님께 무엇이 잘못 되었는가를 여쭈며, 바른 길로 인도하여 주시기를 간구했다. 순조로울 것 같던 일이 꼬였다면, 여기에는 내가 알지 못하는 주님의 뜻이 있을 터였다.

번복된 종신교수 및 부교수 승진 결정

많은 동료 교수가 나에 대한 이 같은 결정이 부당하다고 생각했다. 특히 나의 종신교수 수여와 부교수 승진을 적극 추천한 대학 인사위원회는 나에 대한 학장의 최종 추천을 이해할 수 없다는 소견을 내게 주었다.

나는 당시 나와 함께 종신교수 심사를 신청하고, 최종으로 종신교수 수여와 부교수 승진을 허락받은 다른 교수들의 업적과 나의 업적을 비교해 보았다. 그들은 비록 나보다 더 오래 근무했지만 나의 업적과는 비교가 되지 않았다. 더구나 나는 그해 대학 인사위원회의 객관적인 평가에서 만장일치로 추천을 받은 몇 안 되는 지원자 중 하나였다. 사실은 낙심이 된다기보다 학장의 부당한 결정에 마음이 상했다. 내년에 재심사를 한다고 해도 논문 몇 편을 더할 뿐이지 눈에 띄는 업적을 기록하기는 어려웠다.

  일반적으로 종신교수의 첫 번째 심사에 실패하면, 한 해를 기다렸다가 다음 해에 신청하는 것이 관례였지만, 나는 학장의 추천 및 결정에 불복 소견서를 제출하기로 마음을 정했다. 나는 학장과 면담을 신청했다. 대학의 인사위원회가 만장일치로 나의 종신교수 수여를 추천한 것을, 학장이 무슨 근거로 거부했는지 그 논거를 설명해 줄 것을 강력히 요구했다. 학장은 내게 설득력 있는 논거를 제시하지 못했다. 다만 나의 종신교수 신청이 일반적인 관례에 비해 너무 빠르다는 게 유일한 이유였다.

  근거는 없었지만, 나 같은 동양계 출신의 교수에 대해 보이지 않는 인종차별이 있을 수도 있다는 데까지 생각이 미치자 정말 화가 났다. 나는 학장이 즉각 나에 대한 추천을 번복하고, 대학이 나의 종신교수와 부교수 승진을 재심사하여 허가하지 않는다면, 나의 종신교수 심사 결정 불복소청을 제출하겠다고 최후 통첩을 했다. 실제로 미국 대학에서 가장 중요하고 민감한 종신교수와 승진심사의 결정을 대학 측이 번복하는 경우는 매우 드물었다. 대학의 권위 문제였기 때문이다. 나의 불복소청을 대학이 받아들여 줄지는 아무도 장담할 수 없었다.

이때 적절한 때에 문을 여는 하나님의 손길이 간섭하셨다. 내가 그해 소속 대학의 최우수 연구교수상을 받게 되었다는 연락이 온 것이다. 최우수 연구교수상은 공과대학 전체 교수 중에서 가장 연구 성과가 뛰어난 교수를 매해 한 명씩 선정하여 주는 공과대학 최고의 상이었다. 이 상은 주로 공과대학에서 수십 년을 연구하며 업적을 쌓은 원로교수들에게 수여해 왔는데, 그해는 이례적으로 부임한 지 3년이 채 안 된 조교수에게 수여한 것이다. 그 일이 너무 충격이었던지, 내가 상을 받은 다음 해부터는 소장교수와 원로교수를 분리해서 최우수 연구교수상을 수상하도록 수상 전관이 바뀌게 되었다.

곤경에 빠져 있던 학장은 나의 최우수 연구교수상 수상 소식을 듣고, 자신의 종전 추천을 번복하고 학사담당 부총장에게 나의 종신교수 허가와 부교수 승진을 적극 재고해 줄 것을 탄원했다. 어쩌면 내가 미국 방위고등연구계획국에서 수혜받은 수백만 불의 연구비와 연구팀을 이끌고 다른 대학으로 옮겨 갈 것이 염려되었는지도 모르겠다. 아무튼 최우수 연구교수상 수상으로 학장이 재심사의 빌미를 얻게 된 것만은 분명하다.

나는 종신교수와 부교수 승진을 불허한다는 통보를 받은 두 달 뒤 학사담당 부총장으로부터 종전의 결정을 번복하고 나의 종신교수의 수여와 부교수 승진을 허락한다는 편지를 받았다. 나는 조교수로 부임한

지 4년 만에 신시내티 대학의 종신교수가 되었고, 부교수로 승진했다. 극히 이례적인 경우였다.

이 일은 나의 욕심으로 빚어진 일인가, 아니면 하나님께서 인도하신 일인가, 나는 아직도 무엇이 진실인지 알지 못하겠다. 사실 나는 이런 일을 당할 때마다, 내가 하나님의 약속의 말씀을 믿고 앞으로 나아갈 때 하나님께서 밀어 주시는 것인지, 아니면 하나님께서 예비하신 길을 더듬어 찾으며 한 걸음씩 나아갈 때에 내 손을 잡아 앞으로 끌어 주시는 것인지 확실히 모르겠다. 그런데 이런 변증적인 이해는 내게 별로 중요하지 않다. 다만 하나님의 인도하심이 처음에는 다소 불확실하더라도, 내가 하려는 일이 하나님의 말씀과 성품에 위배되지 않는다면 믿음으로 앞으로 나아가라고 권면하고 싶다. 나아가며 하나님의 인도를 구할 때 그 방향을 좀 더 분명히 알 수 있기 때문이다. 믿음 안에서 나아가다가 저지른 우리의 실수는 하나님께서 크게 개의치 않으실 뿐만 아니라, 그런 실수까지도 하나님의 뜻을 이루시는 데 사용하신다고 나는 믿는다. 작은 실수로 인한 하나님의 책망을 너무 두려워하여 한 발짝도 앞으로 나아가지 못하는 것보다는, 실수하더라도 하나님의 인도를 계속 구하며 움직이는 편이 훨씬 낫다.

너무 빨리 승진한 정교수

종신교수가 되었다고 특별히 달라지는 것은 아니지만, 시간의 여유가 생긴 것은 분명하다. 시간의 여유가 생기자 내가 가장 먼저 한 일은 중학생이 된 아이들과 저녁식사를 함께하는 것이었다. 매일 저녁 7시에 온 가족이 식탁에 둘러앉아 하룻동안 일어난 일들을 서로 나누며 갖는 저녁식사는 정말 행복했다. 때로 식사 후에 서로를 격려하며 기도하는 시간으로 이어지기도 하고, 또는 가까운 공원을 산책하는 것으로 이어지기도 했다. 물론 아이들의 성화에 못 이겨서 함께 영화를 보러 극장에도 자주 갔지만 영화가 끝날 때쯤이면 잠든 나를 깨우는 아이들 때문에 곤혹스러웠던 적이 여러 번 있었다.

이렇게 가족과 함께 시간을 갖다 보니 그동안 이 시간을 잃고 살아온 것이 후회되었다. 자녀들은 언젠가 대학생이 되고 성년이 되어서 우리의 품을 떠날 것이다. 그때는 아이들과 함께 시간을 갖고 싶어도 아이들이 그럴 시간이 없다. 부모 품에 있을 때 충분히 사랑해 주고 따뜻한 추억들을 많이 만들어 줘야 하는 것이다.

나는 지금도 장성한 아이들과 친구처럼 다정하게 지낸다. 지난날 그들과 가진 추억이 있기 때문일 것이다.

당시 내가 연구한 멤스 분야는 화학과 생물, 의학에 응용되며 바이오멤스 분야로 확대되면서 세계의 대학들이 앞을 다투어 주요 연구 분야로 도입하기 시작했다. 다행히 나는 주님의 은혜와 인도하심 속에서 바이오멤스 분야의 선구자로서 활발하게 연구 활동을 할 수 있었다.

그즈음 내 마음에 일류병이 생겼다. 주변의 칭찬과 인정을 받다 보니 미국 최고 수준의 대학에서 교수로 설 만하다는 교만한 생각이 파고든 것이다. 실제로 미국과 캐나다의 몇몇 주요 대학에서 교수로 지원해 보지 않겠느냐는 특별 초청을 받기도 했다. 특히 미국 중서부에 소재한 한 대학의 초청은 거절하기 어려웠다. 공학에 관한 한 세계 정상을 달리는 대학이라서 개별 초청을 받는 것만도 영광스러운 일이었다. 이 대학은 나의 일류병을 만족시키기에 충분했고, 유학생을 포함한 한국 학생들이 수천 명 재학한다는 것도 캠퍼스 학생 사역을 소명으로 여기던 내게는 적격이었다. 아내와 함께 특별 초청 인터뷰를 하기 위해 옥수수 밭에 둘러싸인 캠퍼스 타운의 공항에 내렸을 때 나는 그곳이 정말 시골이라는 것을 알았다. 여러 교수를 만나고 학장까지 면담을 했지만, 나는 끝내 그 대학의 교수로 초청받지 못했다. 당시 나는 신시내티에 새롭게 개척된 교회에서 주요 멤버로 역할을 하고 있었고, 아직 신시내티를 떠나야 한다는 주님의 응답을 받지 못했다.

신시내티 대학은 이 사실을 알았는지, 나의 교수 연봉을 당장 50% 인상해 주겠다고 특별 제안을 했다. 파격적인 제안이었다. 법인화된 미국 대학이기에 가능한 일이었지만, 이 같은 파격적인 제안은 미국 대학에서도 극히 드문 경우였다. 개척교회와 캠퍼스 학생 사역으로 늘 재정적으로 어려움을 겪던 우리 가정에 주님께서 특별한 방법으로 부족한 재정을 채워 주신 것이다. 새로 부임한 스테판 코웰(Stephen Kowel) 학장은 나의 연구 분야를 대학의 중심 연구 분야로 생각하고 집중적으로 지원해 주었다. 당시 나는 미국방위고등연구계획국, 미국항공우주국(NASA), 미국과학재단(NSF), GE 중앙연구소(GE Research Center) 등에서 미화 1,000만 불 이상의 외부 연구비를 이미 신시내티 대학으로 가져온 터였다.

학장은 그러고도 안심이 안 되었던지 나의 연구에 꼭 필요한 반도체 및 마이크로/나노 제작센터(Micro/Nano Fabrication Engineering Research Center)를 설립하고 운영하도록 수백만 달러의 센터 설립 및 운영비를 특별 지원해 주었다. 좋은 연구 설비, 우수한 학생, 같은 캠퍼스에 있는 의과대학, 그리고 학교의 적극적인 지원은 신시내티 대학이 바이오멤스 분야에서 세계적인 리더가 되는 데 큰 기폭제가 되었다.

코웰 학장은 내게 부교수(Associate Professor)에서 정교수(Professor)로 승진할 것을 재촉했다. 부교수가 된 지 채 2년이 안 되었을 때였다. 어떻게든 나를 신시내티 대학에 묶어 두려는 심산이었다.

미국의 대학에서는 부교수에서 정교수로 승진하는 것도 연한이 지나면 자동으로 되지 않는다. 부교수 승진 후에도 지속적인 발전과 자신의 연구 분야에서 미치는 세계적인 영향력, 업적, 그리고 그에 따르는 평판을 승진의 중요한 기준으로 여긴다. 따라서 부교수에서 정교수로 승진하지 못하고 정년퇴임을 하는 교수들도 종종 있다. 대학에 따라, 전공에 따라 다르긴 하지만, 보편적인 연구 중심 공과대학에서는 부교수에서 정교수로 승진하려면 평균 5~7년 걸린다. 나는 부교수가 된 지 3

년 반 만에 다시 정교수로 승진했다. 물론 종신교수 수여 및 부교수 승진 때처럼 길고 지루한 정교수 승진심사를 거쳐야 했다. 같은 시기에 대학의 조교수로 부임한 동료들이 이제 막 부교수로 승진할 때 나만 홀로 정교수로 승진했으니 동료 교수들에게는 실로 미안한 일이었다. 심지어 한 교수는 나 때문에 자신의 연구와 업적이 빛을 보지 못한다고 불평하기도 했다. 생각해 보니 정말 그렇겠다 싶어서 늘 미안한 마음이었다. 하지만 그 때문에 나의 연구와 활동을 일부러 줄일 수는 없었다. 초임교수에서 시작하여 총 7년 만에 정교수로 승진했으니, 이 또한 하나님의 도우심이라고밖에 달리 생각할 길이 없다.

그만하면 네게 족하다

나의 연구 실적이 세계적으로 유명해지면서 나의 일류병은 다시 도졌다. 도대체 인간의 욕심은 끝이 있기는 한 걸까? 생각해 보면 이 병은 나만 가지고 있는 병이 아니었다. 한국에서 자란 사람이라면 누구나 갖고 있는 한국 문화병이었다. 아니 모든 인간이 갖고 있는 근원적인 병이다. 주님의 은혜로 여기까지 온 것만도 기적인 줄 잘 알면서도, 나는 그 일류병을 아직도 버리지 못하고 있었다. 그럼에도 나는 일류 대학을 욕심 내는 나의 마음이 순수한 동기에서 비롯됐다고 주님 앞에서조차 그렇게 믿었다. 톱 대학에 가면 더 우수한 학생과 시설이 있어서 더 좋은 연구를 할 수 있고 이를 통해 주님을 더 영화롭게 증거할 수 있다는 것이 내가 주장한 순수한 동기였다. 미혹된 마음이었다.

신시내티에는 청년과 유학생의 수가 절대적으로 적다는 것이 나의 불만이었고, 따라서 청년 유학생이 많은 대학으로 옮기는 것이 주님께도 좋을 듯싶었다. 하지만 아무리 궁색한 변명을 늘어놓아도 내 마음속 깊은 곳에 도사린 욕심과 일류병을 부인할 수는 없었다. 아마도 어린 시절 박탈된 기회에 대한 원망과 열등감이 상처가 되어 틈만 보이면 비집고 나와 이렇게 칭얼거리는 듯했다.

멤스 연구 분야에서 세계 정상이라고 할 수 있는 미국 대학에서 나를 정교수로 특별 초청했다. 이번에는 지난번의 실수를 교훈 삼아서, 멤스 분야의 모든 교수가 동의한다면 인터뷰 초청에 응하겠다고 했다. 곧 모두 동의했다는 소식을 전해 왔다. 이번에는 정교수 초청이니만큼 학과의 교수는 물론 학장, 부총장 그리고 그 대학의 윤리위원들까지 만나서 인터뷰를 했다. 그런데 나의 너무 빠른 정교수 승진이 문제가 되었다. 연구 분야는 다르지만, 나와 경력이 비슷한 그 대학의 여러 교수들이 아직 부교수로 재직하고 있어서 나의 정교수 초청을 격렬하게 반대했다. 나의 초청은 이번에도 마지막에 거절되었다.

번번이 일류 대학의 초청이 무산되자 나는 그제야 하나님이 그것을 기뻐하시지 않는다는 것을 알았다. 그리고 지난날 신시내티에 올 때 주님이 부탁하신 말씀을 잊고 있었다는 사실도 깨달았다.

"나를 따르라."

개척한 교회는 부흥을 거듭하며 나의 섬김을 더 필요로 했다. 신시내티에도 수많은 청년 유학생이 몰려오고 있었다. 나는 비로소 나를 신시내티로 부르신 하나님의 뜻을 깊이 헤아리게 되었고, 일류 대학의 교수가 되고자 하는 욕심도 내려놓게 되었다. 주님이 말씀하셨다.

"그만하면 네게 족하다."

주님이 예비하고 인도하시는 길보다 더 좋은 인생길이 어디 있겠는가? 나는 주님이 달리 말씀하실 때까지 신시내티에서 주신 사명을 감당하는 것이 주님을 기쁘게 해드리는 일임을 깨달았다. 그리고 여러 차례 소위 일류 대학 초청 인터뷰를 갖게 하셔서 내 안에 있는 일류병의 실상을 보게 하시고 치료해 주심을 감사드렸다. 주님은 나를 위해 신시내티에 더 많은 일을 준비해 놓고 있었음을 나는 나중에야 알게 되었다.

7장

세계 최고의
랩온어칩 연구실이
전부는 아니지

신시내티 대학에 교수로 부임한 후 나는 마이크로시스템과 바이오멤스 연구실(Microsystems and BioMEMS Laboratory)을 설립하고 멤스를 화학, 생물 및 의학 분야에 응용한 바이오멤스 분야를 개척했다. 내가 알기로는 바이오멤스 분야는 우리 연구실이 최초로 정의하고 사용하기 시작했다. 특히 공학, 생물 및 의료 분야를 융합한 융합학제 연구 분야의 표본이라고 할 수 있는 '일회용 지능형 플라스틱 랩온어칩*'에 관한 창의적인 개념을 세계 최초로 도입했으며, 이와 관련된 혁신적인 기반 기술을 개발, 확립하고, 이를 실용화하는 데 선구자적인 역할을 담당했다.

우리 연구실이 제안하고 개발한 '일회용 지능형 플라스틱 랩온어칩'의 개념과 관련 융합 기반 기술의 실용화는 제약회사의 신약 개발 시 고속 대량 검색(High Throughput Screening), 면역학 및 진단과 여러 질병의 조기진단에 획기적인 기여를 할 것으로 기대한다. 우리 연구실은 랩온어칩 및 이의 진단 응용 분야 연구에 가장 큰 영향을 지속적으로 미친 연구실 중의 하나라고 평가받고 있으며, 특히 우리 연구실이 개발한 일회용 지능형 플라스틱 랩온어칩과 POCT의 혁신 기반 기술은 다가오는 노령화 시대의 헬스 케어를 담당할 혁신 기술로 평가되고 있다.

한 연구자가 평생에 세계 최초라고 인정되는 연구 결과를 과연 몇 개나 발표할 수 있을지 헤아려 보지 않아 모르겠지만, 하나를 발표하는 것도 쉽지 않은 일일 것이다. 전기전자 분야를 기초 전공하고, 세부 전공으로 멤스 분야를 연구한 공학자로서, 화학 물리학 생물학 바이오공

---

* **랩온어칩**(Lab-on-a-Chip): 초미세 회로의 반도체 기술과 나노 기술, 생명공학 기술 등을 집적해 손톱만한 크기의 칩에서 생화학 실험실에서나 할 수 있는 연구를 가능하게 만든 장치다. '하나의 칩 위에 실험실을 올려놓았다'는 뜻으로 '칩 위의 생화학실험실'이라고 불린다. 1990년대 중반부터 본격적으로 연구하기 시작한 랩온어칩은 단일 칩 위에서 극미량의 혈액 및 유체시료를 이용하여 생화학 반응 및 분석을 수행하는 것이 가능하며, 편리하고 분석이 신속하며, 휴대가 가능하여 포인트 오브 케어(Point-of-Care Test, POCT)를 가능하게 해준다. 손끝을 찔러서 나오는 피 한 방울을 작은 스트립에 묻혀서 혈당을 측정하는 휴대용 혈당측정기는 POCT의 한 예라고 생각하면 된다. 피 한 방울로 혈당 측정 외에 다른 질병들을 동시에 진단하려면, 지능형 POCT를 실제로 구현해야 한다. 지능형 POCT를 위해서는 극미량의 혈액 및 유체시료의 이동, 혼합, 반응, 분리, 검출을 칩 위에서 연속적으로 실행해야 하기 때문에, 극미량의 유체시료를 칩 위에서 지능적으로 제어할 수 있는 '일회용 지능형 플라스틱 랩온어칩'의 개발이 필연적으로 요구된다.

학 의학 등의 융합 분야에서 여러 혁신 연구 결과를 도출할 수 있었던 것은 전적으로 하나님의 도우심이었다.

영성이 곧 지성이다

많은 사람이 이미 금을 다 캐서 폐금광이 되어 버린 곳에 몰려가 금을 캐겠다고 애를 쓴다. 새롭게 금광을 개척하는 것이 겁나기 때문이다. 당연히 수고한 만큼 값진 결과를 얻기 힘들다. 연구 분야의 바람이 어디로 불고 있는지도 모른 채 향방 없이 팔랑개비를 들고 이리 뛰고 저리 뛰는 수많은 연구자들이 있다. 이런 연구자는 팔랑개비를 지속적으로 강하게 돌릴 수 없을뿐더러, 영향력을 주는 결과도 내기 어렵다. 문제는 어떻게 남이 보지 못하는 금맥을 찾으며, 바람의 방향을 먼저 알아낼 것인가인데, 그것은 의지만 가지고서는 안 된다. 주님의 절대적인 인도하심을 믿고, 눈과 귀를 열고서 최선을 다하여 창의적인 방법과 길을 구하고, 찾고, 두드릴 때 그토록 찾던 금맥이 보이고 바람의 방향이 느껴진다.

주님은 우리의 일상에 얼마나 관심이 많은지 모른다. 우리에게 닥친 모든 문제를 해결해 주심으로써 주님의 임재와 영광을 우리에게 나타내기 원하신다. 마태복음 6장에서 주님은 인생의 모든 문제를 염려하지 말고 하나님 아버지께 맡기고 하늘에 보물을 쌓는 삶을 살라고 권면하셨다.

"그러므로 염려하여 이르기를 무엇을 먹을까 무엇을 마실까 무엇을 입을까 하지 말라 이는 다 이방인들이 구하는 것이라 너희 하늘 아버지께서 이 모든 것이 너희에게 있어야 할 줄을 아시느니라 그런즉 너희는 먼저 그의 나라와 그의 의를 구하라 그리하면 이 모든 것을 너희에게 더하시리라"(마 6:31-33).

교수와 학자라면 '이 모든 것'에 새로운 연구 분야의 개척, 연구비 수혜, 영향력 있는 연구 결과가 포함되지 않겠는가? 하나님은 '이 모든 것'이 우리에게 필요하다는 것을 알고 계시며, 우리에게 주시기를 원하신다. 문제는 얼마나 하나님을 신뢰하며, 진심으로 그 나라와 의를 구하는가에 달렸다.

하나님은 지도교수에게 쫓겨난 나를 멤스라는 새로운 금광으로 끌고 가셨다. 나는 그저 거기서 하나님이 예비해 놓으신 금을 캤을 뿐이다. 하나님은 나를 '랩온어칩'이라는 새로운 바람이 부는 곳으로 데리고 가셨다. 그리고 내 손에 팔랑개비를 쥐어 주시며 바람을 거슬러 뛰라고 가르쳐 주셨다. 나는 그저 하나님의 인도하심에 따라 열심히 뛰었을 뿐이다. 하나님은 나를 큰 산맥의 능선으로 끌고 가셨다. 그리고 내 눈을 여시고, 숲을 넘어서 어디에 새로운 길을 내야 하는지를 가르쳐 주셨다. 나는 비록 남이 가지 않는 길이라도 주님이 가르쳐 주시는 대로 갔을 뿐이다. 영성이 바로 지성이다. 나는 이 진리를 나를 통해 일하시는 하나님을 경험하며 더 깊이 깨닫게 되었다.

크리스천 의사는 환자의 질병을 잘 진단하고 치료할 수 있는 능력을 먼저 배양해야 한다. 교수는 학생들을 잘 가르치고 새로운 연구 결과를 잘 도출할 수 있는 지식과 능력을 겸비해야 한다. 물론 여기에 사람을 사랑하고 긍휼이 여기는 마음이 보태진다면 이런 사람을 통해 복음의 능력이 발휘되게 된다. 불신자는 이런 사람이 전파하는 예수 그리스도와 이런 사람이 참여하는 교회에 관심을 갖게 되어 있다.

그러므로 나는 크리스천은 먼저 자신의 일로 자신을 입증할 수 있어야 한다고 믿는다. 크리스천 학자는 학자로서 학문적인 업적을 통해 자신을 입증해야 한다. 학자가 학문적인 업적 이외에 다른 것으로는 다른 학자들을 결코 설득할 수 없다. 학자가 학문의 업적과 그 영향력으로 자신의 경쟁자들을 설득할 수 있을 때, 비로소 세상 사람들을 설득할 수 있다.

크리스천은 학교든 직장이든 자신에게 주어진 일을 성실하고, 정직하며, 통전성 있게, 그리고 탁월하게 수행하도록 최선을 다해야 한다. 이것이 일상에서 접촉하는 사람들에게 복음을 전할 수 있는 첫 디딤돌이다.

미안하고 고마운 나의 제자들

나는 인생의 여러 고비마다 나를 바르게 지도해 준 좋은 스승을 만났다. 그중에서도 박사과정의 지도교수는 내게 가장 큰 영향을 끼친 스승이다.

어떤 크리스천 학생이 "지도교수가 박사학위 주냐? 하나님이 주시는 거지" 하며 자신의 수준 높고 근사한 신앙을 은근히 뽐내는 것을 보았다. 근본적으로 틀린 말은 아니지만, 하나님은 그의 지도교수에게 그의 학문을 지도할 권위를 위임하셨음을 기억할 필요가 있다. 박사학위를 줄 권한도 능력도 없지만 지도교수는 하나님이 그에게 인도한 사람이요, 권위이다. 그리고 자신의 지도교수에게 인정받지 못한 학생은 절대 박사학위를 받을 수 없다.

하나님의 인도하심과 은혜로 나는 좋은 지도교수를 만났고, 새로운 멤스 분야를 전공할 수 있었을 뿐만 아니라 학문을 연구하는 바른 자세와 방법을 배울 수 있었다. 그렇다면 나는 과연 나의 제자들에게 어떤 스승이었을까?

나의 연구실은 매년 세계 각국에서 온 수십 명의 학생들로부터 우리 연구실에서 박사과정 학생으로 수학할 수 있는지에 대한 문의를 받는다. 연구에 열정과 재능이 있는 학생을 선발하는 일은 교수들에게도 무척 중요하다. 수많은 학생 중에서 우리 연구실에 적합한 학생을 선발하는 것은 결코 만만한 일이 아니다. 나는 매년 하나님께 좋은 만남을 인도해 달라고 기도드린다. 하지만 내 나름대로 선호하는 학생 선발의 몇 가지 원칙은 있다.

첫째, 우리 연구실에서 하는 연구 주제를 무척 좋아해야 한다. 좋아하지 않는 일에서는 좋은 결과를 기대할 수 없기 때문이다.

둘째, 연구와 학문에 열정이 있어야 한다. 열정이 없는 사람은 아무리 탁월한 재능이 있어도 좋은 열매를 기대하기 어렵다.

셋째, 자신의 연구 분야에서 세계 최고의 영향력을 미치는 학자가 되고 싶다는 꿈과 자긍심이 있어야 한다. 최소한 자신이 새로운 분야를 개척하고 그 분야에서 최고가 되겠다는 꿈과 자긍심이 없는 학생은 이미 실패를 염두에 둔 학생이기 때문이다.

넷째, 창의력과 논리력이 탁월해야 한다. 학문을 탐구하는 사람이 다른 직업을 가진 사람과 달라야 하는 점이 있다면 바로 창의력과 논리력이다. 학문 연구 자체가 열정과 창의력으로 새로운 세계를 논리적으로 탐구하는 일이기 때문이다.

다섯째, 다른 사람들과 협동하여 일할 수 있는 친화력과 열린 성품을 가지고 있어야 한다. 우리 연구실은 대형 국책 프로젝트를 수행하며 주로 융합 학문 분야를 연구하기 때문에 다른 분야를 이해하며 협동하는 자세가 절대적으로 필요하기 때문이다.

물론 지원자가 내가 제시한 조건을 모두 만족하는 경우는 매우 드물다. 하지만 처음부터 우리 연구실에서 수학하는 것을 목표로 입학해서 내가 귀찮게 여길 정도로 나를 쫓아다니던 학생은 주로 처음 두 조건을 만족하는 학생들이었다. 그리고 대체로 이 두 조건을 만족한 학생은 우리 연구실에서 좋은 결과를 도출해 냈다.

  나는 조교수 시절에 대형 프로젝트를 수행한 경험이 없다 보니 제자들을 무척 고생시켰다. 무엇보다 처음으로 연구해 보는 미소유체 역학, 화학, 생물, 의료 분야는 전기전자공학 전공자인 나와 제자들로서는 너무 생소한 분야라서 엄청나게 시행착오를 거쳐야 했다. 특히 대형 프로젝트는 분기마다 연구 결과를 보고해야 해서 연구 스케줄을 맞추기 위해 수많은 날을 밤을 새워 연구해야 했다. 그때 고생하던 제자들을 생각하면 지금도 미안하고 고맙다. 사실 우리 연구실의 영향력 있는 연구 업적과 좋은 평판은 밤을 새워 연구하던 나의 제자들이 일구어 낸 것이다. 나의 완숙하지 못하고 부족한 인품으로 인해 나로부터 칭찬보다는 비난을 더 많이 들어야 했던 제자들을 생각하면 무척 미안하다. 그때는 왜 칭찬은 고래도 춤추게 한다는 사실을 몰랐을까?

  단 한 사람도 예외 없이 최선을 다해 탁월한 연구를 수행해 준 나의 제자들이여, 그대들에게 나의 무한한 사랑과 감사와 경의를 보낸다. 주장하는 논리가 흔들리면 나로부터 눈물이 쏙 빠지도록 매서운 질책을 들어야 했지만 지금은 탁월한 교육자요 연구자로서 당당하게 세계 도처에서 일하고 있는 자네들이 나는 무척 자랑스럽다.

  매년 봄과 가을에 가진 우리 연구실의 안스 랩 피크닉(Ahn's Lab Picnic)은 잊지 못할 추억이 되었다. 여름방학 중에 가진 안스 랩 캠프(Ahn's Lab Camp)에서 서로 음식 솜씨와 수영 실력을 뽐내던 것도 잊을 수 없는 추억이다.

　나는 신시내티 대학에서 23명의 공학박사와 여러 명의 공학석사를 배출했다. 지도학생들의 국적과 인종은 다양했다. 미국계, 중국 및 인도계, 한국계가 3분의 1씩 고루 배출됐다. 학생들이 믿는 종교도 다양해서 기독교, 무슬림, 힌두교, 불교 등 거의 모든 종교인을 가르쳤다. 이러한 다양한 배경의 학생들을 통해 다양한 문화, 인종, 종교를 접하고 배울 수 있었다. 종교를 떠나서, 나는 나의 모든 제자를 공평히 사랑하기 위해 부단히 노력했다. 혹자는 어떻게 크리스천 교수가 다른 종교의 학생을 지도학생으로 받아 주냐고 할지 모르겠다. 나의 답은 간단하다. 예수님이라면 기꺼이 그렇게 하셨을 것이라고 믿기 때문이다. 그리고 100년 전에 우리 조국에 복음을 들고 온 선교사들과 지금도 세계 각지에 흩어져 복음을 증거하는 한국의 선교사들을 생각하면 더욱 그렇다.

　나의 제자들은 현재 세계 각처에서 교수, 기업가, 연구책임자, 변호사, 의사로서 바이오멤스, 랩온어칩 및 의료진단 분야를 선도하는 탁월한 전문가로 일하고 있다.

8장

나는 바이오 벤처기업 창업가

     2001년은 한국이 IMF로 경제적인 어려움을 겪던 때였다. 미국에서 공부하던 수많은 한국 유학생이 재정적인 어려움 때문에 중도에 학업을 접고 한국으로 돌아갔다. 내가 섬기며 지도하는 청년 유학생들이 재정적으로 겪는 고통은 바로 내가 겪는 고통이었다. 고국 경제의 파탄을 바라보는 내 마음은 착잡하고 심란했다. 어려운 경제가 언제 회복될 것인가? 힘들게 공부해서 대학을 졸업해도 직장을 얻지 못하는 젊은이들의 절망을 해결할 방법이 없는가? 대학에서 가르치며 연구만 해온 나에게 수많은 현실적인 질문이 던져졌다.

'실로암 바이오사이언스'를 창업하다

그즈음 한국은 전 국민이 금 모으기에 참여하고 있었다. 비록 내가 미국에 이민자로 살지만, 세상과 사회와 조국과 민족에 대한 책임을 느끼는 크리스천으로서 나도 뭔가 해야 한다는 무거운 책임감을 느꼈다. 세상은 절망과 탄식으로 가득 차 있다 할지라도, 크리스천은 절망에서 분연히 일어나 주님을 의지하고 소망을 선포해야 했다. 특히 조국으로부터 많은 혜택을 입은 크리스천 청년 유학생들이 어려운 조국의 경제를 일으켜 세우는 데 당연히 앞장서야 한다고 생각했다. 나는 글을 쓰고 여러 강연을 통해 나의 생각을 청년 유학생들과 나누기 시작했다. 당시 내가 주장한 것은 대략 다음과 같다.

"한국 유학생은 미국에서 박사학위를 취득하면 고국으로 돌아가 대학교수가 되고 싶어 하지만, 지금 조국의 경제가 파산하여 IMF의 구제금융을 받게 되었으니 대학교수는 이제 그만 지원하는 게 좋겠습니다. 가능하면 모두가 미국이나 다국적 기업체에 일자리를 먼저 얻읍시다. 그리고 다국적 기업체에서 몇 년의 경험을 쌓은 후 벤처기업을 창업하여 새로운 일자리를 창출합시다. 조국의 경제를 되살리는 일에 여러분이 먼저 매진해야 합니다. 박사 지원을 줄이고 어서 빨리 석사를 마친 뒤 기업체로 취업해야 합니다."

지금 생각하면 논리에 비약이 있긴 하지만 당시는 정말 진지하고 심각하게 고민해서 내린 결론이었다. IMF 구제금융의 경제적인 여파는 한국의 젊은 청년들이 잃어버린 직장을 찾아서 세계의 각처로 흩어지는 날이 올 것을 예고하고 있었다. 나는 당시 그것을 코리안 디아스포라(Korean Dispora)로 인식했다. 하나님은 내게 이 청년들을 깨우고 준비시키라는 마음을 주셨다. 당시 '한국은 좁고 미국은 두렵다'는 주제로 eKOSTA(KOSTA-USA의 웹 매거진)에 기고한 일련의 글들은 고민하는 유학생의 현실과 취업 문제를 신앙의 관점에서 조명해 본 것이었다.

하루는 새벽기도 중에 하나님께서 나를 격돌하셨다.

"왜 너는 네가 하지도 못하는 벤처기업의 창업을 청년들에게 강요하느냐?"

"주님, 교수인 제가 어떻게 벤처기업을 창업한단 말씀입니까?"

"너는 공학도 아니냐? 과학의 실용화가 너의 전문 아니냐? 내가 네게 복으로 주어 얻어진 연구의 결과들을 실용화하면 되지 않느냐?"

나는 깜짝 놀랐다.

"주님, 자신도 없고 또 창업의 경험이 전혀 없습니다. 그리고 이제 제 나이가 새로운 벤처기업을 창업하기에는 너무 많습니다."

"이브라함이 몇 살에 고향을 떠났고, 모세는 몇 살에 나의 부름을 받았으며, 여호수아와 갈렙은 몇 살에 가나안 땅에 들어갔느냐?"

"……."

"네가 청년 사역자라면 네가 먼저 청년들에게 벤처 창업의 모본을 보여라. 나를 믿고 나아가는 믿음의 모험이 무엇인지를 네가 몸으로 보여 주어라. 두려워하지 말아라."

하나님은 IMF로 낙심한 청년들에게 '믿음 안에서 꿈과 모험과 불굴의 도전'을 보여 주라고 하셨다. 또 하나님이 복을 주어 얻은 연구 결과를 세상 사람들에게 필요한 것으로 되돌려주라고 하셨다. 정말 난감한 일이었다. 그런데 그즈음 내가 연구비를 지원받고 있던 미국방위고등연구계획국은 혁신 기술의 개발과 그의 실용화에 힘을 쏟았는데, 그곳의 프로그램 매니저는 내게 수차례 연구 결과의 실용화 및 상업화를 실현할 것을 권면했다.

나는 오랫동안 하나님께서 복으로 주신 나의 연구 결과를 어떻게 하면 하나님을 기쁘시게 하는 데 사용할 수 있을까를 고민했지만 쉽게 결론에 도달하지 못하고 있었다. 하나님이 나를 격돌한 그 새벽 이후 깊은 고민에 빠졌다.

그러던 어느 날 내가 공학자로서 이루어 낸 많은 연구 결과를 논문에만 실을 것이 아니라, 이를 실용화하여 세상의 많은 사람이 유용하게 쓰는 것이 하나님이 가장 기뻐하시는 일이라는 생각이 들었다. 또 세금을 통해 나의 연구비를 지원해 준 납세자와 사회에 대한 최소한의 보답을 위해서도 필요하다고 생각했다. 만일 그렇게만 한다면 나는 공학자로서 나의 소명을 거의 완수하는 것이라는 생각도 들었다. 바이오 벤처기업의 창업이 내게는 새롭고 위험한 모험이지만, 도전해 볼 가치가 있다는 결론에 도달했다. 더구나 주님께서 함께해 주신다지 않는가?

이렇게 결론을 내리고 난 몇 달 뒤 일본의 스미토모 베크라이트 (Smitomo Beklite Co.)에서 미래혁신기술투자 담당자가 나를 찾아왔다. 스미토모 베크라이트는 컴퓨터에 사용하는 전자회로 기판의 베크라이트를 전 세계 시장에 60% 정도를 공급하는 회사로 플라스틱 랩온어칩 사업을 새로운 미래 사업으로 시작하고 싶어 했다. 사업화 품목을 찾기 위해 세계 여러 바이오칩 연구실을 방문했는데, 가는 곳마다 나와 나의 연구실을 플라스틱 랩온어칩의 최고권위자로 꼽더라고 했다. 그래서 나의 연구실에서 개발한 기술에 투자하고 싶은데 바이오 벤처기업을 창업할 의사가 없냐면서 도쿄 본사로 나를 초청했다.

회사의 사장단을 비롯한 수십 명의 임원들이 나의 강연에 참석했고, 큰 리셉션을 베풀어 주었다. 이렇게 해서 스미토모 베크라이트는 바이오 벤처기업 실로암 바이오사이언스 주식회사(Siloam Biosciences Inc.)의 창업에 종잣돈을 투자해 줬다. 나의 연구실이 오랜 기간 연구해 온 '일회용 지능형 플라스틱 랩온어칩'을 상용화하기 위해 신시내티 대학으로부터 합법적인 기술 이전 절차를 밟고, 실로암 바이오사이언스 주식회사를 2004년에 창업했다. 나의 연구실에서 플라스틱 랩온어칩을 연구하여 박사학위를 받은 몇 명의 제자들이 실로암 창업에 참여했다.

회사 이름 '실로암'은 기도 중에 떠오른 이름이다. 요한복음 9장에서 예수님이 날 때부터 눈먼 자의 눈에 침으로 진흙을 이겨서 바르시고, 실로암 못에 가서 씻으라 하신 말씀에 근거한 것이다.

"이르시되 실로암 못에 가서 씻으라 하시니 이에 가서 씻고 밝은 눈으로 왔더라"(요 9:7).

눈먼 사람은 이제 눈을 뜨게 되었다. 그리고 만유의 주인이 예수님이시라는 것을 보고 믿고 증거하게 되었다. '보냄을 받았다'는 뜻을 가진 '실로암'의 이름 속에 창업 정신이 모두 담겨 있다. 인간의 육적인 회복과 영적인 회복에 힘쓰는 기업이 되겠다는 의미다. 이런 사명을 감당하기 위해 세상으로 보내진 기업이다.

실로암은 먼저 사람들의 건강을 증진시키는 제품 개발에 역점을 두기로 했다. 물론 실로암은 선교단체나 자선단체가 아니다. 실로암은 도덕적이며 합법적인 기업 활동을 통해 기업의 이윤 창출을 목표로 하는 바이오 벤처기업이다. 창업자 개인의 궁극적인 목표는 육적으로 회복된 사람이 영의 눈을 떠서 예수님을 구주로 보게 되는 사역을 돕는 것이다.

지난 수년 동안 나와 함께 동고동락하면서, 플라스틱 랩온어칩의 상용화에 매진한 제자들은 탁월한 실력과 환상적인 팀워크를 통해 플라스틱 랩온어칩의 상용화에 새로운 장을 열어 가고 있다. 현재 생화학 및 의료진단에 사용하는 96-Well Titer Plate를 대체하는 차세대 Microfluidic Smart Microplate인 Optimiser™를 개발 생산하여 시판하고 있다. 한편 차세대 의료진단기 POCT의 상업화에 박차를 가하고 있다. 실로암은 신시내티에 대략 건평 800평방미터의 제조공장과 본사 사무실을 가지고 있으며, 세계 10여 개 주요 나라에 판매 대리점을 가지고 있다.

대학에서 개발한 기술을 상용화하는 것은 공학 분야에서 매우 추천할 만한 일이지만, 많은 경우 제대로 실현되지 못하는 게 사실이다. 미국의 대학들은 대학에서 연구한 연구 결과를 상용화하는 것을 적극 격려하고 지원하고 있으며, 미국 오하이오(Ohio) 주의 경우 기술을 개발한 교수가 직접 창업에 참여할 수 있도록 법적인 길을 열어 놓았다. 이에 따라 미국의 대학들은 지역의 기업들과 협력하여 기술을 개발하고, 이를 상용화하여 지역 경제를 살리고 일자리를 창출하는 일에 적극 참여하고 있다. 대학이 교육뿐 아니라 사회 경제적 책임까지 적극 감당한다는 점에서 시사하는 바가 크다고 하겠다. 실로암을 통한 성공적인 기술 이전 사례는 오하이오 주에 있는 대학에서 이루어 낸 성공적인 모델 중 하나로 평가되고 있다.

사실은 교수가 연구나 열심히 하지 무슨 창업인가 하는 것이 나의 오랜 생각이었기 때문에 벤처 창업은 내게는 정말 뜬금없는 일이었다. 그러나 주님은 언제나 내가 생각지 못한 방향으로 나를 인도하셨으므로 별로 새로울 것도 아니었다. 그럼에도 벤처기업의 실패 위험, 창업자의 무한 책임, 그리고 늘 어려운 자금조달 때문에 흘릴 눈물을 미리 알았더라면, 나는 결코 창업하지 못했을 것이다. 몰랐기 때문에 용감하게 뛰어들 수 있었다. 여러 번의 파산 위기를 지나서 여기까지 온 것은, 오직 처음부터 실로암을 시작하신 주님의 도우심이었다. 처음부터 나와 함께한 창업 동지들이 나를 신뢰하며 한마음으로 일해 준 덕분이다. 주님은 기업경영의 경험이 풍부한 신실한 돕는 자들을 붙여 주셔서 나의 미약한 부분을 보완해 주셨다. 나는 지금도 그들에게 벤처 창업과 기업경영을 열심히 배우고 있다.

도전과 모험 없이 승리는 없다

도전은 언제나 모험을 수반한다. 도전과 모험 없이는 승리도 없다. 모험을 감행한다는 것은 다가올 위험부담을 기꺼이 감수하겠다는 것이다. 위험을 반기고 달가워할 사람은 이 세상에 아무도 없다. 다만 지혜로운 자는 다가올 위험을 준비하고, 다가온 위험을 경영하는 법을 안다. 그래서 나는 늘 지혜로운 사람이 되게 해달라고 기도한다.

도전하지 않고 모험하지 않으면 어떻게 빌 게이츠와 스티브 잡스, 마크 쥬커버그 같은 사람이 탄생될 수 있겠는가? 그리고 벤처 창업자들의 실패를 인정해 줄 수 있고, 또 언제든 재기의 기회를 허락해 주는 것이 미덕이 되는 사회여야 세계적인 벤처 기업가들이 탄생하게 된다. 벤처 창업을 잘 육성하고 관리하는 나라가 경쟁력 있는 나라가 될 수 있다. 한편 벤처 창업자의 투자금에 대한 정직한 책임의식과 벤처 창업의 건강한 투자구조도 지속가능한 기업을 일구기 위해 반드시 필요한 덕목 중 하나다. 한국에 속히 이런 건강한 벤처 창업의 문화가 자리잡고, 청년들이 대기업의 좁은 취업 문에 낙심하지 말고 과감히 벤처 창업을 하는 더 많은 기회를 가질 수 있기를 기대해 본다. 직장을 구하지 못해 절망하는 사람들을 위해 기도해 주는 것도 필요하지만, 일자리를 제공하는 것이 더 좋은 이웃 사랑이 아닐까?

경영의 아버지라고 불리는 피터 드러커(Peter Drucker)는 벤처기업의 창업자들이 반드시 알아 둘 몇 가지를 지적했다. 그중 하나가 창업자는 때가 되면 자신이 창업한 기업에서 최고의 유익이 되는 자신의 역할을 꼭 찾아야 한다는 것이다. 이미 말한 것처럼, 나는 대학의 교수로서 내가 연구하고 개발한 기술이 실용화되어 많은 사람에게 유익을 줄 수 있다면 공학자로서 나의 사명을 다한 것이라고 생각한다. 실로암은 몇 년간의 연구개발 과정을 거쳐서 개발한 혁신 제품을 시장에 출하했고, 매출 목표를 달성하기 위해 마케팅과 세일즈에 집중하고 있다. 나는 기술과 제품 개발에는 전문성이 있지만, 마케팅과 세일즈에는 전문성이 부족하다. 따라서 나는 내가 창업자로서 새로운 시장을 개척하고 매출을 올려서 기업의 이익을 창출해야 하는 실로암의 최고 경영자(CEO)가 꼭 되어야 한다고 생각하지 않는다. 나보다 기업 경영의 경험이 더 풍부하고, 경영 능력이 탁월한 전문 경영인이 실로암을 경영해야 한다고 굳게 믿고 있다.

모든 기업은 합법적 경제활동을 통해 이윤을 추구하는 조직이고 기업의 이윤은 궁극적으로 금전적인 보상과 가치를 추구하는 것이지만, 오직 금전적인 증대에만 가치를 두는 기업이라면 하나님 나라와 무슨 상관이 있겠는가? 나는 실로암이 사람과 사회에 유익을 가져오는 기업이 될 때 하나님이 기뻐하시는 기업이 되며, 비로소 '세상에 보냄을 받은' 실로암의 진정한 창업의 의미를 실현한 것이라고 믿는다. 크리스천 기업가는 신앙과 기업관이 일치해야 한다. 그것이 하나님이 기뻐하시는 일이기 때문이다.

나는 여전히 대학에서 학생들을 가르치고 새로운 분야를 연구하는 일이 제일 즐겁다. 대학에는 언제나 젊음이 넘치며, 꿈과 도전과 모험을 기꺼이 감당하기를 원하는 젊은 학생들이 있기 때문이다. 수많은 청년과 함께 새로운 과학과 공학 분야를 연구하고, 연구로 얻어진 결과를 실용화하며, 아울러 그리스도를 배우고 또 함께 그리스도를 따르는 제자의 삶을 사는 것은 주님 앞에 서는 그날까지 멈출 수 없는 나의 소명이요 제일 큰 기쁨이다.

9장

잘 모르고 간 길,
이민교회 개척

       인생을 살면서 자기가 하는 일을 누구보다 자기가 잘 알지 못할 때가 더러 있다. 원치 않은 일에 앞장설 때가 있는가 하면 앞장서고 싶지만 그렇게 되지 못할 때가 있다. 그것은 내가 아주 조심스럽게 기술하고자 하는 신시내티에 새로운 이민교회의 개척을 감당한 일이 그랬다고 생각한다.

  교회 개척은 내가 앞장 서고 싶은 일이 아니었다. 한 번도 교회 개척에 대한 소망을 가져 본 적이 없다. 교회는 오직 주님이 시작하시고, 이끄신다고 믿는다. 왜냐하면 교회는 예수님의 십자가 위에 세워지고, 교회의 머리는 예수님이시기 때문이다. 신시내티에 이민교회를 개척하게 된 것은 오직 주님의 강권하심에 따라 순종하며 한 걸음씩 나아간 것밖에는 없다.

1996년 내가 지도교사로 섬기던 한인 이민교회의 유학생 청년부는 말씀이 흥왕하고, 성령의 기름 부으심이 있었다. 청년부는 교회 목회자의 적극적인 지원을 받고 날마다 부흥했다. 당시 나는 대학에서 초임교수로 강의하고, 학생들을 지도하며, 새로운 연구제안서를 쓰면서 무척 바쁜 나날을 보내고 있었다. 아내는 금요일이면 수십 명에 달하는 청년 유학생들의 저녁식사 준비로 분주했다. 정말 재미있고 보람 있는 사역이었다.

그런데 갑자기 섬기던 한인 이민교회에 예기치 않은 어려운 일이 발생했고, 교회는 걷잡을 수 없는 혼란에 빠졌다. 이에 큰 상처를 입은 청년들이 교회를 떠나 뿔뿔이 흩어졌다. 가장 마음이 아프고 안타까운 것은 이제 막 주님을 알고 믿음이 성장하기 시작한 어린 영혼들이 입었을 상처였다. 나는 너무 절망하여서 밤마다 하나님께 부르짖으며 기도했다. 행동하는 크리스첸의 진정한 용기는 거룩한 분노에서 출발하는지도 모른다. 기도하면 할수록 주님은 '거룩한 교회'에 대한 열망을 내게 부어 주셨다. 너무도 평범한 진리, 예수님이 머리가 되시는 교회 공동체, 영혼들이 찾아와서 마음껏 주님을 찬양하고 예배드리며, 주님의 뜻을 따르는 거룩한 공동체 말이다.

신시내티에 "교회를 개척하라"는 주님의 뜻과 인도하심은 너무도 분명했다. 여전히 교회를 개척하는 일은 내게 두려운 일이었지만, 주님의 격돌하심에 항거할 힘이 없었다. 나는 두려움 마음으로 순종하기로 결단했다. 교회 개척으로 말미암아 혹 내가 평생에 받아야 할 조롱이나 멸시는 이미 두렵지 않았다.

함께 기도하며 동역하던 가까운 분들께 교회 개척의 계획을 말씀드렸더니, 처음에는 어리둥절해 하시며 부정적인 반응을 보였다. 하지만 혼자서라도 개척하겠다는 나의 결연한 의지를 보고는 몇 분이 동참해 주었다. 평생에 잊을 수 없는 믿음의 동역자요, 두려움 없는 하나님의 개척자들이었다. 마침 앨라배마에서 목회하던 박우원 목사님이 시무하던 교회를 사임하고, 새롭게 부임할 교회를 찾고 있다는 소식을 듣게 되었다. 나는 박 목사님께 연락해 신시내티에서 교회를 개척할 의향이 있느냐고 여쭸다. 박 목사님은 기도해 보고 연락을 주겠다고 하시더니 며칠 후 함께 교회를 개척하고 싶다고 했다. 정말 하나님은 여호와 이레의 하나님이셨다.

교회는 미국 남침례회(Southern Baptist Convention) 교단 소속의 신시내티 능력침례교회라고 했다. 사실은 '능력'이란 말을 교회 이름으로 쓰기가 너무 부담스럽다고 했더니, 박 목사님이 '능력'이란 이름을 쓰는 교회를 꼭 개척하고 싶었다고 해서 그렇게 하기로 했다. 다만 영어로는 '능력교회'를 'Power Mission Church(능력선교교회)'라고 썼다. 교회의 사역 방향은 잠자는 심령을 깨워서 변화시키는 교회, 성령의 능력을 체험하는 교회, 예배와 삶이 일치하는 교회, 사랑으로 교제하며 서로 섬기는 교회, 청년과 2세의 사역에 총력을 기울이는 교회 등으로 정했다.

1997년 11월 16일 박 목사님 가정을 포함한 다섯 가정의 11명이 인근 호텔의 회의실을 빌려 개척예배를 드렸다. 그해 첫눈이 내리던 날이었다. 하나님의 크신 사랑과 은혜에 감격하여 모두 눈물로 드린 첫 예배였다. 적절한 예배 장소를 찾지 못하여 신시내티 대학의 침례교 학생회관, YWCA, 하일랜드 침례교회 등으로 매 주일 예배장소를 옮겨 가며 예배를 드렸다. 그러다 신시내티 남부의 오하이오 강을 건너서 백인 노동자들이 사는 동네인 켄터키 뉴포트(New Port)의 케투라 순복음교회에 정착했다. 그리고 개척한 지 1년이 못 되어 60여 명의 교인으로 부흥했다. 교민 가정도 함께했지만, 역시 청년 유학생이 교회의 주요 멤버였다.

박 목사님의 신실하신 목회와 성도들의 헌신에 힘입어 능력교회는 부흥하고 있었다. 그런데 박 목사님이 교회를 시무한 지 2년 만에 조지아 주에 있는 한 교회의 담임목사로 청빙을 받았다. 나를 포함한 교회 리더들이 그 교회를 직접 방문해 교회 지도자들을 설득하여 박 목사님의 청빙을 취소하려 애썼으나, 박 목사님은 그동안 교회를 개척하며 지치셨던지 그곳의 청빙을 끝내 수락했다. 하나님의 뜻을 우리가 어떻게 다 헤아릴 수 있겠는가? 박 목사님께는 언제나 감사한 마음을 가지고 있다. 이임하신 후에도 능력교회의 전 교우 수련회 강사로 두 번이나 초청되어 오셨고, 주 안에서 계속 아름다운 교제를 나누고 있다.

꿈꾸는 교회, 포근한 교회

교회 기반이 여전히 약하던 능력교회는 박 목사님이 다른 교회로 청빙되어 가면서 개척 이후 첫 번째 위기를 맞았다. 그러나 후임 목사님을 청빙해 오는 6개월 동안, 감사하게도 성도들이 한 명도 흩어지지 않았고, 오히려 성도 간의 결속이 더 두터워졌다. 아마 서로 위기의식을 느끼며 더 열심히 사랑하고, 섬기고, 기도한 덕분일 것이다.

교회의 리더들이 한 마음이 되어 청빙위원회를 구성하고 제2대 담임목사 청빙에 힘을 모았다. 나는 새로운 담임목사를 청빙하는 과정에서 청빙위원들 간에 또는 교우들 간에 마음이 갈라져서 갈등하는 것을 많이 보았다. 그래서 우리는 먼저 청빙할 목사님이 갖춰야 할 자질, 신앙관, 목회 방향 및 우리 교회의 특성에 관하여 우리가 합당하다고 여겨지는 10여 가지의 청빙 조건들을 기도하며 합의를 보았다. 청빙위원의 개인적인 감정과 판단에 따르지 않고, 주님의 인도 속에서 청빙위원회가 합의한 청빙 조건을 제일 많이 충족하는 분을 청빙하기 위해서였다. 그래야 서로 간에 갈등이 생기지 않기도 했다. 그리고 청빙 목사님의 최종 결정은 시간이 다소 지연되더라도 청빙위원의 만장일치로 결정한다고 규정했다.

수십 명의 지원자 중에서 베네수엘라에서 선교사 겸 이민교회의 담임목사로 시무하던 이성권 목사님이 우리가 나름대로 세운 청빙 조건들을 모두 만족시킨 유일한 분이었다. 청빙위원들은 이를 하나님의 인도하심으로 믿고 이성권 목사님을 신시내티로 초청하여 청빙 인터뷰를 가졌다. 이 목사님에게서 배어 나오는 겸손함, 부드러움, 인자함, 고매한 인격, 청년들과 이민교회에 대한 비전, 그러면서도 깊이 있는 말씀에 모든 청빙위원과 성도들은 단번에 이 목사님께 매료되었다. 실은 개척교회의 힘든 고비를 넘고, 버거운 청년 유학생 사역을 감당해 오면서 성도 모두가 영적으로나 육적으로 다소 지쳐 있을 때였다. 이 목사님은 바로 우리가 찾던 부드럽고 따뜻한 목자요, 하나님께서 능력교회에 보내 주신 하나님의 신실한 종이었다.

누구나 이 목사님을 만나면 포근함을 느낀다고 하는데, 아마 목회자 가정에서 천성적으로 길러진 좋은 성품 때문인 것 같다. 유학생 청년과 이민자 가정이 함께 섬기는 '꿈꾸는 교회, 포근한 교회'를 비전으로 삼은 이 목사님의 목회를 통해, 주님은 능력교회에 새로운 안정과 부흥을 이루어 주셨다.

벌써 13년째 시무하고 있는 이 목사님과 사모님의 헌신이 아니었다면 오늘의 능력교회는 상상할 수가 없다. 이 목사님은 베드로처럼 울퉁불퉁한 나를 언제나 온유함으로 이해해 주고 사랑해 주셨다. 좋은 목자를 만나야 양이 순해진다는 말은 꼭 이 목사님을 두고 한 말이었다.

능력교회는 무엇보다 온 성도가 하나님의 말씀으로 훈련받고 기도하기를 힘쓰며 성령님의 인도를 간구하는 교회다. 자연히 능력교회는 말씀과 기도로 잘 훈련된 그리스도의 제자로 살기로 헌신한 평신도 리더가 많다. 이는 건강한 교회의 특징이기도 하다. 꽃밭과 가정은 가꿀수록 아름다워지듯이, 교회 공동체 역시 힘써 하나 되려는 부단한 인내와 노력을 기울일 때 비로소 아름다운 공동체가 된다는 것을 나는 능력교회의 성장을 보면서 새삼 깨닫곤 한다.

아름다운 하나님의 사람들이 준 예배당

성도 수가 늘어나도 가난한 청년 유학생들이 많다 보니 능력교회는 늘 재정이 넉넉지 않아 자체 건물을 구입할 형편이 못 되었다. 켄터키의 케투라 순복음교회에서 몽고메리 순복음교회로 이사했지만, 또 곧 이사해야 했다. 교우의 숫자가 많아지니 셋방살이도 힘이 드는 것이다. 온 성도가 기도하며 공동으로 사용할 수 있는 미국 교회를 찾았으나 마땅한 교회를 찾을 수가 없었다.

하루는 이 목사님과 사모님이 몽고메리의 길을 운전하며 지나는데, 언덕 위 잔디밭으로 둘러싸인 아름다운 교회가 눈에 들어왔다. 두 분은 무작정 찾아가서 교회를 사용할 수 있는지를 물어보셨다. 신시내티의 백인 중산층들이 사는 몽고메리 도로상에 위치한 켄우드 교회(Kenwood Christian Church)였다. 켄우드 교회에 시무하는 사라 리치(Sarah Richey) 목사님에게 교회를 세 들어 함께 사용할 수 있는지를 물었고, 사라 목사님은 당회와 운영위원회와 상의해 보고 알려 주겠다는 긍정적인 답을 해주셨다. 며칠 후 운영위원회로부터 능력교회의 상황과 비전을 발표해 달라는 연락을 받았다. 우리는 능력교회의 현 상황과 비전을 잘 준비하여, 켄우드 교회 당회와 운영위원회에 발표했다. 감사하게도 켄우드 교회는 능력교회가 주일 오후에 예배당을 사용할 수 있으며, 금요일 저녁에도 사용할 수 있다고 허락해 주었다. 켄우드 교회는 1955년에 백인 중산층이 중심이 되어 개척한 교회로 한때는 성도가 수백 명에 이른 교회였으나 당시는 40여 명의 연로하신 분들만 참석하고 있었다.

예배 후에 도너츠나 커피 등으로 간단한 친교를 나누는 미국 교회와 달리, 한국 이민교회는 예배 후에 한국 음식으로 점심을 먹으며 친교를 나누는 것이 관례였다. 아마 미국 성도들은 예배당 또는 친교실을 함께 사용하면서 김치 등 한국 음식 냄새 때문에 괴로웠을 것이다. 하지만 켄우드 교회는 다른 미국 교회와 달리 한국 문화와 음식을 이해하려고 노력할 뿐만 아니라, 도리어 한국 음식을 그리워하는 유학생들을 고려하여 한국 음식을 마음껏 먹도록 권장까지 했다. 미국 성도에게 김치 냄새가 갑자기 샤넬 향수 냄새로 바뀌었을 리 없지만, 인종과 문화를 넘어서 하나님 나라와 영혼을 사랑하는 따뜻한 마음 덕분일 것이다.

교회가 계속 부흥하며 청장년의 성도들이 많아지니, 자연스럽게 주일학교 어린이가 많아지고 청소년들이 늘어났다. 여전히 연약한 재정이지만 자체 교회 건물의 필요성이 피부로 와 닿기 시작했고, 교회는 '코너스톤 위원회'(Cornerstone Committee)라 불리는 건축위원회를 구성하여 내게 위원장을 맡겼다. 첫 공식 코너스톤 위원회의 모임을 마치고 마지막 마무리 기도를 내가 하게 되었다. 아주 짧은 시간이지만 기도 중에 갑자기 환상이 보였다. 한국의 경복궁처럼 대궐같이 큰 집이 나타났는데, 지붕은 아직 기와를 덮기 전인지 나무 널판으로 덮여 있었다. 하늘에서 수많은 사람이 낙하산을 타고 내려와서는 나무로 된 지붕을 뚫고 건물 안으로 들어가서 안착하는 것이었다. 신기한 환상이었다. 당장은 이해되지 않았지만, 새로운 예배당과 교회 건물을 허락하시고 부흥을 주시겠구나 하는 확신이 생겼다.

2008년 여름에 켄우드 교회의 당회 서기로 시무하는 톰 그리스월드(Tom Griswold) 장로님이 건축위원회의 위원장인 내게 전화를 했다.

"안 박사님, 우리 켄우드 교회는 켄우드 교회를 능력교회에 주기로 결정했습니다. 이 목사님과 건축위원들에게 알려 주시기 바랍니다."

나는 너무 놀라서, 내가 톰 장로님의 영어를 잘못 알아듣고 있다고 생각했다. 나는 내 귀를 의심하며 다시 한 번 설명해 달라고 부탁했다.

"톰 장로님, 지금 무슨 말씀을 하시는지 잘 모르겠는데요, 좀 더 자세히 설명해 주실 수 있겠어요?"

"물론이죠. 우리 켄우드 교회는 켄우드 교회의 예배당, 건물 및 부지를 능력교회에 양도하기로 결정했음을 공식적으로 통보해 드리는 겁니다."

켄우드 교회의 당회와 운영위원회는 켄우드 교회의 예배당과 건물과 부지를 능력교회에 거의 무상으로 양도해 주기로 결정했다는 것이다. 나는 놀랍고 고마웠지만 우선 켄우드 교회의 성도들이 걱정되었다.

"톰 장로님, 그러면 장로님과 켄우드 교회 성도님들은 어디로 가시는 거죠?"

"켄우드 교회는 교회를 해산하고 성도들은 가까이에 있는 같은 교단의 다른 미국 교회로 이동할 것입니다."

나는 갑자기 벌어진 이 일을 좋다고 해야 할지 아니면 아쉽다고 해야 할지 적절한 말을 찾지 못하고 한참을 머뭇거렸다. 하지만 켄우드 교회가 '해산한다'(disband)는 말이 마음에 걸렸다.

"장로님, 켄우드 교회와 능력교회가 합병하면 안 될까요?"

"고맙지만, 이미 교회의 해체를 결정했습니다."

마음이 여리신 톰 장로님의 울먹이는 음성이 전화를 타고 느껴졌다. 톰 장로님 부부는 켄우드 교회를 개척해서 지금까지 온 가족이 이 교회에 참석하고 있었다. 나는 감사를 드리면서도 마음이 너무 아팠다. 4,600여 평의 파란 잔디밭 언덕 위에 자리 잡은 켄우드 교회는 아담하고 아름다운 예배당과 교육관도 가지고 있었다. 미국의 오래된 도시에서는 보기 드문 큰 부지에 아름다운 교회였다.

나는 이 목사님께 상의를 드리고, 건축위원회의 의견을 모았다. 모두가 기도하는 중에, 하나님의 지역 교회가 해산하는 법은 없다는 생각에 미쳤다. 마치 초대 예루살렘 교회가 하나님의 뜻 가운데 환란을 통해 흩어지며 다른 지역 교회로 흘러간 것처럼, 켄우드 교회는 능력교회로 흐르며, 능력교회는 언젠가 또 다른 교회를 통해 흘러갈 것이라는 생각이 들었다. 그리고 큰 강이 되어 함께 흘러서 결국은 바다에 이르게 되는 것이리라. 에스겔 47장 1-9절의 말씀처럼 하나님의 성전에서 흐르는 물이 결국은 강을 이루고 바다로 흘러가는 생명의 물이 된 것처럼, 결국 켄우드 교회는 능력교회를 통해 바다로 흘러간다는 생각이 들었다.

"내가 돌아가니 강 좌우편에 나무가 심히 많더라 그가 내게 이르시되 이 물이 동쪽으로 향하여 흘러 아라바로 내려가서 바다에 이르리니 이 흘러 내리는 물로 그 바다의 물이 되살아나리라 이 강물이 이르는 곳마다 번성하는 모든 생물이 살고 또 고기가 심히 많으리니 이 물이 흘러 들어가므로 바닷물이 되살아나겠고 이 강이 이르는 각처에 모든 것이 살 것이며."

2008년 7월 27일 주일예배 후에 켄우드 교회의 당회와 운영위원회 앞에서 우리 교회 건축위원회는 에스겔 47장 1-9절의 말씀에 근거하여 'Not disbanded, but flow to a new river…'(해체가 아니라, 새로운 강으로 흘러가는…)라는 주제로 켄우드 교회의 증여 수락에 대한 하나님의 계획과 능력교회의 비전을 발표했다. 켄우드 교회의 사라 목사님, 톰 장로님, 몸이 아파서 휠체어에 의지한 캐롤 장로님을 비롯한 모든 성도가 눈물을 흘리며 감격했다. 감격하여 울기는 우리도 마찬가지였다.

2008년 10월 20일 교회 건물 및 부지의 양도계약을 위해 이 목사님, 톰 장로님과 함께 변호사 사무실에 갔다. 워런 리치(Warren Ritchie)라는 중년의 백인 변호사는 고개를 계속 갸우뚱거리며 톰 장로님에게 말했다.

"톰 장로님, 저도 루터란 교회의 장로입니다. 저의 25년 변호사 생활에서 이런 경우는 처음 봅니다."

워런 변호사는 이 목사님과 나의 얼굴을 번갈아 보면서, 영어에 악센트가 있는 이 한국 이민자를 믿을 수 없다는 듯한 표정을 지었다. 아니 사실은 한국 이민자 교회가 자신이 사는 백인 중심의 도시에 세워진다는 것이 못마땅했는지도 모른다.

"톰 장로님, 이 사람들을 어떻게 믿습니까?"

"……."

톰 장로님은 계속 이상한 논리를 펴는 워런 변호사를 의아한 표정으로 바라보셨다.

"톰 장로님, 이 사람들이 이 비싼 교회를 금방 팔아 버리고 다른 곳으로 이사를 가면 어떡하지요? 조금 관망해 보시다가 최소한 3~4년이 지난 다음에 정식으로 양도하도록 계약서를 바꾸시기를 저는 추천하고 싶습니다."

잠시 어색한 침묵이 흘렀다. 톰 장로님의 표정이 잠시 일그러지는 듯하더니, 단호하게 한마디로 말씀하셨다.

"No."

"……."

"워런 변호사님, 능력교회는 하나님이 사랑하시는 교회입니다. 그리고 여기 이 사람들은 하나님의 사람들입니다."

그때 톰 장로님이 다시 눈물을 보이셨다. 나는 톰 장로님의 그 모습을 평생에 잊을 수 없을 것이다. 왜 그는 그때 우리에게 눈물을 보이셨을까? 톰 장로님은 하나님의 나라를 알고 생각하는 진정한 '하나님의 사람'(Man of God) 이었다.

"오늘 즉각 모든 것을 양도하는 것으로 만드세요. 그리고 오늘 양도 사인을 완결합니다."

이렇게 교회 건물과 부지를 거의 무상으로 양도한다는 양도계약서는 2008년 10월 20일에 서명이 완결되었다. 건물과 부지가 교회는 아니지만, 두 교회가 한 마음이 되어서 하나님께서 계획하시고 인도하시는 새로운 교회로 흘러가는 강둑이 열린 것이다.

켄우드 교회의 사라 리치(Sarah Richey) 목사님, 톰과 다이엔 그리스월드(Tom & Diane Griswold) 장로님 부부, 리처드와 케럴 포이(Richard & Carol Foy) 장로님 부부와 미국 교우들은 능력교회와 교우들을 무척 사랑했다. 거의 8년을 함께 지내면서 추수감사절과 성탄절에는 두 교회가 연합으로 예배를 드렸다. 특히 두 교회가 함께 나누는 푸짐한 추수감사주일의 저녁만찬은 최고였다. 칠면조구이, 꿀 바른 햄, 그린빈 캐서롤, 호박파이 등을 포함한 미국의 감사절 음식과 김치, 불고기와 잡채 등 한국의 전통 음식이 함께 어루러지는, 말 그대로 한미 국제 음식 페스티벌이었다.

젊은 청년과 일꾼들이 많은 능력교회는 마치 자기 교회처럼 교회 안 팎을 가꾸었다. 잔디를 깎고, 나무를 자르고, 계절에 따라 대청소를 했다. 어디서 무엇을 하든지 주인 의식을 가지고 일하면 결국 인정받게 되어 있다. 셋방을 살았지만 켄우드 교회의 주인처럼 일하는 능력교회를 켄우드 교회 성도들은 눈여겨보았고, 끝내는 하나님께서 그 마음을 움직여 주신 것이다.

신시내티의 주거지와 중요 분포도를 서울과 비교한다면, 켄우드 교회는 서울의 강남에 위치한 교회라고 생각하면 적절할 것이다. 비록 정황은 다르지만, 미국 켄우드 교회가 우리에게 자신들의 교회를 증여해 준 것은, 마치 서울의 강남에 있는 교회가 동남아에서 온 이상한 냄새 나는 음식을 먹는 이민노동자 그룹의 개척교회에게 거의 무상으로 교회 건물과 부지를 물려준 것과 같다고 할 수 있다.

능력교회가 켄우드 교회를 증여받게 된 것은, 전적으로 하나님의 은혜요 켄우드 교회의 리더와 성도들의 성숙한 신앙 덕분이었다. 우리는 겸손히 켄우드 교회의 사라 목사님과 성도들이 보여 준 예수 그리스도를 닮은 깊은 사랑을 더욱 배워서, 기필코 우리도 다른 사람들과 이웃에게 조건 없는 사랑으로 보답할 것을 켄우드 교회와 하나님 앞에서 서약했다.

세상에 영향력을 끼치는 교회

2012년 현재 능력교회는 주님의 은혜 속에서 어린아이들을 포함하여 300여 명의 교우들이 주님의 뜻 안에서 서로를 겸손히 섬기며 아름다운 주의 공동체를 이루어 가고 있다. 이제 장성한 교회로 자라 가는 능력교회는 '세상에 영향력을 끼치는 교회'라는 비전을 세우고 다음과 같은 사역에 역점을 두고 있다.

첫째, '꿈꾸는 교회', 즉 모든 가슴에 비전을 심어 주는 교회다.

둘째, '포근한 교회', 즉 모든 가정에 행복을 가져다주는 교회다.

셋째, '섬기는 교회', 즉 모든 이웃에 사랑을 실천하는 교회다.

넷째, '전하는 교회', 모든 민족에 복음을 전하는 교회다.

수많은 이민자 전문 직장인, 사업가, 방문 연구원 및 교수, 청년 유학생이 함께 어울리는 능력교회는 활력이 넘치는 젊고 건강한 이민교회다. 이제 영어권 예배와 사역도 잘 안착되어서 성장하고 있으며, 수많은 민족이 함께 예배드리는 다민족 교회를 꿈꾸고 있다.

이민교회를 개척한 일은 나도 잘 모르고 간 길이지만 하나님께서 이루어 가셨다. 눈크 디미티스(Nunc dimittis), "주재여 이제는 말씀하신 대로 종을 평안히 놓아 주시는도다 내 눈이 주의 구원을 보았사오니"(눅

2:29-30), 시므온의 기도를 조용히 드려 본다. 주님께서 내게 부탁하신 새로운 사역에 더 집중해야 하는 시간이 다가오는 탓일까? 나는 요즘 주님께서 지역 교회 사역에 관한 한 나를 자유롭게 해주시기를 기도하고 있다. 주님 앞에 서는 그날까지 오직 "나를 따르라"고 말씀하시는 주님만을 따라가려 한다.

에필로그

담장 너머로 뻗은 가지가 되어

　하나님께서 만드시고, 허락하시고, 인도하신 인생길을 따라서 여기까지 왔다. 주님의 인도하심을 따라 최선을 다해 부지런히 살았으니 후회는 없다. 혹자들이 말하는 것처럼 몇 년만 더 젊어졌으면 좋겠다는 미련도 없다. 이제 남은 인생 어디로 가야 하는 것일까? 앞을 보면 여전히 확실한 길이 보이지 않는다. 마치 물 위에 돌을 던지면 물방아를 찧으며 나아가듯이, 나는 오직 주님께서 던져 주시는 그 길을 따라가야 한다고 믿을 따름이다. 게으름 피우지 않고, 주님이 맡겨 주신 사명을 끝까지 잘 감당하고 싶다. 인생은 마라톤이라고 하지 않던가? 마라톤은 우승자가 되는 것도 좋지만, 끝까지 잘 달려서 완주하는 것이 더 중요하다. 마지막까지 주님을 따라서 잘 달리고 완주해야 한다고 생각한다. 조심스럽고 겸손하게 완주하고 싶다.
　하나님의 말씀에 따라 지금까지 나는 한 개의 돌이라도 바로 메고

'길갈'로 왔을까? 후일에 나의 자손들이 무슨 뜻이냐고 물어볼 돌을 메고 왔을까? 내가 메고 온 돌이 '길갈'에 있다면 그것은 무슨 표징이 되는 것일까?

야곱이 죽음을 앞두고 아들 요셉에게 한 축복의 말씀을 읽으면서, 요셉처럼 인생을 살고 마무리한다면 좋겠다는 생각이 든다.

"요셉은 무성한 가지 곧 샘 곁의 무성한 가지라 그 가지가 담을 넘었도다 활쏘는 자가 그를 학대하며 적개심을 가지고 그를 쏘았으나 요셉의 활은 도리어 굳세며 그의 팔은 힘이 있으니 이는 야곱의 전능자 이스라엘의 반석인 목자의 손을 힘입음이라 네 아버지의 하나님께로 말미암나니 그가 너를 도우실 것이요 전능자로 말미암나니 그가 네게 복을 주실 것이라 위로 하늘의 복과 아래로 깊은 샘의 복과 젖

먹이는 복과 태의 복이리로다 네 아버지의 축복이 내 선조의 축복보다 나아서 영원한 산이 한없음같이 이 축복이 요셉의 머리로 돌아오며 그 형제 중 뛰어난 자의 정수리로 돌아오리로다"(창 49:22-26).

공동번역에서는 "요셉은 열매가 주렁주렁한 가지, 샘가에 늘어진 열매가 주렁주렁한 가지, 담장 너머 뻗어 가는 가지라…"고 번역하고 있는데, 그 의미가 좀 더 마음에 와 닿는다. 서울에 있는 형님 댁에 가면 집 울타리 안에 제법 큰 감나무가 있다. 매년 탐스러운 감이 아주 많이 열린다. 가을이 되면 빨갛게 익은 탐스러운 감이 주렁주렁 달린 감나무의 가지가 담장을 너머 뻗어서 길가로 늘어진다. 지나가는 사람들이 감을 따 가기도 하고 가지를 꺾어 가기도 하는데, 담장 너머로 뻗은 가지에 달린 감은 전혀 상관하지 않기로 온 가족과 약정해 두었다.

인생의 경륜이 쌓이고 사리와 판단이 성숙하여 남의 말을 잘 받아들이는 나이가 되어 간다는 것은, 곧 나의 성품이 좀 더 예수님을 닮아 가야 하는 나이가 되었다는 의미라고 생각한다. 상대의 다른 의견을 잘 경청해 주는 마음의 넓이를 가졌으면 좋겠다. 마음이 좀 더 온유하고 넉넉해지도록 노력해야겠다. 무엇보다 하나님께서 내게 주신 좋은 것들을 이웃과 아낌없이 나누며 살아야겠다. 주님께 받은 사명과 함께 나누어야 할 복들을 생각하며 나의 인생 후반기에 집중해야 할 일들을 정리해 보았다.

나의 소명, 영원한 청년 사역자

나의 소명은 청년 사역자다. 나는 영원한 청년 사역자이고 싶다. 나는 지난 20여 년 동안 지역교회에서 수백 명의 청년 유학생들을 말씀으로 직접 가르치며 예수의 제자로 양육했으며, 자마(JAMA)와 코스타(KOSTA) 사역 그리고 수많은 집회를 통해 수만 명의 청년 유학생들에게 복음을 증거했다. 그리고 저들을 세상 속 삶의 현장으로 파송했다. 청년들과 함께 말씀을 나누고, 기도하고, 예배드리고, 웃고, 울고, 음식을 먹으며, 삶을 함께 나누는 것이 내게는 제일 큰 기쁨이다. 진정한 예수님의 제자는 다른 사람을 예수님의 제자로 훈련하는 경험과 아픔을 통하여 비로소 완성된다. 청년 리더들 중에는 사역에 게으름을 피워 내게 매서운 질타를 듣고 눈물을 흘린 이들도 더러 있다. 나의 많은 허물과 실수에도 불구하고, 나의 마음을 알아주었고 나를 믿고 따라 주었던 모두에게 고마울 따름이다. 이제는 세계 도처로 흩어져 모두 삶의 현장에서 충성스런 예수님의 제자로 살아가고 있다. 그들이 한없이 자랑스럽다. 남은 생애 동안에도 청년들에게 신앙과 일상의 삶의 통합을 통하여 맺어

지는 열매를 증거하는 신앙의 선배가 될 수 있다면 더 좋겠다.

여기에 이름들을 열거하지는 않지만,
그 이름만 불러도 내 마음이 아리도록 그리운 수많은 사랑하는 나의
청년 동역자들,
그대들의 이름이 지금도 나의 가슴과 나의 기도 속에 있음을
기억하시기를 바라네.
첫 사역에서 만났던 사랑하는 청년 동역자들,
그대들도 이제 머리가 조금씩 희끗해지기 시작하는
중년의 나이에 접어 들었겠구만.
모두 사랑하고 그립군.
마치 곰팡이가 퍼져 나가듯이

세계 어디든지 그대들이 가는 곳마다
건강한 교회 공동체를 세워 가며
예수님의 제자를 양육한다는 아름다운 소식들을 듣는 것이
제일 큰 기쁨이라네.
우리 모두가 주님 앞에 서는 그날까지
주님의 나라를 이 땅에 세워 가는 사명을 겸손하고 충성스럽게
잘 감당하도록 하세.

문화 명령

끝까지 내가 잘 감당해야 할 사명은 내게 주어진 하나님의 문화 명령이다. 하나님께서 이 땅과 우주를 창조하시고 우리에게 생육하고 번성

하고 다스리고 누리라고 주셨다. 예수님이 다시 오실 때까지 우리는 하나님께서 부탁하신 창조의 세계를 탐구하고 누리고 보존할 뿐만 아니라, 아담의 죄악으로 타락하여 신음하며 어그러진 창조의 세계를 회복하도록 열망해야 한다. 나이가 들면서 육체의 활동력은 떨어질 수 있겠지만, 나는 교수요 공학자로서 더 잘 가르치며 열심히 연구하도록 노력하고 싶다. 혹자들처럼, 이 땅을 떠나는 마지막 순간까지도 놓지 못하는 학문의 업적과 논문 발표와 학자의 명예를 결코 인생의 마지막 목표처럼 삼지는 않겠다. 그러나 영성이 바로 지성이라고 하지 않았던가? 완숙해진 논리력과 경험을 바탕으로 융합 학문의 새로운 세계를 계속 열어 가고 싶다.

나는 대학의 교수로서 바이오 벤처기업을 창업하고, 기술을 이전하고, 시장을 이해하고, 자금을 유입하고, 제품을 개발하고, 공장을 건설하고, 경영팀을 구성하고, 신제품을 시장에 출하하는 새로운 일들을 하나님의 문화 명령으로 알고 기쁘게 감당했다. 대학의 교수와 기업의 경영자는 추구하는 전문성이 다르며, 또 달라야 한다. 대학의 교수로서 나는 결코 전문 경영인의 능력을 가지고 있지 못하다. 그럼에도 불구하고 교수요 벤처 창업자로서 학문과 실용, 대학과 기업, 교수와 경영자의 서로 다른 두 세계를 잘 연결한 나의 독특한 경험은 대학에서 연구된 혁신 기술들의 실용성을 평가하고 이를 상용화하는 데 큰 도움이 될 것이다. 하나님의 문화 명령을 이루기 위해 개발된 전문성을 잘 활용하는 것이 나의 소명이라고 생각한다. 남은 생애에도 계속 새로운 분야를 연구하고, 또 연구 결과를 실용화하는 일을 멈추지 않을 것이다.

눈물을 닦아 주어야 할 사람들

1989년에 국제바울선교회를 설립하고 20여 년을 선교회 대표로 섬겼다. 구멍가게같이 작은 선교회이지만 M국에서 사역하는 선교사 부부를 중단 없이 지원했다. 주님께서 오랫동안 준비하고 훈련하신 텍사스 주립대학(University of Texas Dallas, UTD)에서 교수로 재직하는 이정봉 교수를 국제바울선교회의 대표로 2010년에 선임하고 선교 운영을 위임하였으며, 현재 나는 선교회의 고문으로 섬기고 있다. 국제바울선교회는 더 젊어지는 동역자들과 함께 선교 사역의 새로운 장을 열어 가고 있다. 지난 20년, 사람은 변하고, 역사는 또 다른 줄기로 흐르지만, 국제바울선교회의 사역은 여전히 주님께서 주관하고 인도하고 계심을 본다. 주님께서 시작하셨기 때문이다.

미국의 이민자로서 나는 줄곧 하나님께 "하나님, 왜 저를 미국에서 살도록 붙드셨습니까?"를 물었다. 미국에 살면서 내가 감당해야 할 사명은 무엇일까?

수년 전부터 북아메리카 인디언촌으로 나를 인도하신 주님의 뜻을 나는 지금도 기도하며 헤아리고 있다. 수많은 캐나다 인디언(First Nations People)과 아메리칸 인디언(Native American) 청년들의 슬프고 절망 어린 눈빛을 나는 보았다. 소망 없이 마약과 술에 찌든 수많은 인디언 청년이 자살을 선택했고 방문하는 마을마다 애곡하는 소리가 들렸다. 코리안과 아메리칸 인디언이 무슨 연관이 있겠는가마는, 아메리칸 인디언들은 코리안 아메리칸에게 유달리 친근감을 표시한다. 저들을 섬겨서 저들의 아픈 상처를 닦아 주라고 우리를 미국 땅의 이민자로 부르신 것일까? 미국의 주류 사회가 싸매 주지 못하는 아메리칸 인디언의

상처를 치료하고, 복음의 기쁨과 소망을 전해 주는 것이 코리안 아메리칸과 한국 이민교회에 부여하신 소명인지도 모른다.

청년들에게 일이 없으면 희망이 없다. 아메리칸 인디언 청년들에게 먼저 일의 중요성을 깨닫게 하고, 자신이 땀 흘리고 수고하여 얻은 열매를 먹는 기쁨을 가르쳐 주고 싶다. 그래야만 미미한 복지 혜택의 그늘에서 마약과 술에 찌든 저들을 구해 낼 수 있다고 나는 믿는다. 스스로 일자리를 창출하고, 직업을 가질 수 있도록 도와주며, 아울러 복음을 증거하고 싶다.

"예수께서 나아와 말씀하여 이르시되 하늘과 땅의 모든 권세를 내게 주셨으니 그러므로 너희는 가서 모든 민족을 제자로 삼아 아버지와 아들과 성령의 이름으로 세례를 베풀고 내가 너희에게 분부한 모든 것을 가르쳐 지키게 하라 볼지어다 내가 세상 끝날까지 너희와 항상 함께 있으리라 하시니라"(마 28:18-20).

시냇가에 심겨진 나무가 되어 잎사귀가 마르지 않으며, 철을 따라 열매를 맺는 인생이 되어야겠다. 후반전 인생은 요셉의 인생처럼 샘 곁에 심겨진 나무가 되어, 그 가지가 담을 넘어 풍성한 열매를 이웃과 나누는 삶을 살아야겠다. 무엇보다 나의 인생이 오직 여호와 하나님께로 말미암나니 그가 나를 도우실 것이요, 그가 내게 승리를 주실 것을 굳게 믿는다. 남은 인생도 오직 "나를 따르라"는 주님의 말씀을 따라 살 것이다. 거기 나의 '길갈'에서 내가 평생에 그의 인자하심과 선하심을 찬송할 것이다.